Ethik in der Krise –
Ethik für die Krise

Wolfgang Bergsdorf, Hans Hoffmeister,
Benedikt Kranemann, Wolf Wagner (Hrsg.)

Ethik in der Krise – Ethik für die Krise

Ringvorlesung Sommersemester 2004

Weimar 2004

Universität Erfurt
in Zusammenarbeit mit der Thüringischen Landeszeitung
und dem
Sparkassen- und Giroverband Hessen-Thüringen

© Universität Erfurt 2004
RhinoVerlag Weimar
ulrich.voelkel@rhinoverlag.de
Druck: Druckhaus Gera GmbH
Umschlaggestaltung: diverse, München, und Monika Görbing
Redaktion: Charlotte Nagel
ISBN 3-932081-71-4

Inhaltsverzeichnis

Josef Römelt
Ethik in der Krise – Ethik für die Krise 9

Herbert Meyer
Ethik in der Medizin 19

Elke Mack
Globale Ethik 33

Ronald Lutz
Ethik und Menschliche Entwicklung 49

Hans Leyendecker
Ethik der journalistischen Berichterstattung 69

Ingo Pieszu Schwabedissen und Henry Meyer
Ethik und Ökonomik: Ein Widerspruch? 83

Wolf Wagner
Wie handeln, wenn man sich nicht sicher ist? 99

Thomas Sternberg
„Du musst dein Leben ändern."
Über das Verhältnis von Kunst und Ethik 115

Winfried Franzen
Wurzeln, Status und Zukunft des Moralischen 143

Dietmar Mieth
Bio-Ethik als Krisenlöser oder Krisenmacher? 161

Regina Ammicht-Quinn
Können, sollen, wollen, dürfen, müssen:
Ein nicht nur grammatischer Versuch über Sexualität und Ethik 179

Karin Richter / Burkhardt Fuhs
Wirkung von Gewalt in Medien auf Kinder – eine Frage
zwischen Medienethik und Pädagogik............................ 197

Zu den Autoren 215

Vorwort

Die Zeichen für ein Interesse an Fragen der Ethik stehen günstig. Die Gegenwart wird von vielen Zeitgenossen als eine Zeit tief greifender Umwälzungen und Neuerungen wahrgenommen, denen der Einzelne hilflos ausgeliefert zu sein scheint. Innergesellschaftliche Standards und Sicherheiten, die gerade noch unveränderbar schienen, geraten in Bewegung oder befinden sich im Umbruch. Die Diskussionen beispielsweise um ein Lebenspartnerschaftsgesetz oder um die Sterbehilfe machen zum einen deutlich, wie heftig zwischen den verschiedenen gesellschaftlichen Gruppen und Lagern gerungen und diskutiert wird, zeigen zum anderen, dass ganz unterschiedliche Fragen von Leben und Zusammenleben betroffen sind.

Neue Möglichkeiten der Wissenschaften verlangen nach Kriterien für die Forschung, aber auch für die Anwendung neuer Therapien. Die Auseinandersetzung um die Verwendung embryonaler oder adulter Stammzellen oder die Pränatale Implantationsdiagnostik, die Tatsache, dass sich ein nationaler Ethikrat und das Parlament unter großer Anteilnahme der Öffentlichkeit mit hoch komplizierten bioethischen Materien befassen u.a., belegen das Interesse der ganzen Gesellschaft, aber auch die Hoffnung auf Entscheidungshilfen. Sogar die sozialpolitischen Herausforderungen, vor denen die Bundesrepublik Deutschland steht, wie der Umbau des Sozialstaates oder der Umgang mit dem Prozess der Globalisierung, sind mit Problemstellungen verbunden, die einer ethischen Debatte bedürfen.

Ethische Reflexion ist in der Gegenwart also in hohem Maße gefragt, Orientierung angesichts neuer Fragen und Herausforderungen wird gesucht. Dem entspricht geradezu ein Boom der Ethik, der sich von wissenschaftlichen Studien über Lebensratgeber bis hin zur Zeitungskolumne „Gewissensfrage" äußert. Rasch wird deutlich: Es gibt natürlich nicht „das" ethische System, sondern ganz unterschiedliche Möglichkeiten, auf komplexe und weniger komplexe Fragen des Einzelnen wie der Gesellschaft zu antworten. Wo die einen Vielfalt und Pluralismus begrüßen, beklagen die anderen Beliebigkeit und suchen nach Verbindlichkeit. Die Ethik also „in der Krise", wo doch gerade eine Ethik „für die Krise" gebraucht wird?

Um ein eigenes Urteil zu ermöglichen, haben die Universität Erfurt und die Fachhochschule Erfurt eine Ringvorlesung organisiert, um sowohl die zahlreichen Themenfelder als auch die unterschiedlichen Antworten und Lösungsmodelle, die in der Diskussion stehen, zu Wort kommen zu lassen. Problemstellungen, mit denen man sich heute in Medizin und Politik, in Medien und Kunst, im Bereich der Sexualität und der Ökonomie beschäftigt, wurden behandelt. Unterschiedliche Modelle der Ethik wurden vorgeführt und dem Publikum die Möglichkeit geboten, gleichsam Ethikern bei der Arbeit „über die Schulter zu schauen". Die Bandbreite dessen, was sich mit gegenwärtigen ethischen Diskursen verbindet, wurde vor Augen geführt. Die unterschiedlichen Diskussionsprozesse, die Vielfalt der Methoden oder der ethischen Modelle, mit denen gearbeitet wird, wurde sichtbar. Sehr deutlich wurde, welche Möglichkeiten im Pluralismus ethischer Argumentationen und Überzeugungen stecken.

Immer wieder neu wurde in den Vorträgen klar, und die vorliegende Publikation zeigt das genauso nachdrücklich, welche Konsequenzen die verschiedenen ethischen Entwürfe für den einzelnen wie für die Gesellschaft besitzen. Zugleich wurde sichtbar, wie eine hoch differenzierte wissenschaftliche Diskussion sehr praktische Implikationen besitzen kann. Dass die Vorlesungsreihe gezeigt hat, wie man hochkomplexe Themen allgemeinverständlich ohne Niveauverlust behandeln kann, ist den Referentinnen und Referenten besonders zu danken.

„Ethik in der Krise – Ethik für die Krise" lautete der Titel der Ringvorlesung im Sommersemester 2004. Zwölf Vorlesungen boten Referentinnen und Referenten aus Wissenschaft, Medien und Kultur die Möglichkeit, die Bedeutung ethischer Entwürfe und Überlegungen für sehr unterschiedliche Lebensbereiche zu untersuchen. Praktiker wie Theoretiker kamen zu Wort. Die Resonanz der Vorlesungen und die zum Teil sehr lebendigen Diskussionen belegten die Chancen der geistes- und kulturwissenschaftlichen Universität und der Fachhochschule mit ihren praxisbezogenen Studiengängen, in der Thüringer Landeshauptstadt ein größeres Publikum für ihre Arbeit zu interessieren.

Die Aufsatzsammlung ermöglicht einen Einblick in die unterschiedlichen Themen, Fragen und Lösungsansätze. Mit einer Einführung in die Themenstellung und ihre gegenwärtige Bedeutung eröffnet Josef Römelt den Band. Nach der Ethik in der Medizin fragt Herbert Meyer, während sich Elke Mack mit den virulenten Fragen einer globalen Ethik befasst. Im Beitrag von Ronald Lutz geht es um Ethik und menschliche Entwicklung. An Fragestellungen der Ethik der journalistischen Berichterstattung führt Hans Leyendecker heran. Ingo Pies stellt die provokante Frage „Stehen Ökonomik und Ethik im Widerspruch?" Wolf Wagner fokussiert gleichsam das Grundthema der Vorlesungsreihe „Wie handeln, wenn man sich nicht sicher ist?" Auf das vielleicht unerwartete Thema „Ethik und Kunst" macht Thomas Sternberg aufmerksam. Winfried Franzen untersucht „Wurzeln, Status und Zukunft des Moralischen - Fragen über Fragen". Dietmar Mieth geht auf ein besonders komplexes Themenfeld ein: „Bio-Ethik als Krisenlöser oder Krisenmacher? Entwicklungen und Positionen im Widerstreit". Regina Ammicht Quinn bedenkt unter dem Titel „Können, sollen, wollen, dürfen, müssen" Fragen um Sexualität und Ethik in der Gegenwart. Karin Richter und Burkhard Fuhs machen auf

Probleme der Medienethik aufmerksam: „Wirkung von Gewalt in Medien auf Kinder. Eine Frage zwischen Medienethik und Pädagogik". Insgesamt bietet die Publikation einen Querschnitt ethischer Diskussionen in der Gegenwart. Sie lädt zur weiteren Auseinandersetzung mit Themen ein, die nicht nur kurzfristig die Gesellschaft und den Einzelnen beschäftigen werden, und möchte dafür Anregung und Information bieten.

Den Referentinnen und Referenten, die sich mit großem Engagement der Vorlesungsreihe gewidmet und sich für das Gespräch mit dem Publikum zur Verfügung gestellt haben, gilt besonderer Dank. Die Thüringer Landeszeitung hat der Reihe durch die Veröffentlichung der Beiträge in der Wochenendausgabe und auf ihrer Homepage zu Publizität verholfen. Für die zügige Veröffentlichung des Buches ist dem RhinoVerlag Weimar zu danken. Die Sparkassenfinanzgruppe hat einmal mehr durch ihre Unterstützung die Vortragsreihe ermöglicht. Schließlich darf Charlotte Nagel nicht ungenannt bleiben, die sich wie gewohnt verlässlich und charmant um die Vorlesungen wie die Vorlesenden gekümmert hat. Nicht vergessen werden sollen das Engagement und die Freundlichkeit, mit der die Mitarbeiter der Michaeliskirche die Veranstaltungen begleitet haben. Ihnen und allen anderen Beteiligten gilt der Dank der Herausgeber!

Wolfgang Bergsdorf
Präsident der Universität Erfurt

Benedikt Kranemann
Dekan der Katholisch-Theologischen Fakultät der Universität Erfurt

Hans Hoffmeister
Chefredakteur der Thüringischen Landeszeitung

Wolf Wagner
Rektor der Fachhochschule Erfurt

Josef Römelt

Ethik in der Krise – Ethik für die Krise

Mit diesem kleinen Wortspiel möchten die folgenden Beiträge den gegenwärtig offensichtlich steigenden Bedarf an ethischer Orientierung in unserer Gesellschaft reflektieren. Dabei kann man sich schon um die Frage streiten, ob unsere Gesellschaft tatsächlich in einer Krise ist. Drückt sich darin nicht ein typisch pessimistisches Lebensgefühl aus, das immer dann aufbricht, wenn die Entwicklung gewohnte Bahnen durchbricht und vertraute Standards relativiert werden? So hat schon Aristoteles in der Antike das geltende Recht und die Ethik seiner Zeit mit dem Gedanken des Naturrechts überprüfen müssen. So ist die Aufklärung mit ihren unglaublich hohen moralischen Idealen Grund für und Reaktion auf die immensen gesellschaftlichen und politischen Umbrüche des 17. und 18. Jahrhunderts gewesen. Mit dem Titel „Ethik in der Krise – Ethik für die Krise" soll nicht etwa eine traurige Zeitdiagnose zum Ausdruck gebracht werden, die rückwärts gewandt moralischen Vorstellungen nachtrauert und diese wieder aufzufrischen versucht. Aber es geht eben um ein Nachdenken über das zurzeit steigende Interesse an moralischen Fragen, das vielleicht ähnlich orientierende Leistungen von Seiten der Ethik erwartet wie das aristotelische Systematisieren und die aufgeklärte Moralutopie.

Ein Zeichen für die offensichtliche Orientierungssuche moderner Gesellschaft ist die verstärkte ‚Moralisierung' der Politik. Enquete-Kommissionen, nationale Ethikräte – ein Phänomen, das in den sechziger, siebziger Jahren des 20. Jahrhunderts undenkbar gewesen wäre. Während das letzte Jahrhundert sich in vielen Bereichen geradezu um ein Zurückdrängen einer allzu starken moralischen Sprache bemüht hat, sieht gegenwärtige Kultur offenbar die Notwendigkeit, in den unterschiedlichen Sektoren des Lebens die moralische Reflexion ganz ausdrücklich zum Gegenstand zu machen.

Für den Ethiker ist es eine aufregende und schöne Zeit: Er wird über seine akademische Tätigkeit hinaus in Anspruch genommen, erfährt die Bedeutung seiner Arbeit für gesellschaftliche Belange sehr unmittelbar. Aber dennoch ist mit dieser großen Nachfrage nach Moral für die ethische Reflexion selber eine große Unsicherheit verbunden. Die Überschrift über die folgenden Beiträge formuliert ja nicht nur „Ethik für die Krise", sondern auch „Ethik in der Krise". Immer wieder macht die Gesellschaft die Erfahrung, dass die Ethik als wissenschaftliche Reflexion moralischer Überzeugungen selbst alles andere als eine homogene Disziplin ist.[1] Sie selbst ist Teil der Unsicherheiten und – wenn man so will – der krisenhaften Phänomene der Gegenwart. Manche behaupten, die Ethiker selbst hätten einen enormen Orientierungsbedarf. Und so sind sie, so würde man in der Sozialarbeit sagen, hilflose Helfer.

Die folgenden Beiträge versuchen zu zeigen, dass die ethische Reflexion einen Dienst anzubieten hat, den die Gesellschaft braucht. Sie haben den Mut, einen Blick in die Werkstatt zu eröffnen, die die wis-

---

1 Im Folgenden werden die Ausdrücke ethisch und moralisch mehr oder weniger als Synonym behandelt. Aber schon darüber streiten die Autoren. Für die einen ist die *moralische* Welt die Welt der gelebten Überzeugungen der Menschen, die *Ethik* ihre wissenschaftliche Bearbeitung; die englischsprachigen Ethiker teilen demgegenüber der *Ethik* die gegebenen lebensweltlichen normativen Überzeugungen zu, während die *moralische* Reflexion eben die Prinzipien und konsensfähigen allgemeinen rationalen Grundsätze beinhaltet.

senschaftliche ethische Reflexion gegenwärtig darstellt. Und dieser Blick soll erschließen, welche Chancen ethische „Beratung" aus den Reihen der Wissenschaft für die gegenwärtige Gesellschaft in ihrer Orientierungssuche birgt. Zwar ist „Ethik" auch „in der Krise", also ein Feld der wissenschaftlichen Reflexion, in der die gesellschaftliche Suche selbst abgebildet wird und präsent bleibt. Aber sie ist letztlich „Ethik für die Krise", also ein Nachdenken über die Ressourcen der moralischen Überzeugungen, die Halt geben, den Herausforderungen der Gegenwart standzuhalten und nach menschlichen Lösungen Ausschau zu halten.

Die Aufgabe dieser einführenden Vorlesung kann es nicht sein, einen inhaltlichen Überblick über die vielen verschiedenen Beiträge, die folgen, darzubieten. Gegenstand der Einführung kann nur sein, einem grundlegenden Problem nachzugehen: Was bedeutet die Vielfalt ethischer Überlegungen; ist sie Ausdruck der Schwäche und Hilflosigkeit, die Ethik letztlich zum Spielball der Stammtische und mediengerechten Talkshows macht? Ist Moral lediglich, wie die Systemtheorie vermutet, Ausdruck emotionaler Gestimmtheiten, die gleichsam gewalttätig aufeinander stoßen und die Gefahr der irrationalen Konflikte in der Gesellschaft verstärken?[2] Bedient sie je nach Bedarf konservative oder fortschrittliche, technikfeindliche oder technikfreundliche, ja sogar wirtschaftliche Tendenzen, um bestimmten Gruppen innerhalb der Gesellschaft zu mehr Einfluss zu verhelfen? Oder hat sie tatsächlich einen eigenständigen rationalen Kern, der weiterhilft und der das Haus der Gesellschaft bewohnbar macht – einen Kern, ohne den moderner Gesellschaft etwas fehlt?

Die Frage ist, warum sich Gesellschaft und Wissenschaft des vergangenen Jahrhunderts darum bemüht haben, den moralischen Diskurs zurückzudrängen. Es gibt offensichtlich Potenziale der ethischen Dimension der Kultur, die den gesellschaftlichen Frieden belasten können. Dennoch wird ethische Reflexion benötigt. Die integrativen Leistungen dieser Seite von Kultur gilt es zu verstehen. Ethik erscheint als eine Rationalität, die die sachlichen und weltanschaulichen Perspektiven

---

2 „Empirisch gesehen ist moralische Kommunikation nahe am Streit und damit in der Nähe von Gewalt angesiedelt. Sie führt im Ausdruck von Achtung und Missachtung zu einem Überengagement der Beteiligten. Wer moralisch kommuniziert und damit bekannt gibt, unter welchen Bedingungen er andere und sich selbst achtet bzw. missachtet wird, setzt seine Selbstachtung ein – und aufs Spiel. Er wird dann leicht in Situationen kommen, in denen er stärkere Mittel wählen muss, um Herausforderungen zu begegnen." Luhmann 1990, S. 26.

differenzierter, komplexer Gesellschaft in ein Gespräch bringt, das deren Dynamik auf die humane Gestaltung von Wirklichkeit hin bündelt.

1. Vom Kampf der moralischen Überzeugungen zur Begleitung des pluralen gesellschaftlichen Diskurses

Die kritische Haltung vor allem der Wissenschaft und Kulturkritik im 20. Jahrhundert gegenüber der Ethik hatte ihr gutes Recht. In einer Gesellschaft, die die Pluralität moralischer Überzeugungen als eine Bedrohung erlebte und die gesellschaftlichen Konsens und Zusammenhalt der Kultur über einseitige Verbindlichkeit moralischer Vorstellungen herzustellen versuchte (nach soziologischem Verständnis ein wesentliches Kennzeichen der Geschlossenheit vormoderner Gesellschaften), geriet die Auseinandersetzung über ethische Fragen sehr rasch zum Kampf der moralischen Überzeugungen. Eine rationale Klärung der normativen Vorstellungen war in einem solchen Kontext schwer möglich. Kulturelle „Selbstverständlichkeiten moralischer, kognitiver und expressiver Herkunft" blieben „miteinander verwoben". Die Pflichten waren „derart mit konkreten Lebensgewohnheiten" vernetzt, „dass sie ihre Evidenz aus Hintergrundgewissheiten beziehen"[3] konnten. Damit wurde der ethische Diskurs aber auch um seinen hilfreichen Dienst an der gesellschaftlichen Entwicklung gebracht.

Die gegenwärtige Situation kultureller und sozialer Differenzierung hat in diesen Fragen gewaltige Veränderungen gebracht. Die Anwendungsfragen haben sich in so genannten *Bereichsethiken*[4] mit je eigener Sach- und Sprachlogik auseinander bewegt und sind schon in ihren sachlichen Grundlagen kaum noch zu überblicken. Im Bereich der *Wirtschaftsethik* dominieren *institutionenethische* und *organisationsethische* Entwürfe. Aus der Sicht dieses ethischen Fachbereichs bedürfte es angesichts der komplexen Dynamik gegenwärtiger kultureller Tendenzen prinzipiell einer „koordinierenden Kontextsteuerung" der „Subsysteme"[5] nationaler und globaler Entwicklung, um die differenzierte Gesellschaft

---

3 Habermas 1983, S. 117f.
4 Nida-Rümelin 1996, S. 2-85; hier: S. 63: „Statt von ‚Angewandter Ethik mit ihren unterschiedlichen Fokussierungen' sollte man daher ... besser von ‚Bereichsethiken' sprechen."
5 Wilke 1990, S. 174.

überhaupt noch moralisch verantwortet gestalten zu können. *Ökologische Ethik* verwendet im Gegensatz zu diesen eher funktionalen Ideen der Wirtschaftsethik individuelle Imperative, die dazu auffordern, die „Würde" der Natur zu achten.[6] In der *medizinischen Ethik* scheinen angesichts der Aporien der „Defensivmedizin" Konzepte der *Patientenautonomie* auf dem Vormarsch.[7] Die normative Sprache der *Sexualethik* und der *Ethik der Lebensführung* aber wird schließlich durch die vorsichtige, helfende Sensibilität beratender Empathie ersetzt.

Auf diesem Hintergrund ist aber verständlich, dass der Protest der Wissenschaften gegen eine falsche moralische Bevormundung notwendig war. Nur eine Ethik, die die widersprüchliche Vielfalt, die sensible Pluralität und Offenheit der sachlichen Probleme in ihren Diskurs aufzunehmen vermag, kann auch helfen, moralische Orientierung für die Bewältigung der Probleme zu erschließen. Nur eine Ethik, die selbst pluralitätsfähig ist, kann sachgerechte und differenzierte Antworten für die moralische Überzeugungsbildung in der gegenwärtigen Gesellschaft bereitstellen.

Der „Streit" innerhalb der Ethik thematisiert deshalb auch nicht eine Abschaffung der Moral, sondern eine Schärfung ihres methodischen Potentials für die Herausforderung komplex differenzierter Gesellschaft. Max Weber, Sohn der Stadt Erfurt, trennt zwischen wissenschaftlicher Rationalität und moralischer normativer Expressivität[8] und stößt damit eine Entwicklung an, welche durch die Unterscheidung der Diskurse die ethische Reflexion zur sachlichen Differenzierung und pluralistischen Nuancierung anregen sollte. Als Beispiel für diesen Weg, den das Nachdenken über Sinn und Grenzen der Ethik in unserer Gesellschaft gegangen ist, könnten die Analyse Niklas Luhmanns zu den Risiken der moralischen Sprache und ihrer Funktion[9] sowie die Entwicklung „postmoderner" Ethikkonzepte stehen, denen es um weitest gehende Sensibilität für die Vielfalt der Anliegen, Interessen und Weltbilder innerhalb heutiger gesellschaftlicher Wirklichkeit geht.[10]

---

6 Vgl. Jonas 1984.

7 Vgl. Irrgang 1994.

8 „Die Fähigkeit der Unterscheidung zwischen Erkennen und Beurteilen und die Erfüllung sowohl der wissenschaftlichen Pflicht, die Wahrheit der Tatsachen zu sehen, als der praktischen, für die eigenen Ideale einzutreten, ist das, woran wir uns wieder stärker gewöhnen wollen." Weber [4]1973, S. 146-214; hier: S. 155.

9 Vgl. Luhmann 1990.

10 Vgl. z.B. Welsch [4]1993.

Aber es stellt sich am Höhepunkt dieses Weges die Frage, ob mit dieser unbedingten Distanzierung von systembildender Vernunft nicht gerade das, was man erreichen will, auch in Gefahr gerät. Das Offenhalten der Pluralität für eine sachgerechte und lebendige Entwicklung ist das Ziel, die Überwindung der Gewalt. Aber bleibt bei einer schließlich rein abstrakten „Verstärkung der Pluralitätsmomente"[11] nicht auch die hilfreiche Rückbindung an Integration und Verständigung auf der Strecke? Gibt es nicht auch berechtigte Bedürfnisse moralischer Bindung und gemeinsamer gesellschaftlicher Orientierung? Wird aus der Konsensgesellschaft die bloße Konfliktgesellschaft, wie sie uns die unendlich langen Talkshows mit ihren leeren, auf den augenblicklichen Gelegenheitstriumph abgestellten Wortschlachten Abend für Abend vor Augen führen?

2. Von der hilflosen Pluralisierung der Ethik zur kulturwissenschaftlichen Integration

In solchen Fragen liegt vielleicht der Grund, warum die Ethik heute bei einer bloßen Verstärkung des Pluralismus der Gesellschaft nicht stehen bleiben kann. Sie muss eine Methode finden, die der gegenwärtigen Vielfalt moralischer Überzeugungsbildung Rechnung trägt, die aber auch die moralische Orientierung in dieser Komplexität nicht gänzlich aufgibt. Man kann diese Methode tatsächlich beschreiben und sie steht übrigens als Patin an der Wiege der neu gegründeten Universität in Erfurt. Es ist der Versuch, nach Kategorien der Integration und Kohärenz zur Bewältigung der kulturellen Konflikte fragmentierter Gesellschaft zu suchen. Das kulturwissenschaftliche Konzept der Universität, das „der Annäherung vieler Fragestellungen in den Geistes-, Sozial- und anthropologischen Wissenschaften Rechnung tragen will", ist der Versuch, Kultur als „den Inbegriff aller menschlichen Arbeit und Lebensformen, einschließlich naturwissenschaftlicher Entwicklungen"[12] zu verstehen und durch untersuchendes Reflektieren zu begleiten.

Vielfach wird deutlich, dass die ethischen Lösungsversuche innerhalb eines bestimmten moralischen Problemfeldes nicht ausreichen. Sondern zunehmend zeigt sich die *Vernetzung der vielfältigen Perspektiven*

---

11 Ebd. S. 313.

unterschiedlicher Sachgebiete, wissenschaftlicher Zugänge und konkreter Fragestellungen als notwendig: die Verbindung der natur- und humanwissenschaftlichen Einsichten, der rechtlichen, ökonomischen, moralischen und politischen Perspektiven innerhalb der wissenschaftlichen, technisch-praktischen und politisch-kulturellen Entwicklung der Gesellschaft – gerade um der tatsächlich gelingenden humanen Bewältigung der modernen technischen und kulturellen Tendenzen willen. Man denke nur an die Risiken der Gentechnik, die von Biologen und Medizinern allein heute nicht mehr eingeschätzt werden können. „Je spezialistischer die spezialistischen Wissenschaften werden, desto unvermeidlicher wird die Kompensation durch interdisziplinäre Aktivitäten. Dieser Prozess der Ausbildung einer kompensatorischen Interdisziplinarität ist vor allem ein Vorgang unseres Jahrhunderts."[13]

Die Suche nach Hilfen zur Integration erscheint immer stärker als notwendige Ergänzung der Differenzierungsprozesse komplexer Gesellschaft. Es geht nicht um einen Rückfall in moralische Rigorismen. Es geht um einen Ausgangspunkt, der die differenzierte Entwicklung mit Selbstreflexion und Orientierungsleistungen begleiten soll.

Deutlich machen lässt sich das an einem wichtigen Begriff der heutigen Wissenschaftskultur, der alte Selbstgenügsamkeiten der Fakultäten und Fachbereiche seit langem aufbricht und in Frage stellt. Er spiegelt aber auch den Bedarf an einem Wissen, das dem reinen Pluralismus entgegenläuft, das gerade am Höhepunkt seiner Entfaltung wichtig

---

12 Art.: Kulturwissenschaft ³1994, S. 386f. Auf den Streit, ob diese Arbeit im Sinne von bloßer Kompensation im Blick auf die gesellschaftlichen „Differenzierungsschäden" durch die Moderne oder als umfassende Orientierung zu verstehen ist, sei hier nicht weiter eingegangen. Ein gewisses Maß an Integration wird zumindest angestrebt: „Gegenüber Unterforderung (im Rahmen der Kompensationstheorie) und Überforderung (als Orientierungswissenschaften) wird auf dem Hintergrund eines ungebrochenen idealistischen Erbes der Geisteswissenschaften, das insbesondere in ihrem starken theoretischen Selbstverständnis zum Ausdruck kommt, ein Kulturbegriff entwickelt, der den Geisteswissenschaften als Kulturwissenschaften eine neue Perspektive eröffnet. In dieser Perspektive befassen sich die Geisteswissenschaften mit Kultur als dem Inbegriff aller menschlichen Arbeit und Lebensformen, einschließlich naturwissenschaftlicher Entwicklungen. Ihr Gegenstand, der insofern auch die Naturwissenschaften einschließt, ist demnach die kulturelle Form der Welt." Geisteswissenschaften heute 1991, S. 10.

13 Marquard 1998, S. 609-618; hier: S. 612. Marquard sieht hier auch die entscheidende Rolle der Geisteswissenschaften heute: „Je moderner die moderne Welt, desto unvermeidlicher werden die Geisteswissenschaften." (Ebd. S. 610).

geworden ist und in dem die Ethik ganz zentral eingelassen ist: der Begriff der Transdisziplinarität.

Interdisziplinarität und Transdisziplinarität[14] sind als offene Suchbewegung wissenschaftlicher Reflexion nach integrierender Strukturierung des Wissens und der kulturellen Dynamik überhaupt zu verstehen – eine Suchbewegung, die durch die konkrete historisch-kulturelle Situation herausgefordert ist: Interdisziplinarität kann „als Interdisziplinarität, die größere disziplinäre Orientierungen wiederherstellt, oder als tatsächliche Erweiterung des Erkenntnisinteresses innerhalb von Fächern und Disziplinen" gedeutet werden. Sie „geht nicht zwischen den Fächern oder den Disziplinen hin und her oder schwebt, dem absoluten Geist nahe, über den Fächern und den Disziplinen. Sie hebt vielmehr innerhalb eines historischen Konstitutionszusammenhanges der Fächer und der Disziplinen fachliche und disziplinäre Parzellierungen, wo diese ihre historische Erinnerung verloren haben, wieder auf; sie ist in Wahrheit Transdisziplinarität."[15]

Solche Reflexion schafft Distanz zu den konkreten Lebens- und Wissensformen. Sie ermöglicht dadurch gewaltlose Verständigung über die wissenschaftlichen Einzelperspektiven, ja auch lebensweltlichen Intuitionen und Verwurzelungen hinweg. Sie erschließt so verstehendes Einordnen und Unterscheiden, empathisches Einfühlen in hilfreiche und riskante Dynamiken, die gegenwärtige Entwicklung auf eine humane Welt von morgen hin begleiten. Rationalität erweist sich als ein Blick in Strukturen menschlicher und kultureller Herausforderungen, als Zusammenfassung von Erfahrung in der Bewältigung dieser Herausforderungen. Deshalb müssen sich nicht nur die Wissenschaftler austauschen und Anteil an ihren vielfältigen Einsichten geben. Eine moderne Gesellschaft darf den Pluralismus nicht *zur Flucht aus einem konkreten moralischen Engagement missbrauchen*. In diese Richtung zielt das bleibende vermittelnde Bemühen durch die Kulturwissenschaft und darin einer entsprechenden Methode der Ethik.

In diesem Zusammenhang ist auch der Beitrag der Theologie an der Universität zu suchen. Gerade für die Aufgabe der Integration bietet sie ein reiches Potenzial der Reflexion dar. Gestützt auf den reichen Erfahrungsschatz ihrer Tradition dient sie in dieser Integrationskraft

---

14 Zur Zuordnung der Begriffe „Interdisziplinarität", „Disziplinarität" und „Transdisziplinarität" vgl. Mittelstraß 1998, S. 29-48.

15 Ebd. S. 44.

der Gesellschaft, im strengen Sinne dieses Wortes: selbstlos und ohne ideologische Voreinstellung. Sie ist als wissenschaftliche Reflexion offen und vorurteilsfrei. Sie stellt ihre Ergebnisse rational allgemeinverständlich zur Verfügung und vertraut auf diese Überzeugungskraft des rationalen Arguments und nicht auf dogmatischen Zwang oder weltanschauliche Überredenskunst, gerade weil sie einen Standpunkt vertritt, mit dem sie sich identifiziert und den sie als Ferment der Integration anbietet.

Literatur

Geisteswissenschaften heute. Eine Denkschrift. Frankfurt a. M. 1991.

Habermas, Jürgen, Moralbewusstsein und kommunikatives Handeln. Frankfurt 1983.

Irrgang, Bernhard, Grundriss der medizinischen Ethik. München 1994.

Jonas, Hans, Das Prinzip Verantwortung. Versuch einer Ethik für die technologische Zivilisation. Frankfurt 1984.

Art.: Kulturwissenschaft, in: Lexikon zur Soziologie. Hg. v. W. Fuchs-Heinrik u.a. Opladen ³1994.

Luhmann, Niklas, Paradigm lost. Über die ethische Reflexion der Moral. Rede von Niklas Luhmann anlässlich der Verleihung des Hegel-Preises 1989. Frankfurt 1990.

Marquard, Odo, Interdisziplinarität als Kompensation. Zum Dialog zwischen Natur- und Geisteswissenschaften, in: Universitas 53 (1998).

Mittelstraß, Jürgen, Die Häuser des Wissens. Wissenschaftstheoretische Studien. Frankfurt a.M. 1998.

Nida-Rümelin, Julian, Theoretische und angewandte Ethik: Paradigmen, Begründungen, Bereiche, in: ders. (Hrsg.), Angewandte Ethik. Die Bereichsethiken und ihre theoretische Fundierung. Ein Handbuch. Stuttgart 1996.

Weber, Max, Die ,Objektivität' sozialwissenschaftlicher und sozialpolitischer Erkenntnis, in: ders., Gesammelte Aufsätze zur Wissenschaftslehre. Tübingen ⁴1973.

Welsch, Wolfgang, Unsere postmoderne Moderne. Berlin ⁴1993.

Wilke, Gerhard, Arbeitslosigkeit. Diagnosen und Therapien. Bonn 1990.

Foto: Karmeyer (TLZ)

Herbert Meyer

Ethik in der Medizin

Medizinische Ethik betrifft die ethischen Probleme im Bereich der Gesundheitsvorsorge. Da Begriffe wie „Menschlichkeit, Würde, Sinn, Zumutbarkeit" nur begrenzt zu objektivieren sind, bedeutet das, dass die im Gesundheitswesen Tätigen ihre eigenen persönlichen Grundhaltungen zu Leben, Leiden, Schmerzen als Übertragungen mit einbringen.

Die Entscheidungsfindung findet auf drei Ebenen ethischer Prinzipien statt. Auf der ersten Ebene finden wir den letzten Maßstab der Sittlichkeit (z.B. die „Goldene Regel" in der Bergpredigt oder Kants kategorischer Imperativ). Für die konkrete Entscheidungsfindung muss diese erste Ebene weiter differenziert werden.

In der praktischen Medizinischen Ethik wird die erste Ebene durch grundsätzliche Rechte und Pflichten ausgedrückt:

- In der Selbstbestimmung (Autonomie) des Patienten
- Im Wohlwollen, d.h. der Förderung des Lebens
- Im Verbot der Schädigung, d.h. im Tötungs- und Verletzungsgebot
- Im Gebot der Gerechtigkeit.

Da auf dieser oberen Ebene kaum konkrete ethische Entscheidungen getroffen werden können, ist eine zweite Ebene – die Ebene mittlerer Axiome – erforderlich. Hier treffen wir bereits auf konkurrierende Werte, etwa bei der Abwägung zwischen Lebensbewahrung und Leidensminderung beim sterbenden Patienten. Oder in der Praxis des Schwangerschaftsabbruchs als Ausdruck des Konfliktfeldes zwischen „Persönlichkeitsrechten der Frau" und dem ungeborenen Leben.

Auf der dritten Ebene liegen dann die praktischen Maximen. So wird die Maxime „Leben erhalten" nicht immer zum steten Einsatz der Maximaltherapie führen können. Die Praktikabilität der dritten Ebene wird durch konkrete berufsständige Richtlinien gewährleistet (z.B. in der Richtlinie zur Feststellung des Hirntodes vom Oktober 1986, in der Richtlinie zur Sterbebegleitung von 1998). Auch auf dieser Ebene kann Ethik nicht schlechthin durch Medizinrecht ersetzt werden.[1]

Das heißt: Die Verantwortung des Arztes für seine im Einzelfall zu treffende Entscheidung bleibt erhalten. Die gegenwärtigen Probleme innerhalb der medizinischen Ethik sind vor allem durch die Ablösung des paternalistischen Prinzips durch moderne Autonomievorstellungen begründet.

Die Idee der liberalen Demokratie findet im Selbstbestimmungsrecht des Einzelnen ihren tragenden Grundbegriff. Gegenwärtige Autonomievorstellungen werden einerseits einer hochgradig individualistisch-pluralistischen Gesellschaft gerecht, andererseits sollte das Autonomieprinzip durchaus kritisch hinterfragt werden. In der Medizinischen Ethik wird der Grundsatz der Autonomie durch den „informed consent" – die aufgeklärte Einwilligung des Patienten – verdeutlicht. In der Praxis bedeutet das:

Ein Arzt begeht eine Pflichtverletzung gegenüber seinem Patienten, wenn er irgendwelche Tatsachen zurückhält, die eine notwendige Grundlage für eine verständige Zustimmung des Patienten zu den vor-

---

1 Eser, Albin/Lutterotti, Markus v./Sporken, Paul (1922), (Hrsg.), Lexikon Medizin, Ethik, Recht. Darf die Medizin, was sie kann? Information und Orientierung. Freiburg (Herder).

geschlagenen Behandlungen sind. Ein medizinischer Eingriff ohne Zustimmung wird in der BRD als „Körperverletzung" gewertet. Die Meinung des Patienten kann nicht durch Auffassung des Arztes ersetzt werden. Bedenken sollten wir allerdings: Die Praxis geht oft von einem heroischen, alles ertragenden Patienten aus. Täglich wird in der BRD etwa 1.000 Menschen die Diagnose „Krebs" mitgeteilt. In der innerhalb der Jahrhunderte ärztlichen Tuns orientierten Hippokratischen Ethik spielte die Autonomie des Patienten keine Rolle. Der Paternalismus – die Vater-Kind Beziehung – bestimmte die Beziehung zwischen Arzt und Patient. Es kam zur überwertigen Selbsteinschätzung des Arztes und einer Unterschätzung der Meinung des Patienten.

Die heutige vorrangige Betonung einer uneingeschränkten Selbstbestimmung in der Medizin übersieht allerdings, dass es zugleich Aufgabe ärztlicher Fürsorge wird, Patientenautonomie zu ermöglichen, dass kein Patient völlig autonom sein kann und jede gute Arzt – Patientenbeziehung immer auch paternalistische Elemente besitzt.

Oft ist die Abstellung auf das Selbstbestimmungsrecht rein theoretisch: Entscheiden Sie sich bitte frei zwischen 6 – 8 Monaten mit Chemotherapie, Depression und Übelkeit und 4 – 5 Monaten ohne Chemotherapie.

Meines Erachtens kann das Spannungsverhältnis von Paternalismus und Autonomie durch einen konzedierten Paternalismus gemildert werden. (Nach der notwendigen Aufklärung stimmt der Patient einem Behandlungsprozess zu, an dessen einzelnen Entscheidungen er nicht mehr beteiligt werden muss.) Konzedierter Paternalismus besagt, dass die für das Behandlungsziel erteilte Einwilligung die Zustimmung zum Ganzen enthalten kann.

Patientenautonomie gibt es nicht ohne fürsorgliche Ermöglichung. Der Patient erhält das Gefühl der Geborgenheit, kaum der Zufriedenheit. Patientenautonomie ist immer an die Einsichts- und Einwilligungsfähigkeit gebunden.

Wenn der Patient Wahlmöglichkeiten nicht nutzen, die Situation nicht wirklich verstehen kann, umweltbedingte oder krankheitsbedingte Einschränkungen der Entscheidungsfähigkeit vorhanden sind, hat dies alles natürlich Einfluss auf Patientenautonomie.

Die Herausforderungen an die Medizinische Ethik der Gegenwart sind m. E. vorwiegend dem neuen Verhältnis von Paternalismus und Patientenautonomie geschuldet. Das beginnt am Anfang des menschlichen Lebens – bei den schweren Entscheidungen der Schwangeren nach der pränatalen Diagnostik bzw. bei der Entscheidung für oder gegen den Schwangerschaftsabbruch, später bei der Zustimmung oder Ablehnung zur Organtransplantation und endet in dem durch Betreuungsverfügung und Patientenvollmacht festgelegten Willen des Patienten.

Ich möchte mich diesen drei ausgewählten Problemfeldern der Ethik in der Medizin zuwenden:

- der pränatalen Diagnostik,
- der Organtransplantation und
- der Problematik der Sterbebetreuung versus Sterbehilfe.

So positiv wir auch immer die Forderung nach Autonomie bewerten, erinnere ich daran, dass es z. B. nach Michael Balint um die wechselseitige Beziehung zwischen Arzt und Patient geht, um die Akzeptanz der Kompetenz des Arztes, um die schonende Aufrichtigkeit des Arztes, darum, dass das am häufigsten verwendete Heilmittel der Arzt selbst ist.

Persönlich halte ich sogar den Begriff der „Partnerschaft" für wenig glücklich. Zum therapeutischen Bündnis (Compliance) gehört die Selbstverantwortung des Patienten ebenso wie die verstehbare und ausreichende Information und Aufklärung des Kranken durch den Arzt. Jeder wird verstehen, dass es hier Besonderheiten in der Aufklärung von Kindern oder von Angehörigen oder von psychiatrischen Patienten geben muss.

Pränatale Diagnostik

Befürworter der pränatalen Diagnostik betonen die positive Absicht, die hinter der Anwendung pränataldiagnostischer Methoden steht. Allerdings hat ein Paradigmenwechsel in der PND stattgefunden. Ärztliches Handeln ist nicht mehr eine Reaktion auf spezielle Notlagen, sondern es werden ohne einen bestimmten Anlass Untersuchungen durchgeführt, um nach Krankheiten und Behinderungen zu suchen. Die meisten Erkrankungen und Fehlbildungen sind allerdings pränatal nicht behandelbar.

81,9% der Frauen finden die Vorstellung, ein Leben lang für ein behindertes Kind sorgen zu müssen, unerträglich. Fällt der Befund unerwartet positiv aus, entscheiden sich über 90% für eine Abtreibung.

Seit 1980 hat sich die Zahl pränataler Untersuchungen verfünffacht. Aus einer Zeit der „guten Hoffnung" ist eine Zeit der Angst geworden. Zu ergänzen ist, dass die meisten pränatalen Untersuchungen nur zu Wahrscheinlichkeitsaussagen führen. Heute dient die PND eindeutig der Selektion behinderten Lebens. Katastrophal hat sich die Veränderung der embryopathischen Indikation 1995 (der Schwangerschaftsabbruch wäre bei einem positiven Ergebnis der PND bis maximal zur 22. Schwangerschaftswoche möglich) in die medizinisch-soziale Indikation ausgewirkt (der Schwangerschaftsabbruch wäre bis zur Geburt ohne Fristsetzung möglich).

Jenseits der 20. Schwangerschaftswoche kommt bei einer Abtreibung jedes 3. Kind lebend zur Welt. Dies führt dazu, dass von Seiten der Eltern gegen Ärzte zivilrechtliche Ansprüche geltend gemacht werden. Für die Ärzte ergibt sich aus dem Behandlungsvertrag ein faktischer Zwang zum Fetozid. Um das Leben des Kindes zu beenden, wird dem Fötus eine tödliche Kalium-Chlorid-Injektion ins Herz gespritzt. Rettet der Arzt gegen den Willen der Eltern das Leben des Neugeborenen, wird das eigentliche Behandlungsziel – der Abbruch – nicht erreicht, muss der Arzt die umfassende Unterhaltspflicht für das Kind übernehmen.

Einerseits sind wir nach wie vor am Ende menschlichen Lebens gegen jede „aktive Sterbehilfe", andererseits gestehen wir Schwangeren das Recht zu, die Tötung eines Neugeborenen zu verlangen und zu erhalten. Die Haftungspflicht gegenüber den Eltern erklärt eindeutig das Kind als „Schaden".

Wir sollten erstens zur 22-Wochen-Grenze der embryopatischen Indikation – dem Beginn der extrauterinen Überlebensfähigkeit des Föten – zurückkehren. Darüber hinaus müsste eine selektive pränatale Diagnostik aus der allgemeinen Schwangerschaftsvorsorge herausgenommen werden. Weiterhin sollten die psychosozialen Bedürfnisse von Frauen stärker berücksichtigt werden. Unbestritten werden durch die gegenwärtige Praxis pränataler Diagnostik ethische Grenzen verschoben.

Bedenken wir weiterhin: Nur 1% der Behinderungen sind genetisch bedingt. Davon kann nur ein Bruchteil durch die PND festgestellt werden. 90% der Behinderungen entstehen im Verlauf des späteren Lebens.[2]

---

2 Diplomarbeit von Dorothea Welsche, Fachhochschule Erfurt, Bereich Sozialwesen, 2004: „Kritische Auseinandersetzung mit der Praxis vorgeburtlicher Diagnostik".

Ethische Fragen der Transplantation

Ein lebenswichtiges Organ kann in seiner Funktion versagen. Nur sehr begrenzt könnte ein „künstliches Organ" die Funktion übernehmen (z.B. Dialyse). Das Weiterleben des Patienten wäre nur durch eine postmortale Spende (das Organ eines Toten) oder bei bestimmten Organen (v. a. Nieren) die Organspende von einem Lebenden zu erreichen.

Am 1.12.1997 trat das neue Transplantationsgesetz in Kraft. Es regelt die Spende, Entnahme und Übertragung von Organen. Der Bundestag entschied sich für eine „erweiterte Zustimmungslösung". Eine Organspende ist dann erlaubt, wenn der Spender in einem Organspenderausweis oder einer anderen Erklärung dazu seine Zustimmung gegeben hat. Liegt keine Erklärung vor, können auch die nächsten Angehörigen oder eine Person, die der Organspender dazu bestimmt hat, über eine Organentnahme entscheiden.

Voraussetzung ist die Beachtung des „mutmaßlichen Willens" des Spenders und der persönliche Kontakt zu ihm in den letzten zwei Jahren. Bei der Zustimmung durch die Angehörigen ist eine bestimmte Rangfolge festgelegt (Ehegatten, volljährige Kinder, Eltern, Geschwister usw.).

Bei der postmortalen Organspende können die Organe erst dann entnommen werden, wenn der Hirntod, also der endgültige Ausfall aller Gehirnfunktionen festgestellt ist. Die den Hirntod diagnostizierenden Ärzte dürfen in keiner Weise an der Transplantation beteiligt sein.

In Deutschland ist die Lebendspende sehr schwierig zu erreichen. Sie ist nur erlaubt, wenn kein Organ eines toten Spenders zur Verfügung steht. Die Lebendspende ist auf nahe Verwandte sowie Ehegatten oder andere sich sehr nahe stehende Personen beschränkt.[3]

Die Lebendspende weist bei aller damit verbundenen Problematik entscheidende Vorteile auf. Die Transplantationsprognose ist bedeutend besser: Nach fünf Jahren funktionieren noch ca. 75% der transplantierten Organe – bei der postmortalen Spende sind es etwa 57%.

Die besseren Ergebnisse sind zurückzuführen auf
- den absolut gesunden Spender;
- die gute Organqualität;

---

3 Vgl.: Empfehlungen der BÄK (Bundesärztekammer)

- kurze Ischämiezeiten;
- sofortige Funktionsaufnahme;
- die Möglichkeit der Transplantation zum optimalen Zeitpunkt für Spender, Empfänger und das OP-Team.

Lange Konservierungszeiten werden vermieden. Es gibt eine erhöhte Sicherheit bei der Vermeidung einer HIV-Übertragung. Die Lebenserwartung des Spenders ist deutlich höher (Nachbetreuung).

Die Praxis der Lebendspende ist in verschiedenen Ländern sehr unterschiedlich. In Skandinavien stammt die Hälfte der transplantierten Nieren von Lebendspenden, in den USA 25%. In der BRD ist der Anteil der Nierenlebendspenden von 3 auf 15% gestiegen.

Die Entnahme von Organen einer lebenden Person ist nur zulässig, wenn die Person
- volljährig und einwilligungsfähig ist;
- in die Entnahme eingewilligt hat;
- nach ärztlicher Beurteilung als Spender geeignet ist und nicht über das Operationsrisiko hinaus gefährdet ist.[4]

Natürlich stellt die Lebendspende für den Spender einen operativen Eingriff ohne eigenen Therapiebedarf dar. Ein Gesunder wird vorübergehend zum Patienten gemacht. Die ethischen Probleme der Lebendspende lassen sich in folgenden Punkten bündeln:
- Unter welchen Bedingungen ist es ethisch vertretbar?
- Wie hoch darf das Risiko für den Spender sein?
- Wie zuverlässig kann sich seine Freiwilligkeit feststellen lassen?

Die Freiwilligkeit des Spenders ist das größte Problem. Seit 1999 ist die Prüfung der Motivation durch eine Kommission (Arzt, Jurist, Psychologe) zwingend vorgeschrieben.

Dilemma: Die Freiwilligkeit der Zustimmung ist umso stärker gefährdet, je enger die Bindung zwischen Spender und Empfänger ist. Negative psychische Folgen beim Empfänger sind v.a. beim Transplantatversagen nicht auszuschließen.

Interessant sind die mitunter gegensätzlichen Vorgehensweisen: In Norwegen kommt nur der Patient auf eine Warteliste zur postmortalen Spen-

---

4 Vgl.: Empfehlungen der BÄK (Bundesärztekammer)

de, der nachweisen kann, dass kein geeigneter Lebendspender in seiner Familie zur Verfügung steht. In der BRD ist es direkt umgekehrt.

Bei der postmortalen Spende ist der Hirntod des Spenders als endgültiger, nicht behebbarer Ausfall der Gesamtfunktion des Gehirns-, des Großhirns, Kleinhirns und Stammhirns zwingende Voraussetzung zur Organspende.

Das gravierende Problem der Transplantationsmedizin ist der Organmangel. Die BRD ist heute ein Organimportland. Patienten müssen heute mehr als sechs Jahre auf eine Niere warten. Insgesamt stehen den etwa 4.500 Transplantationen ca. 15.000 wartende Patienten gegenüber. Etwa 20% der wartenden Patienten versterben in Deutschland, bevor sie das Organ bekommen. Kontraindikationen sind nicht behandelbare bösartige Tumorerkrankungen, eine HIV-Infektion, Alkohol-, Nikotin- bzw. Drogenabhängigkeit und eine wahrscheinlich unzureichende Compliance (Bereitschaft des Empfängers, nach der Transplantation an der Genesung mitzuwirken). Umstritten ist nach wie vor, in wieweit die Eigenverantwortung für eine Erkrankung, die zum Organversagen führte, ein Ausschlusskriterium für eine Transplantation sein darf.

Ebenso schwierig sind die Fragen der Allokation (Verteilung der verfügbaren Organe). Oberstes Gebot ohne „soziale Kriterien" ist die Chancengleichheit aller Empfänger, d.h. der Platz auf der Warteliste – und dabei allein die Erfolgaussicht und Dringlichkeit einer Transplantation (30%). Weiterhin die Übereinstimmung der HLA Merkmale als Hauptangriffsziel immunologischer Abwehr (40%), die Mismatchwahrscheinlichkeit (d.h. die errechnete Wahrscheinlichkeit, ein in den HLA-Merkmalen übereinstimmendes Organ angeboten zu bekommen (10%); die Ischämiezeit (Zeit während des Organtransportes) oder des chirurgischen Eingriffes, in der der Blutgehalt des Organs künstlich herabgesetzt wird. Damit wird die örtliche Nähe zum Entnahmeort berücksichtigt (20%).

Neben den menschlichen Problemen bestehen also zusammenfassend folgende Schwierigkeiten der Transplantationsmedizin:

- zu wenig Spenderorgane (Unterschied der zu ca. 90% erklärten Spendebereitschaft der bundesdeutschen Bevölkerung und der nur zu ca. 13% dokumentierten Spenderbereitschaft) die Probleme der gerechten Verteilung knapper Güter, die über Tod oder Weiterleben entscheiden,

- das Problem der Immuntoleranz – d.h. das notwendige Fehlen einer körpereigenen Immunreaktion, damit das Abwehrsystem des Körpers das transplantierte Organ nicht mehr als fremd erkennt,
- das Problem der freiwilligen Zustimmung, des informed consent
- die freiwilligen Zustimmung bei der Lebendorganspende nach Aufklärung,
- die allgemeine Akzeptanz des Hirntodes des Spenders bei der postmortalen Organspende als notwendige Voraussetzung für die höhere Spendenbereitschaft und der Aufhebung des Mangels an Organen.

Beim Hirntod gilt der klinisch sicher feststellbare endgültige Ausfall der gesamten Hirnfunktion als sicheres Todeskriterium. Kritiker machen trotzdem geltend, das Hirntodkonzept breche mit „Jahrtausende alten Traditionen" bzw. es nehme die Leiblichkeit des Menschen nicht ernst, es reduziere die Person auf das Gehirn, d. h. der diagnostizierte Hirntod könne nicht mit dem Tod des Menschen gleichgesetzt werden. Einzig eine physiologische Definition entscheide über Sein oder Nichtsein eines Menschen.

1968 definierte die Harvard Medical School die Diagnose des Hirntodes genau und empfahl, den Tod des Gehirns als neues Kriterium für den Tod eines Menschen zu verwenden. Erstens müsse es ein Kriterium dafür geben, wann die Behandlung von Patienten legitimerweise abgebrochen werden dürfe. Zweitens sei zu klären, unter welchen Umständen eine Organentnahme bei solchen Patienten erlaubt ist.

Vergleichen wir das Transplantationsgesetz der BRD mit den Verhältnissen in den Niederlanden: Dort bekommt jeder Jugendliche nach der Vollendung des 18. Lebensjahres ein Schreiben, nach dem er entscheiden kann: bin Spender, kein Spender, unentschieden. Unter diesen Bedingungen gibt es natürlich dort keinen Mangel an Organen.

Eine Befragung in der BRD weist auf die Gründe für das Versagen der Erlaubnis zur Organspende hin:

Rangfolge
- Man mag mir etwas zufügen, bevor ich wirklich tot bin.
- Die Ärzte könnten meinen Tod beschleunigen.
- Ich mag nicht über das Sterben nachdenken.
- Ich mag nicht, dass mich jemand nach meinen Tod aufschneidet.
- Ich habe nie darüber nachgedacht.

- Mein Körper soll intakt bleiben für ein vollkommenes Nachleben.
- Vielleicht hat meine Familie etwas dagegen.
- Es ist gegen meine Religion.
- Es ist zu kompliziert, dafür eine Erlaubnis zu geben.

Nach meiner Erfahrung mit dieser Thematik sind die Verweigerungsgründe emotionaler Natur bzw. Ergebnisse von Verdrängungen. In der BRD gilt entsprechend dem einleitend erwähnten Autonomiegrundsatz ein „postmortales" Persönlichkeitsrecht. Daraus folgt, dass der noch Lebende sein Selbstbestimmungsrecht über den Tod hinaus ausüben kann, also festlegen kann, was mit seinem Körper nach dem Tod geschehen soll. Der Wille des Verstorbenen muss deshalb stets respektiert werden.

Wenn wir mehr Organspender haben wollen, müssen wir stärker die emotionalen Bedenken berücksichtigen.

Problematik der Sterbebetreuung *versus* Sterbehilfe

Die Argumentationen für oder gegen die aktive Sterbehilfe stehen seit Jahren im Zentrum medizinethischer Diskussionen. Angeregt werden diese Diskussionen vor allem durch die in den europäischen Staaten unterschiedlichen Haltungen zur aktiven Sterbehilfe. So gibt es in den Niederlanden und in Belgien bei Einhaltung eines festliegenden Prozederes eine weitgehende staatliche Legitimierung der Tötung von Patienten. Die öffentliche Meinung in der Bundesrepublik befürwortet entsprechend repräsentativer Umfragen großer Meinungsforschungsinstitutionen die Möglichkeit der aktiven Sterbehilfe.

In den Argumentationen für oder gegen aktive Sterbehilfe stehen sich folgende Hauptargumentationen gegenüber:

Befürworter:
Berufung auf das Selbstentscheidungsrecht, die Autonomie des Patienten.

Gegner:
Berufung auf die Bewahrungspflicht menschlichen Lebens bei Berücksichtigung des Patientenwillens, Gefahr eines „Dammbruches".

In den Grundsätzen der Bundesärztekammer wird jede Form aktiver Sterbehilfe abgelehnt. Der Arzt wird nach wie vor zur Basisbetreuung verpflichtet – das bedeutet: menschenwürdige Unterbringung, Zuwendung, Körperpflege, Linderung von Schmerzen, Atemnot und Übelkeit sowie das Stillen von Hunger und Durst. Damit tritt in den Grundsätzen der ärztlichen Sterbebegleitung der BÄK der begleitende und betreuende Aspekt in der Fürsorge für den schwerstkranken Patienten in den Vordergrund. Die „Grundsätze der ärztlichen Sterbebegleitung" in ihrer letzten Fassung von 1998 stärken zugleich die Bedeutung des Patientenwillens. Er muss deutlicher beachtet werden. Bei der Akzeptanz so genannter Patientenverfügungen behält der Arzt die letzte Verantwortung in Art und Ausmaß der Behandlung. Wenn allerdings eine Heilung oder Besserung nicht mehr möglich ist, geht die Leidensminderung als Hilfe im Sterben der Lebenserhaltung vor. Die Ärzte sind aufgrund ihrer Garantenstellung oder Hilfeleistungspflicht nicht berechtigt, sich über eine freiverantwortlich getroffene Entscheidung zur Therapiebegrenzung des Patienten hinwegzusetzen. Strafbar macht sich der Arzt, der entgegen dem ausdrücklich erklärten Patientenwillen Maßnahmen hinsichtlich Lebensverlängerung und damit Leidensverlängerung einleitet oder fortsetzt. Hier wird deutlich, dass es sehr wichtig ist, nicht nur den „mutmaßlichen Willen" des Patienten zu kennen, sondern durch die in gesunden Tagen vorsorglich getroffene Betreuungsverfügung seinen eindeutigen Willen zu wissen.

Ich wiederhole, dass die Berücksichtigung des Patientenwillens die aktive Sterbehilfe, also die Tötung des Patienten nach wie vor ausschließt.

Noch einmal: Eine unbedingte Verpflichtung des Arztes zur Lebensverlängerung mit allen Mitteln und um jeden Preis gibt es nicht. Der Wille des Patienten ist oberstes Gebot. Er ist befugt, Art und Umfang sowie den Abbruch der Behandlung zu bestimmen. Entscheidend ist, dass der Patientenwille bekannt ist. Nicht die Effizienz der Apparatur, sondern die an der Achtung des Lebens ausgerichtete Einzelfallentscheidung bestimmt die Grenze der ärztlichen Behandlungspflicht. Maßgeblich sind die jeweiligen prognostischen Chancen des Einzelfalls. Bewusstlosigkeit bis zum Wachkoma ist in Deutschland keine Indikation für eine Behandlungsbeschränkung. Patientenverfügungen, Vorsorgevollmachten und Betreuungsverfügungen sind wesentliche Hilfen für das Handeln des Arztes.

Zur Situation in den Niederlanden: Nach einer seit 1970 anhaltenden Forderung nach „freiwilliger Euthanasie" wurde im November 2000 ein entsprechender Gesetzentwurf zur „Kontrolle der Lebensbeendigung auf Verlangen und der Hilfe bei der Selbsttötung" vorgelegt. Die aktive Sterbehilfe (Tötung von Patienten) ist nur dann legitimiert, wenn bestimmte Sorgfaltkriterien eingehalten werden:

- Der Arzt muss zur Überzeugung gelangt sein, dass der Patient sein Ersuchen freiwillig und nach reiflicher Überlegung gestellt hat.
- Der Arzt muss zur Überzeugung gelangt sein, dass der Zustand des Patienten aussichtslos und sein Leiden unerträglich ist.
- Der Arzt muss den Patienten über dessen Situation und Prognose informiert haben.
- Er muss gemeinsam mit dem Patienten zur Überzeugung gelangt sein, dass es für die Situation keine anderen akzeptable Lösung gibt.
- Er muss mindestens einen anderen unabhängigen Arzt zu Rate gezogen haben, der den Patienten gekannt hat.
- Es muss bei der Lebensbeendigung sorgfältig vorgegangen werden.

Regionale Kontrollkommissionen für die Lebensbeendigung auf Verlangen überprüfen das ärztliche Vorgehen nach den o. g. Sorgfaltskriterien. Die Kommission setzt den Arzt innerhalb von sechs Wochen nach der ärztlichen Meldung schriftlich von ihrer Beurteilung in Kenntnis.

„Wer vorsätzlich das Leben eines anderen auf dessen ausdrückliches und ernsthaftes Verlangen hin beendet, wird mit Gefängnisstrafe bis zu zwölf Jahren [..] bestraft". (Art. 293)[5]. Das gilt nicht, wenn die o.g. Sorgfaltskriterien eingehalten werden.

<u>Praxis:</u>
Tötung auf Verlangen – jährlich ca. 2-300 Fälle
Tötung ohne ausdrückliches Verlangen – jährlich ca. 1.000 Fälle

Die hauptsächlichen Tötungswünsche ergeben sich aus der nicht weiteren Bereitschaft zur Pflege durch die Angehörigen. Unerträgliche Schmerzen stehen beim Wunsch nach aktiver Sterbehilfe an vierter Stelle. Das weist darauf hin, dass die „Freiwilligkeit" häufig vorgetäuscht und immer zweifelhaft ist. In der holländischen Öffentlichkeit wird die Bitte um den Tod als „mutig", „weise" und „fortschrittlich" angesehen.

---

5 Vgl.: Gesetzentwurf vom 28. November 2000.

Alte Menschen beginnen, sich als Belastung für die Gesellschaft zu fühlen und dann um Euthanasie zu bitten. Die Bitte um Euthanasie wird also maßgeblich durch die Familie und den Arzt bestimmt.

Im Mai 2002 stimmte das belgische Parlament für die aktive Sterbehilfe. Die Sorgfaltskriterien sind den holländischen Kriterien ähnlich. Allerdings können auch Patienten, die sich noch nicht in der Endphase einer tödlichen Krankheit befinden, bzw. psychisch Kranke um aktive Sterbehilfe ersuchen.

In der BRD prophezeit der Präsident der Bundesärztekammer, „es werde wohl eines Tages dazu kommen, dass schwer kranke Menschen eine Genehmigung einholen müssen, um weiterleben zu dürfen".

Die Kirchen der BRD betrachten den Kampf gegen die aktive Sterbehilfe als grundlegende Kritik gegen die individualistische Moderne der „Erlebnisgesellschaft". Die von der BRD-Bevölkerung zu etwa 83% geforderte Legitimierung der aktiven Sterbehilfe übersieht die gesellschaftlichen Folgen einer solchen Legitimierung vollständig.

Elke Mack

Globale Ethik

1. Problemstellung

Globale Ethik ist ein Thema von höchster Dringlichkeit: Wir erleben 18 Millionen armutsbedingte Todesfälle jährlich (davon täglich 50.000 Tote, darunter 34.000 Kinder unter 5 Jahren). Seit Ende des Kalten Krieges sind über fünf Mal so viele Menschen an armutsbedingten Ursachen gestorben wie im Zweiten Weltkrieg, konkret sind es 270 Millionen.[1] 1,2 Milliarden Menschen (rund 1/4 der Weltbevölkerung) leben derzeit unter einer absoluten Armutsschwelle von 1 $ pro Tag, was konkret Hunger, Unterernährung, hohe Kindersterblichkeit, ge-

---

1 Pogge 12.2.2004.

ringe Lebenserwartung, mangelnde Gesundheitsversorgung, fehlende Bildungschancen und mangelnde Grundversorgung bedeutet. Das Vermögen der drei größten Milliardäre der Welt ist größer als das Bruttosozialprodukt der 600 Millionen Menschen in den am wenigsten entwickelten Ländern der Erde.[2]

Für die humanitäre Situation der Armen sind Prozesse der Globalisierung der Weltgesellschaft von höchster Relevanz, weil in unterentwickelten Ökonomien, die hieran partizipieren, überproportional hohe Wachstumsraten zu verzeichnen sind (oft zweistellig). Mit der ökonomischen Entwicklung der Globalisierung ergibt sich aber auch eine besondere Problematik. Es handelt sich um das Problem der Exklusion unterentwickelter Ökonomien, also die mangelnde Integration des südlichen Afrikas und Teilen Südasiens in den Prozess der Globalisierung. Diese Länder bieten entweder keine Rechtssicherheit für Investitionen, keine Infrastruktur oder besitzen keine Tauschgüter und auch zu wenig Humankapital, das für transnationale Unternehmen von Interesse sein könnten, so dass diese Investitionen tätigen würden.

Multifaktorielle Gründe können benannt werden, warum Armut und Not trotz fortschreitender Globalisierung nicht weichen – auch wenn der prozentuale Anteil der in absoluter Armut lebenden Armen an der Weltbevölkerung seit den 90er Jahren des 20. Jahrhunderts gesunken ist[3] – eine Entwicklung in die richtige Richtung, die jedoch angesichts der zuerst genannten Zahl der jährlich 18 Millionen Toten unter ethischer Rücksicht noch überhaupt nicht zufrieden stellen kann. Wir alle sind uns klar, dass es sich hier um eine humanitäre Katastrophe handelt, die wir dulden. Hierüber gibt es auch unter Wissenschaftlern keine Kontroverse.

Die eigentliche Kontroverse ist ethischer Natur. Es handelt sich um die Frage: Wer ist verantwortlich und zu welchem Ausmaß sind wir verantwortlich? Genau über diese Frage der Verantwortlichkeit für globale Gerechtigkeit wird zurzeit eine heftige Debatte geführt.

Darüber hinaus wird sogar seit längerem in der Philosophie diskutiert, ob das Unterlassen von Hilfeleistung ein ebenso großes Verbre-

---

2 Vgl. UNDP, 1999, S. 3 und 1998, S. 30.

3 Der Anteil der in extremer Armut lebenden Menschen sank in den 90er Jahren des 20. Jhd. weltweit, dennoch leben rund 1/4 der Weltbevölkerung mit 1$ am Tag (in realen Kaufkraftparitäten). Vgl. gleich lautende Information bei: Weltbank 2003 und Deutsche Gesellschaft für die Vereinten Nationen 2002.

chen ist wie die Tötung von Menschen selbst.[4] Ohne diese Frage hier im Detail beantworten zu können, müssen normative Ethiken (hierunter ist auch die christliche Ethik einzuordnen), wenn sie von der Möglichkeit universaler Normbegründung ausgehen, auch eine grundsätzliche Verantwortung für menschliche Personen voraussetzen. Die Frage ist nur, wie unmittelbar diese Verantwortung greift und wen sie in welchem Umfang verpflichtet oder inwiefern sie überhaupt verpflichten kann.

Auch die christliche Ethik hat hierzu bis heute keine klare Antwort gegeben. In Enzykliken wie *populorum progressio*[5] und *sollicitudo rei socialis*[6] haben sich kirchliche lehramtliche Äußerungen zumeist auf die Forderung nach mehr Solidarität und ausreichende Gerechtigkeit erstreckt und die Akteure der Verantwortung nur am Ende erwähnt, beispielsweise Staatsmänner und Delegierte internationaler Institutionen.[7] Wer, wie und inwieweit die Verantwortung konkrete Gerechtigkeitspflichten nach sich zieht, ist auch in der Theologie bislang ein Forschungsdesiderat. Beispielsweise bleiben Fragen unbeantwortet: Bestehen Solidaritätspflichten für Menschen, die in großem Wohlstand leben, Vermögenswerte zur Armutsbekämpfung aufzuwenden? Ich kenne hierauf keine endgültige Antwort von Seiten der Kirche. Deshalb ist es umso dringlicher, für christliche Ethikerinnen und Ethiker über diese Fragen zu reflektieren und über folgende Kernfrage globaler Ethik eine begründete Position zu suchen: Was ist in einem globalen Kontext gerecht und wie lässt sich derartige Gerechtigkeit erreichen? Für die Christliche Sozialethik stellt sich hieran anschließend die systematische Kernfrage: Welche Gerechtigkeitskriterien gibt es, um den Grad der Verantwortung für die Armen ethisch bestimmen zu können? Um dieses Ausmaß und die Zuständigkeit für globale Gerechtigkeit benennen zu können, benötigt auch die christliche Ethik geeignete Gerechtigkeitskriterien, deren Erfüllung notwendig ist und die normativ verbindlich werden können. Traditionell richtet sich die christliche Ethik als normative Ethik an alle Menschen guten Willens und nicht nur an gläubige Christinnen und Christen und macht heute den Versuch einer pluralismustauglichen Ethik.[8]

---

4 Singer 1972, S. 229-243.
5 Populorum Progressio, S. 435-470.
6 Korff 1988, S. 9-104.
7 Populorum Progressio, S. 435-470, Nr. 84.
8 Mack 2002.

Diese Suche nach ethischen Gerechtigkeitskriterien geschieht vor dem empirischen Hintergrund, dass es im Unterschied zu früheren Jahrhunderten heute auf der Welt jetzt schon ausreichende Ressourcen gäbe, um allen Weltbewohnern ein menschenwürdiges Leben zu ermöglichen.[9] Eine theologische Gerechtigkeitstheorie und Sozialethik gehen davon aus, dass es zum Überschreiten dieser Armutssituation individuell wirksamer und global-institutioneller Bedingungen für die von Armut bedrohten Menschen bedarf. Armut besitzt nämlich grundsätzlich einen strukturellen „Zwangscharakter"[10], der institutionell und immer auch von den Nicht-Betroffenen, also von außen behoben werden muss. Ein Heraustreten aus der ökonomischen Armutsfalle kann in den wenigsten Fällen durch die Betroffenen selbst erreicht werden. Sowohl ökonomische, also auch politische, soziale und weltanschaulich-kulturelle Faktoren bedingen individuelle Freiheitsentfaltung. Alle erforderlichen Kriterien für die Konstitution dieser Bedingungen müssen im Rahmen derzeitiger Globalisierungsprozesse herausgefunden werden, wenn eine ausreichende menschliche Entwicklung für alle angestoßen werden soll.

Die Wissenschaft muss den politischen Willen hierzu voraussetzen und kann nur unter dieser Voraussetzung die entsprechenden Kriterien vorschlagen. Deshalb wird das Ziel einer globalen Ethik darin bestehen, Gerechtigkeitsbedingungen zu begründen und so zu formulieren, dass sie durch verantwortliche Akteure (damit sind primär Staaten und Vertreter/innen von Staaten gemeint) tatsächlich realisiert werden können. Die wissenschaftlich spannende Frage ist dementsprechend, ob und welche universal begründbare Gerechtigkeitskriterien benannt werden können, die eine Beurteilung der tatsächlichen, in vielen Ländern höchst unterschiedlichen Situation zulassen.

2. Generelle Ausgangspunkte einer normativen globalen Ethik

In der moralphilosophischen Demokratietheorie sowie in der christlichen Sozialethik geht die überwiegende Mehrheit der Autoren davon aus, dass sich universale Gerechtigkeitsnormen begründen lassen, wenn

---

9 Thomas Pogge geht davon aus, dass rund 1,2% des globalen BIP ausreichend wären, um schwere Armut weltweit zu beseitigen. Vgl. Pogge 2002, S. 2ff und 7.
10 Müller 1997, S. 16.

formale Prozedere des Diskurses, der hypothetischen Konsensfindung oder der faktisch gleichrangigen Abstimmung über Verträge und Institutionen von Gesellschaften stattfinden. Die ehemals kantische Universalisierbarkeitsforderung an den einzelnen wird modern rekonstruiert durch das Prozedere der Konsensfindung aller Betroffenen.[11] Konsensuale Verfahren ermöglichen auf einer formalen Ebene Gerechtigkeit zum Zweck des ‚Institution Building‘, das soziologisch gesehen die Vorbedingung für funktionierende und prosperierende Gesellschaften ist. Dies gilt sowohl für ein gerechtes prozedurales Verfahren mit dem Ziel diskursiver Normbegründung bei Habermas, als auch für einen Schleier der Unwissenheit im politischen Liberalismus von Rawls sowie für einen interaktiv zustande kommenden faktischen Konsens über Regeln und Institutionen in der ökonomischen Institutionentheorie bei Buchanan. Ein einsichtiges Prinzip moderner normativer Ethik lautet deshalb: Die Betroffenen können selbst beurteilen, was für sie gerecht ist, und dies in einem formalen Konsensfindungsprozess einbringen. Dies wird entsprechend derzeit geltendem Völkerrecht noch unvollkommen unter Völkern bzw. Nationen praktiziert, und es entspricht dem Stand der Forschung in der Ethik, dass wir einem formalen Konsensparadigma folgen. Alle der genannten Ansätze reduzieren folglich materiale Endzustandüberprüfungen eines guten Lebens zugunsten eines formalen Konsenses über Institutionen und Rahmenbedingungen.

Es stellt sich auch aus diesem gängigen konsenstheoretischen Blickwinkel die Frage: Können derartige formale Verfahren zur Normbegründung und Institutionenbildung einfach auf die globale Ebene angewandt werden, oder muss zur Gewährleistung globaler Gerechtigkeit noch ein zusätzliches Komplexitätsproblem bedacht werden?

3. Materiale Gerechtigkeitskriterien in der Debatte

Es gibt einen gravierenden Einwand gegen ein rein formales Gerechtigkeitsprinzip, das Ausschließlichkeitsanspruch erhebt. Das Konsens-

---

11 Das Konsensparadigma wird von Vertretern der Diskursethik, der Gerechtigkeitstheorie, des Kontraktualismus allgemein und der ökonomischen Institutionentheorie geteilt. Selbst das christliche Naturrecht lässt sich in seiner an Kant anschließenden sozial- und rechtsethischen Variante mit dem Konsensprinzip in Einklang bringen. Vgl. hierzu Anzenbacher 1998, S. 66-72.

prinzip besitzt nämlich ein Defizit, das insbesondere auf der globalen Gerechtigkeitsebene Erwähnung finden muss: Wenn formal korrekt ein Übereinkommen über eine globale institutionelle Grundordnung erzielt und ein Konsens über vielfältige Vorstellungen von Gerechtigkeit erreicht wird, dann ist zwar im Abstimmungsverfahren völlig korrekt vorgegangen und unter Umständen auch eine sinnvolle teleologische Abwägung getroffen worden. Aber sind alle Spätfolgen von Gerechtigkeitsprinzipien und den aus ihnen abgeleiteten Normen kalkulierbar? Ist nicht auch ein Konsensfindungsprozess immer eine Entscheidung unter Unsicherheit mit ungewissem Ausgang? Die gerechte Formalität, die durch die Einbeziehung aller Betroffenen erzielt wird, garantiert nicht mit Sicherheit, dass das Ergebnis dieser Normen auf Dauer und in allen Wirkungen auch wirklich die Zustimmung der Betroffenen erhalten würde.

Ein formales Prozedere, das alle Betroffenen einbezieht, ist ex ante gerecht, garantiert aber auf Dauer (ex post) noch nicht wirkliche materiale Ergebnisgerechtigkeit für alle. Beispielsweise könnten alle Staaten über weltweiten Subventionsabbau positiv befinden, sie könnten dennoch mit diesem zweifellos gerechten Akt nicht garantieren, dass sich in der Folge der Wohlstand aller davon Betroffenen tatsächlich mehrt.

Es ließe sich nun der Prozess der Konsensfindung beliebig oft wiederholen. Um den Konsensfindungsprozess zu beschleunigen, ist es jedoch auch möglich, wenige, wiederum konsensfähige Gerechtigkeitskriterien zu begründen, die eine gewisse Gerechtigkeitsgarantie gewährleisten können.[12]

Zu einer solchen Gerechtigkeitsgarantie tragen inhaltliche Kriterien bei, nach deren Maßgabe Entscheidungsprozesse forciert werden können oder sogar der kardinale Nutzen von ökonomischen Prozessen für die jeweilige Entwicklung einzelner Betroffenen bemessen werden kann. Diese inhaltlichen Kriterien dürfen unter entwicklungspolitischer Rücksicht nicht nur gesamtwirtschaftliches Wachstum oder die Zuwächse im jeweiligen Pro-Kopf-Einkommen beinhalten, sondern auch die konkrete Armutsreduktion, den Zuwachs an Freiheitsgraden und die Entwicklungschancen für menschliche Individuen.[13] Es werden auch an-

---

12 Vgl. hierzu beispielsweise die beiden materialen Gerechtigkeitsprinzipien von John Rawls oder materiale Sozialprinzipien der christlichen Sozialethik (Personalität, Subsidiarität, Solidarität).

13 Sen 2000.

dere Kriterien definiert wie beispielsweise die Garantie von Menschenrechten, insbesondere sozialen Anspruchsrechten, die durchschnittliche Lebenserwartung, die Alphabetisierungsrate und der Bildungsstand (genderspezifisch ausdifferenziert), die Kindersterblichkeit und die Veränderung der unterschiedlichen Entwicklungschancen von Männern und Frauen hinsichtlich Lebenserwartung und Sterblichkeitsrate. Manche dieser materialen Kriterien werden im Human Development Index (Lebenserwartung, Alphabetisierung, Pro-Kopf-Einkommen) und in weiteren Indices, die durch internationale Institutionen gemessen werden, bereits zur Beurteilung der Entwicklung von Gesellschaften herangezogen.[14]

Für einen globalen Gerechtigkeitsbegriff werden also auch innerhalb einer normativen Ethik bereits zusätzliche verallgemeinerbare Gerechtigkeitskriterien formuliert, die die Ergebnisse von derzeitigen Gesellschaftsverträgen und internationalen Regeln bemessen.

In der aktuellen Debatte geht es bei der Formulierung der materialen Gerechtigkeitsprinzipien um ihre Extensität und ihre spezifische Adäquatheit für eine globale Ethik. Die Forschung kann sich hierzu an zwei repräsentativen Autoren orientieren, die sich in unterschiedlicher Weise mit derartigen materialen Gerechtigkeitsmaßen beschäftigt haben: Thomas Pogge und John Rawls.

3.1 Pogges egalitäres Gerechtigkeitsprinzip zur Garantie von Universalgütern

Thomas Pogge geht von folgender Problemlage aus. Die Institutionen eines Staates und die von dessen Regierung getroffenen Entscheidungen werden in der Weltöffentlichkeit primär danach beurteilt, ob sie gemäß nationaler Gesetze zustande gekommen sind.[15] Wo sich die internationale Gemeinschaft jedoch eines Urteils enthält, ist die Frage, wie sich nationale Institutionen tatsächlich auf die Lebensbedingungen der jeweiligen eigenen Bürger auswirken. Die Staatengemeinschaft rechtfertigt ihre Enthaltsamkeit im ethischen Urteil mit der nationalen Souveränität von Staaten, obwohl viele nationale Regierungen erhebli-

---

14 Vgl. Weltentwicklungsbericht 2003; Schlussbericht der Enquete-Kommission, Globalisierung der Weltwirtschaft 2002.
15 Vgl. Pogge 1999, S. 333-361.

che negative Auswirkungen auf Menschen ihres Landes und oft auch anderer Nationen besitzen. Man sieht diese vermeintliche Toleranz der Weltgesellschaft ganz konkret daran, dass auch Diktaturen und totalitäre Regime Zugang zum internationalen Kapitalmarkt besitzen und die Rohstoffe ihres Landes ungehindert veräußern können, ohne ihre eigene Bevölkerung daran partizipieren zu lassen (Kredit- und Rohstoffprivileg).[16]

In ähnlicher Weise sehen die politischen Entscheidungsträger westlicher Staaten über die Defizite und konkreten Auswirkungen der derzeit bestehenden globalen Grundordnung hinweg. Die Grundregeln der World Trade Organization stimmen in erheblicher Weise mit den nationalen Grundordnungen von Erstweltländern überein (etwa deren Zölle und Handelsbestimmungen). Dies hat wiederum erhebliche Auswirkungen auf Drittweltländer und deren Chancen in der Partizipation am globalen Welthandel. Diese institutionellen Verflechtungen einer globalen Weltgesellschaft und die elementaren Auswirkungen von Institutionen auf Menschen sind für Pogge der eigentliche Grund, warum es in der Ethik neben den formalen Konsenserfordernissen noch darüber hinaus materialer Gerechtigkeitskriterien bedarf. Denn er geht davon aus, dass erst durch geeignete Kriterien die sozialen Institutionen verschiedener Reichweite bewertet werden können und erst dann geprüft und getestet werden kann, welche Auswirkungen Institutionen auf die Lebensbedingungen einzelner Menschen besitzen. Er betont jedoch, dass er sie nicht benötige, um die Funktionslogik der Globalisierung zu überwinden, sondern um mithilfe reformierter oder neuer Institutionen Härten, Anpassungsprobleme und Fehlsteuerungen der Globalisierung anzugehen.[17]

Pogge geht insgesamt davon aus, dass ein genereller Gerechtigkeitsmaßstab für ein gutes Leben erforderlich ist, um zu messen, wie gut oder schlecht es den von bestimmten sozialen Institutionen betroffenen Menschen ergeht; und das weltweit – also auch und besonders in den ärmeren Regionen der Erde.

Wie soll dieser Maßstab aussehen?

In Ansehung der bisherigen Gedankengänge muss ein solches Kriterium einerseits eine interpersonelle Vergleichbarkeit von Lebensstandards ermöglichen, andererseits aber auch die Autonomie und die kul-

---

16 Pogge 2002, S. 162ff.
17 Vgl. ebd. S. 19.

turelle Diversität der verschiedenen betroffenen Personen anerkennen. Deshalb sollten solche Gerechtigkeitskriterien nach Pogge schwach sein, d.h. man sollte die Gerechtigkeit nicht als den höchst erreichbaren Punkt auf einer Skala definieren, sondern als einen soliden Schwellenwert, der immer noch eine internationale Vielfalt sozialer Institutionen erlaubt.[18]

Pogge schlägt weiterhin vor, soziale Institutionen danach zu beurteilen, inwieweit die von ihnen betroffenen Personen über bestimmte Universalgüter verfügen – die Güter nämlich, die sie brauchen, um eine Konzeption des subjektiv und ethisch lebenswerten Lebens auszubilden und zu verwirklichen. Dies ließe sich festlegen durch eine interkulturell abgestimmte Begründung kosmopolitischer Humanitätsstandards. Bei diesen Standards, die auch konkrete Grundgüter umfassen, kann angenommen werden, dass sie alle betroffenen Personen unter sonst gleichen Umständen lieber wollen als nicht wollen, dass also höherrangige, konstitutive bzw. transzendentale Präferenzen hierfür bei allen Menschen vorliegen.[19] Das Konsensprinzip wird also auch hier eingehalten.

Wer diesen Weg einschlagen will, muss sich allerdings fragen: Wie sollen diese kosmopolitischen Humanitätsstandards definiert werden? Zur Beantwortung dieser Frage gibt es verschiedene Vorschläge, die neben den von Pogge für die christliche Sozialethik rezeptionswürdig sind: John Rawls' „Grundgüter" (Leben, Freiheit, Gleichheit, Bewegungs- und Meinungsfreiheit, gleiche Chancen, Freiheit von physischen Schmerzen, eine Basis für Selbstachtung), Ronald Dworkins „Ressourcen", Thomas Scandlons Konzeption der „Schmerzfreiheit". Eine wichtige Alternative zu diesen definierten Grundgüter-Ansätzen sind die Capabilities von Amartya Sen, also die grundlegenden Wirkmächtigkeiten und Fähigkeiten von Individuen, die in einer gerechten Grundordnung gewährleistet sein müssen. Eine noch zu reflektierende Schnittmenge aus allen Vorschlägen erscheint hier angebracht.

---

18 „Nur solch ein schwaches Kriterium, das lediglich verlangt, dass soziale Institutionen die von ihnen betroffenen Personen minimal adäquat behandeln, kann weltweit akzeptierbar sein und es verschiedenen Völkern erlauben, an die Institutionen des eigenen Landes je eigene und höhere Gerechtigkeitsansprüche zu stellen." Pogge 1999, S. 333-361.

19 Auch die ökonomische Ethik geht von der Existenz konstitutioneller Präferenzen aus: Vgl. Homann/Suchanek, 2000, S. 189.

Wenn soziale Institutionen so gestaltet sind, dass alle von ihnen betroffenen Personen im Sinne von Pogge über Grund- oder Universalgüter verfügen, dann sind sie auch im Sinne einer globalen Ethik gerecht zu nennen. Der Umkehrschluss gilt ebenso – was von Interesse für die Beurteilung der Gerechtigkeit gegenwärtiger globaler Institutionen zu sein scheint.

Letztendlich geht es bei Pogge darum, ein egalitäres Kriterium für Gerechtigkeit zu etablieren, das in einem Prozess der gerechten Institutionenbildung so lange eingehalten werden soll, bis alle Individuen ein menschenwürdiges Leben führen können. Nicht alle Gerechtigkeitstheoretiker gehen so weit in ihrem Anspruch.

3.2 Rawls liberales Prinzip globaler Gerechtigkeit: The Duty of Assistence

John Rawls hat noch vor seinem Tod 1999 ein Werk vollendet, das er „The Law of Peoples" nennt.[20] Hierin überträgt er seine Gerechtigkeitstheorie, die er 1971 mit dem Hauptwerk „Eine Theorie der Gerechtigkeit" für nationale Grundordnungen entworfen hat, auf die Weltgesellschaft, die er bewusst nicht Völkergemeinschaft, sondern Gesellschaft von „peoples" nennt.

In seinem zweiten Gerechtigkeitsprinzip, dem so genannten Differenzprinzip, hat Rawls nationale ökonomische Ungleichheiten nur dann als gerecht bezeichnet, wenn sie den größtmöglichen Vorteil für die am meisten Benachteiligten hervorbringen. In der aktuellen Debatte über eine globale Ethik wird nun diskutiert, ob eine Übertragung seines zweiten Gerechtigkeitskriteriums auf internationale Bedingungen opportun und möglich ist. Die Frage lautet also: Was ist soziale Gerechtigkeit im Rahmen der Weltgesellschaft?

Rawls selbst gibt hierzu eine Antwort. Er versucht in seinem Werk „The Law of Peoples", seine Gerechtigkeitstheorie auch auf eine globale Situation zu übertragen, aber er tut es in einer liberaleren Weise als Pogge und schränkt seinen Gerechtigkeitsanspruch – wie im politischen Liberalismus üblich – ein. Nicht das Wohlbefinden aller ist sein ethisches Ziel. Er grenzt sich gegenüber einem egalitaristischen Prinzip

---

20 Vgl. Rawls 2001.

ab und sagt, dass er nur die Gerechtigkeit von Gesellschaften anstrebt, nicht die Glückseligkeit der Menschen.[21]

Konsequent beschränkt er sein Differenzprinzip ausschließlich auf nationale Gesellschaftskontexte. Denn Rawls hält globale Ungleichheiten nicht grundsätzlich für ungerecht. Sie seien nur dann ungerecht, wenn sie bestimmte negative Auswirkungen (spillovers) auf die Basisstruktur einer Weltgesellschaft hätten sowie auf die Beziehungen zwischen Menschen als den Mitgliedern der Weltgesellschaft. Rawls sagt ganz konkret: „Es ist egal, wie groß der Unterschied von Arm und Reich weltweit ist. Was entscheidend ist, sind nur die Konsequenzen der wirtschaftlichen Ungleichheiten, die diese auf die Gesamtentwicklung haben und ob der Mindeststandard eingehalten ist."[22]

Als Instanz für die Beurteilung dieser Ungleichheiten führt Rawls eine signifikante Abweichung seiner globalen Ethik von seiner eigenen national geltenden Gerechtigkeitstheorie ein. Statt eines globalen Differenzprinzips soll eine „Duty of Assistence"[23], also ein globales Hilfeleistungsprinzip eingeführt werden. Nicht die am meisten Benachteiligten müssen den größtmöglichen Vorteil von Ungleichheiten haben. Vielmehr sollen kooperative Organisationen dafür sorgen, dass alle Gesellschaften in Freiheit vernünftige und rationale Institutionen schaffen können. Die am meisten Benachteiligten sollen ausreichende Mittel haben, einen intelligenten und effektiven Gebrauch von ihren Freiheiten zu machen und ein vernünftiges lebenswertes Leben zu führen.

Wenn allerdings belegt werden kann, dass bestimmte weltwirtschaftliche Interaktionen ungerechtfertigte Verteilungseffekte in Entwicklungsländern hervorrufen, dann würde das zu einer Reform der grundsätzlichen Struktur der Weltgesellschaft führen.[24] Gerechte liberale Institutionen zur Ermöglichung eines guten Lebens aller sind für Rawls der Zielpunkt, aber auch die Grenze eines Prinzips der institutionellen Hilfe zur Selbsthilfe. Das bedeutet, dass globale Unterschiede (beispielsweise hinsichtlich Verteilung und Chancengleichheit) im politischen Liberalismus gerechtfertigt sind, wenn das Prinzip der globalen Hilfeleistung unter Gesellschaften und Staaten eingehalten wird.

---

21 Vgl. ebd. S. 119.
22 Ebd. S. 114.
23 Ebd. S. 112.
24 Ebd., S. 115.

Dieser stark libertären Lesart von Rawls globaler Gerechtigkeit widersprechen Leute wie Charles Beitz, Thomas Scanlon und Thomas Pogge, die der Auffassung sind, dass Ungleichheiten angesichts konkreter Armut immer dort ungerechtfertigt sind, wo direkte Transferleistungen (ohne gravierende Opportunitätskosten) grobe Missstände und großes Leiden der am wenigsten Begünstigten beseitigen könnten.[25] Die genannten Kritiker von Rawls wenden sich damit gegen eine allzu liberale Auslegung des Hilfeleistungsprinzips und akzeptieren angesichts der armutsbedingten Todesfälle nicht, dass die zu deren Rettung jährlich notwendigen Hilfeleistungs-Transfers nicht aufgewendet werden. Sie wollen eine grundlegende institutionelle Reform der Weltordnung, die sich an Gerechtigkeitskriterien orientiert.

4. Sozialethische Schlussfolgerungen für universale Gerechtigkeit im Rahmen einer globalen Ethik

Die Christliche Sozialethik muss in der aktuellen Debatte Stellung beziehen zu zwei grundlegenden Ansätzen einer gerechtigkeitstheoretisch begründeten globalen Ethik:

a. Besteht für sie Gerechtigkeit in der Gewährleistung der Selbstorganisation der Völker und in einem ergänzenden Hilfeleistungsprinzip, das die internationale Gemeinschaft verantwortet? Dies entspräche einer politisch liberalen globalen Ethik, die keine weit reichenden egalitären Zwecke verfolgt, keine Umverteilung zwischen den Völkern anzielt, keine Gleichstellung der am meisten Benachteiligten fordert. Vielmehr besteht globale Ethik in dieser Variante darin, die Armen zu freien und gleichen Bürgern einer vernünftigen liberalen Gesellschaft zu machen und nicht mehr. Die Zielgröße globaler Ethik wäre nüchterne Fairness und ein praktikables Gerechtigkeitsmaß, das für eine globale Weltgesellschaft jederzeit realisierbar wäre.

b. Oder plädiert christliche Sozialethik mit anderen prominenten Autoren der philosophischen Ethik für weitergehende egalitäre Gerechtigkeitsansprüche, die vor allem eines zu ihrer Maxime machen:

---

25 Vgl. Scanlon 1997, S. 2. Auch Beitz 2001, S. 106-122. Alternativ zu Transfers stehen Wachstum und struktureller Wandel, vgl. S. 110.

Globale Gerechtigkeit setzt voraus, dass es moraltheoretisch keinen doppelten Standard zwischen nationaler und internationaler Gerechtigkeit gibt. Dieser Gerechtigkeitsanspruch umfasst die politische Forderung einer fundamentalen strukturellen Reform der globalen Ordnung, da sonst die Gefahr der Akzeptanz des derzeitigen institutionellen Status Quo besteht, der den frühzeitigen Tod von Armen nicht verhindert.

Ich will als christliche Sozialethikerin in drei Thesen antworten:

1. Auf der Ebene internationaler Organisationen lässt sich unter Gerechtigkeitstheoretikern und auch in der Christlichen Sozialethik Einigkeit feststellen: Es ist ethischer Standard, dass bei einem internationalen Abstimmungsprozess über globale Normen alle Menschen gleichrangig repräsentiert werden und Völker proportional berücksichtigt sind (z.B. in World Trade Organization, Weltbank und Internationaler Währungsfond noch nicht der Fall). Darüber hinaus sollten kooperative Organisationen Standards der Fairness für den wirtschaftlichen Austausch und für gegenseitige Hilfe zur Selbsthilfe schaffen.

Allerdings macht es eine globale christliche Ethik darüber hinaus erforderlich, dass zur gerechten Institutionenbildung ein hinreichend materiales Gerechtigkeitskriterium herangezogen wird, das die Grundgüterversorgung institutionell zur ethischen Minimalbedingung macht, sollten globale Konsensfindungsprozesse dies in ihrer Folgewirkung nicht garantieren. Denn ohne dieses materiale Gerechtigkeitskriterium lässt sich ein menschenwürdiges Leben einzelner nicht garantieren.

Dies muss als ein sekundäres Gerechtigkeitsmaß zu einem formalen Gerechtigkeitsprozess als Ausfallbürgschaft hinzutreten, ohne dem Fortschritt des ethischen Konsensparadigmas und der Prozeduralisierung moderner normativer Ethik im Wege zu stehen.

2. Ungerechtfertigte Verteilungseffekte sollten durch bessere institutionelle Arrangements - nicht durch ad hoc Umverteilung – korrigiert werden - dies ist ein alt bewährtes sozialethisches Prinzip, eine Tradition der katholischen Soziallehre, die nicht gegen den Markt, sondern mit ihm arbeitet und grundsätzlich als ökonomiekompatible Institutionenethik zu verstehen ist. Papst Paul VI. spricht in Populorum Progression von einer „Wirtschaftsgestaltung im Dienst des Menschen, im täglichen Brot für alle".[26]

---

26 Populorum Progressio, S. 435-470, Nr. 86.

Denn der einzelne ist zu schwach, um die Defizite einer globalen Ordnung auszugleichen. Nur durch kollektive und institutionelle Regelungen im Zusammenwirken mit ökonomischen Prozessen lässt sich zu einer gerechten Basisstruktur einer Weltgesellschaft kommen, die die Verfügbarkeit von Grundgütern für alle garantiert. Globale Gerechtigkeit lässt sich nicht nur durch einfache Transferleistungen (ohne deren Sinn in Frage stellen zu wollen), sondern nur in einer darüber hinausgehenden Kombination von politisch-institutioneller Reform und weiter fortschreitender Globalisierung herstellen. Das Argument, dass eine kleinere Einheit nicht in der Lage ist, die Defizite einer globalen Ordnung zu überwinden, lässt sich in Analogie auch auf das Verhältnis von Politik und Ökonomie übertragen. Die Institutionalisierung von Recht ist allein nicht in der Lage, gesellschaftlichen Wohlstand zu schaffen, wird sie nicht durch freie Märkte und effiziente Allokation ergänzt. Politische Governance und ökonomische Globalisierung, die alle einbezieht, sind zwei Seiten einer Medaille.

3. Die Debatte, ob hier eher ein liberales Prinzip der Hilfeleistung oder ein multifaktorielles egalitaristisches Prinzip zur globalen Sicherung von Universalgütern greifen soll, ist von Seiten der Christlichen Sozialethik nur durch Einbeziehung eines individualethischen Faktors lösbar. Wir gehen von einer personalen Ethik für das einzelne Individuum aus, weil wir theologisch jedem einzelnen Menschen Gottesebenbildlichkeit zuschreiben. Im Zweiten Vaticanum, Gaudium et Spes, wurde festgestellt: "Wurzelgrund nämlich, Träger und Ziel aller gesellschaftlichen Institutionen ist und muss (…) sein die menschliche Person".[27]

Eine personal ausgerichtete christliche Ethik macht die Gerechtigkeit einer institutionellen Ordnung deshalb nicht ausschließlich am formal gerechten Konsensfindungsprozess unter Staaten fest, sondern von den Auswirkungen und Folgen für alle mit Würde ausgestatteten Personen. Alle Menschen müssten gleichrangig durch einen Weltgesellschaftsvertrag und eine soziale globalen Ordnung in ihrer gottgegebenen Würde ein gutes Leben führen können. Dies ist nur möglich, wenn Menschen ein ausreichendes Maß an Grundgütern und Grundrechten besitzen.

Zu dieser personalen Ethik tritt innerhalb der Christlichen Sozialethik jedoch auch die Tradition der Subsidiarität, die vor allzu egalitären

Ansprüchen in der Ethik bewahrt. Sozialethisch argumentiert würde ich deshalb zu folgendem Schluss kommen:

Dort wo ein liberales Hilfeleistungsprinzip oder freie ökonomisch motivierte Investitionsbereitschaft ausreichen, Grundgüter durch Selbstorganisation von Teilgesellschaften und globalen Organisationen zu gewährleisten, würde der egalitäre ethische Anspruch zurücktreten zugunsten der Freiheit einzelner und der Selbstbestimmung von Gesellschaften. Wenn das Ergebnis immer noch in globaler Armut und frühzeitigem Tod vieler Menschen besteht, würden hilfsweise egalitäre Gerechtigkeitsansprüche bezüglich der Sicherung von Grundgütern für alle rechtsethisch geltend gemacht werden müssen.

Die Grausamkeit der globalen Realität, der Armut, des Hungers und der Unterdrückung macht alle politischen und ökonomischen Anstrengungen erforderlich, um der ethischen Verantwortung für menschliches Leben gerecht zu werden. Die Wissenschaft der Ethik kann diesen Prozess globaler Humanisierung dadurch fördern, dass sie realisierbare Gerechtigkeitskriterien in die politische und öffentliche Debatte einbringt und die Weltgesellschaft an ihre Verantwortung erinnert. Die christliche Sozialethik bietet ihre Diskursbereitschaft hierbei an und versucht, mit den vorgebrachten Argumenten in der Debatte zur globalen Ethik einen konstruktiven Beitrag zu leisten.

Literatur

Anzenbacher, Arno, Christliche Sozialethik, Einführung und Prinzipien, Paderborn/ München, 1998.

Beitz, Charles, Does Global Inequalities matter? In: Pogge, Thomas (Hrsg.), Global Justice, Malden/Mass, Oxford, 2001.

Deutsche Gesellschaft für die Vereinten Nationen, UN Basis Informationen, 2002.

Homann, Karl /Suchanek, Andreas, Ökonomik. Eine Einführung, Tübingen 2000.

Korff, Wilhelm, Solidarität – die Antwort auf das Elend in der heutigen Welt. Enzyklika Sollicitudo Rei Socialis Papst Johannes Pauls II, Freiburg 1988.

Mack, Elke, Gerechtigkeit und gutes Leben, Christliche Ethik im Politischen Diskurs, Paderborn, 2002.

Müller, Johannes, Entwicklungspolitik als globale Herausforderung. Methodische und ethische Grundlegung, Stuttgart/Berlin/Köln, 1997.

Paul VI, Gaudium et Spes. In: Texte zur katholischen Soziallehre, Kevelaer, 5/1982.

- ders., Populorum Progressio. In: Texte zur katholischen Soziallehre, Kevelaer, 5/1982.

Pogge, Thomas, Eine Frage des Willens. In: Frankfurter Rundschau online, 12.2.2004.

- ders., World Poverty and Human Rights, Malden/Massachusetts, 2002.

- ders., Human Flourishing and Universal Justice. In: Social Philosophy and Policy, 16, 1999.

Rawls, John, The Law of Peoples, Cambridge/Mass., 2001.

Scanlon, T.M., The Diversity of Objections to Inequality, Kansas, 1997.

Schlussbericht der Enquete-Kommission, Globalisierung der Weltwirtschaft 2002.

Sen, Amartya, Ökonomie für den Menschen, Wien, 2000.

Singer, Peter, ‚Famine, Affluence and Morality'. In: Philosophy and Public Affairs 1, 1972.

UNDP, Report 1999 und Report 1998.

Weltbank, Weltentwicklungsbericht, Bonn 2003.

Ronald Lutz
Ethik und Menschliche Entwicklung

Vorbemerkung

Aufgabe staatlich-gesellschaftlicher Ordnungen ist es, ihren Mitgliedern ein „gedeihliches Leben" zu ermöglichen.[1] Dies kann allerdings nur auf der Basis von Rahmungen geschehen, die der zutiefst menschlichen Hoffnung nach einem „gelingenderen Alltag"[2] vielfältige Räume öffnen. Notwendig werden darin Vorstellungen vom Menschen, die eine „Grundlage der praktischen Ethik" liefern[3] und somit eine Idee Menschlicher Entwicklung umfassen.

---

1 Nussbaum 1999.
2 Thiersch 2003.
3 Siehe Fußnote 1.

Dieses Bild kann allerdings nur kulturell entworfen sein, da der Mensch sich nur aus sich selbst heraus begreifen und verstehen kann; somit setzt und entfaltet er seine Ziele und seine Ethik auch selbst. Das fordert immer wieder die ungeheuerliche Aufgabe, das Wichtige und das Unverzichtbare des Daseins zu benennen; d.h. in aller Bescheidenheit eine Theorie des „guten Lebens" zu konstituieren, zu entwickeln und auch zu verteidigen.

Krisen, die als „Erschütterungen eines Gleichgewichtes bzw. Wendepunkte, also dramatische Zuspitzungen eines Geschehens, in denen sich die weitere Entwicklung zum Guten oder Schlechten hin ergibt"[4], zu verstehen sind, aktualisieren nun die großen Anliegen der praktischen Ethik, die ein Produkt menschlichen Schaffens sind und somit als Antworten verfügbar bleiben. Dies sind Konzepte wie:

- Menschenrechte,
- Soziale Gerechtigkeit,
- Balance zwischen friedlicher Kooperation und individueller Selbstbehauptung,
- Synchronisierung von individuellem Verhalten und kollektivem Wohl.[5]

In Krisen gilt es sich des Erreichten zu vergewissern, um aus den darin liegenden Visionen Hoffnung und Würde für den Kontext Menschlicher Entwicklung neu zu schöpfen. Dies will ich in neun Schritten skizzieren.

These 1: Die erschöpfte Moderne

Drei Tendenzen sind es derzeit, die Menschlicher Entwicklung als einer Zunahme an Verwirklichungschancen und damit einer kulturellen Einlösung der Visionen der Aufklärung, als der Menschwerdung des Menschen, als seinem Ausgang aus selbst verschuldeter Unmündigkeit, entgegenstehen und krisenhafte Tendenzen auslösen:

- Armut und Ausgrenzung;
- Fundamentalismus und Fanatismus;
- Despotie, Folter, Gewalt und Krieg.

---

4 Ulich 1987, S. 1.
5 Bauman 1995, S. 12f.

Die letzteren sind dabei mitunter bloß eine Funktion weltweit beobachtbarer Armut.

Zugleich wird von drei grundlegend ethischen Überzeugungen und Errungenschaften menschlichen Denkens und menschlicher Praxis immer mehr Abstand genommen:

- der Gleichheit der Menschen als Grundlage der Gerechtigkeit;
- der Menschlichen Entwicklung als einem offenem Prozess, der Optionen für alle umfasst;
- der Idee eines kulturellen und diskursiven Aushandelns von Ethik und Moral, die u. a. auch Konflikte friedlich zu regulieren vermag.

Die scheinbar „erschöpfte Moderne" bedroht damit aber den Zusammenhang des Menschlichen; die Aufklärung als grundlegendes Konzept schlägt möglicherweise erneut in ihr Gegenteil, in Barbarei, um: Der Pfeil der Zeit scheint zumindest zerbrochen; „er hat keine Flugbahn mehr in einer sich ständig umstrukturierenden, routinelosen, kurzfristigen Ökonomie".[6]

Politische Interessen und der „Terror der Ökonomie"[7] sind offenkundig dabei, Versprechungen der Moderne in die Knie zu zwingen. Darin wird zudem ein neues, segmentierendes Menschenbild sichtbar: Nicht Gleichheit, Anerkennung des Anderen und Solidarität sind essentiell, sondern die Entgegensetzungen von Leistungsfähigkeit und Schwäche, von Erfolg und Misserfolg, von westlicher Aufklärung und fernöstlichem Mittelalter, von kapitalistischem Individualismus und despotischem Gemeinwesen.

Das aber bedeutet in seiner Evidenz Ausgrenzung bzw. prinzipielle Schlechterstellung der Anderen, der Fremden, der Schwachen, die angeblich zu nichts fähig seien oder nichts leisten, die nicht zu unserer christlichen Kultur gehören. Es bedeutet allerdings, und das ist wohl der eigentliche Zweck, immense Optionssteigerungen für eine fragwürdige Elite, die sich aus einer selbst definierten Leistungsfähigkeit definiert.

Die erschöpfte Moderne „entbettet" zudem den Menschen[8], indem sie seine seitherige Integration auf einer Ebene des sozialen und kulturellen Lebens und auf einer Ebene der Sicherheit, des Sinns, der

---

6 Sennett 1998, S. 131.
7 Forrester 1997.
8 Giddens 1995.

Erwartbarkeit und der Entlastungen immer stärker erodiert und ihn sich selber überlässt. Trotz größer werdender Optionen, die sich als Freiheiten jenseits enger Horizonte formen, bedeutet dies eine Herauslösung und Vereinzelung des Subjekts aus gegebenem Sinn und das Leben erleichternder Kultur. Manager seines Selbst zu sein klingt zwar heroisch, ist aber eine Bedingung, die Ressourcen erforderlich macht, die eben nicht gleich verteilt sind. So findet sich kaum noch ein Ort, an dem die Person in ihrer Integrität wachsen kann, an dem sie zur Ruhe kommt. Der Mensch scheint sich in Parzellen, in Modulen, aufzulösen. Damit aber schwindet auch die verbindliche Idee des Guten, die menschlichem Leben eigentlich zugrunde liegen sollte.

Angesichts dieser Tendenzen kann es von großem Gewinn sein, sich der aristotelischen Vorstellung eines „Guten Lebens" zu vergewissern, wie es im Werk von Martha Nussbaum abgehandelt wird. Hieraus lässt sich erneut die These Menschlicher Entwicklung verdichten, die schließlich zum Projekt einer offenen Gesellschaft führt. Am Ausgangspunkt dieser Überlegungen steht allerdings notwendigerweise ein Bild des Menschen und der ethische Wert dauerhafter Anerkennung durch andere.[9]

These 2: Ein dynamisches Menschenbild

Ein dynamisches Menschenbild basiert nicht auf einer metaphysischen oder mythischen Biologie, es ist auch nicht Resultat kosmologischer oder religiöser Überzeugungen; es ruht vielmehr auf realen Geschichten und Erfahrungen aus unterschiedlichen Zeiten und Orten, die sich zu einer Erzählung verdichten, mit der man Freunden, aber auch Fremden erklären kann, was es denn bedeutet, ein Mensch zu sein.[10] Dies kann nur ein dynamisches Bild des Menschen sein, das dieser unaufhörlich von sich selbst entwirft und sich als *entwicklungsoffen, kulturschöpferisch und dialogfähig* beschreibt.

Es ist sein Streben, das den Menschen prägt: die Bewältigung von Sorge und Leid, die Suche nach einer Ausweitung der Optionen, die Bewältigung von Konflikten, das Streben nach einem gelingenderen

---

9 Honneth 1992.
10 Siehe auch Fußnote 1.

Alltag. Noch die prekärste und düsterste Situation hat in sich immer einen Funken Hoffnung, wenn man den Menschen als offen für Entwicklungen begreift. Diese Offenheit menschlichen Denkens und menschlicher Praxis und damit die Veränderbarkeit der Welt und des Menschen durch die Praxis der Menschen sind das entscheidend Menschliche, das Entwicklung erst ermöglicht. Die grundlegenden Fähigkeiten, um diese Offenheit immer wieder herzustellen, sind Schöpferkraft und Dialogfähigkeit.

Das Wesen des Menschen ist originär von seiner Fähigkeit geprägt, auf die eigene Umwelt, die eigene Kultur, als Geschöpf und als Schöpfer einzuwirken. Nicht einzig Opfer seiner Verhältnisse ist deshalb der Mensch, sondern auch deren Gestalter: „Kulturfähigkeit ist die Kompetenz zur Gestaltung und kulturelles Handelns ist ein gestaltgebendes".[11] Das Gesicht dieser Welt trägt damit aber die Züge des Menschen, seine Kultur ist nur von ihm gemacht und somit wandelbar. Das lässt sich in die These des Kultur schaffenden Wesens gießen: „Kultur stellt (...) das nur menschliche Mittel der Umweltbewältigung dar. Kultur, wie auch immer wir sie definieren, ist vom Menschen Geschaffenes, ist Produktion, schöpferisches Tun, durch das der Mensch sich aus seiner Abhängigkeit von der äußeren und inneren Natur zu befreien vermag."[12]

Paulo Freire gab dieser Anthropologie, die auf der Entwicklungsoffenheit des Menschen und seiner Gestaltungsfähigkeit ruht, mit seinem radikal positiven Menschenbild noch einen weiteren Aspekt.[13] Seine Philosophie und seine Anthropologie betonten das Wort: Es gibt kein wirkliches Wort, das nicht zugleich Praxis ist, so kann ein jedes Wort, das den Dialog nicht abbricht, sondern weiterführt, die Welt verändern.[14] Freire setzte auf den Dialog, der auf das Verstehen und nicht auf die Beeinflussung des Gegenübers zielte.[15] Das aber postuliert die prinzipielle Dialogfähigkeit des Menschen.

---

11 Greverus 1978, S. 64.
12 ebda. S. 59/60.
13 Freire 1973; 1994.
14 Freire 1974a.
15 Freire 1973, 1974b, 1987.

These 3: Achtung als moralischer Kern der Anerkennung

Ein dynamisches Menschenbild, das eigentlich modernem Denken immanent sein sollte, zeichnet den Menschen als entwicklungsoffen, kulturschöpferisch und dialogfähig. Um dieses Menschenbild in der Praxis zu leben, um menschliche Identität und Integrität in Beziehungen als durchgängigen Entwurf stabil zu halten, ist die Anerkennung des Einzelnen durch eine soziale und kulturelle Umwelt zwingend erforderlich. Axel Honneth hat die Ebenen dieser Anerkennung prinzipiell herausgearbeitet; Anerkennung durch die Anderen ruht:
- auf emotionaler Achtung – der Liebe –,
- auf rechtlicher Anerkennung sich selbst und anderen gegenüber
- und auf wechselseitiger Anerkennung zwischen soziokulturell unterschiedlich individuierten Personen – der Solidarität.[16]

Doch was verbirgt sich hinter diesem Konzept, was heißt es, Anerkennung sei erforderlich, um Identität als einen durchgängigen Entwurf stabil zu halten?
- Honneth sprach von einer emotionalen Achtung;
- Freire formulierte dies als Achtung gegenüber den Leistungen und den Fähigkeiten der Menschen, die er mit Demut, Toleranz, Glaube und Liebe umschrieb;
- Sennet sprach kürzlich vom Respekt, den wir anderen gegenüber entwickeln müssen, um sie Ernst zu nehmen;
- Achtung gegenüber den Bedürfnissen der Menschen, die einem nicht gleichgestellt sind, definierte John Rawls als Anerkennung;
- Habermas erweiterte diese Konzeption auf die Achtung abweichender Meinungen, die anderen Interessen entspringen.[17]

Mit dem kantischen Begriff der Achtung kommen wir offenkundig dem moralischen Kern dessen, was Anerkennung ist, nahe: Achtung gegenüber einem Anderen ist die Vorstellung von einem Werte, „der meiner Selbstliebe Abbruch tut".[18] Wer einen Menschen achtet, der räumt diesem einen Platz ein, der nicht nur die Quelle legitimer Ansprüche darstellt, sondern auch die eigene Position relativiert, sich in

---

16 Honneth 1992.
17 Sennet 2002; Honneth 2003.
18 Kant in Honneth 2003, S. 21.

eigenen, egoistischen Perspektiven und Ansprüchen zurücknimmt. Das anerkennende Subjekt ist zukünftig bereit, dem geachteten Menschen moralische Autorität zu verleihen und es gemäß seinem Wert zu behandeln.[19] Anerkennung der Anderen wird über das Erkennen hinaus zu einem expressiven Akt, der vom Gegenüber als solcher verstanden wird. Es wird eine positive Bedeutung der Befürwortung zum Ausdruck gebracht, in der deutlich wird, dass die andere Person „Geltung" besitzen soll.[20]

Achtung als moralischer Kern der Anerkennung drückt somit Demut gegenüber dem Anderen aus und zeigt diesem, dass er als gleichwertig akzeptiert wird, trotz anderer Interessen und Positionen, trotz anderer kultureller Kontexte. Durch diese Anerkennung weiß der Andere sich in elementarer Form sozial anerkannt.[21]

These 4: Theorie des Guten Lebens

Eine Theorie des Guten Lebens, die auf Aristoteles ruht und von Martha Nussbaum für die Moderne angemahnt wurde, entwirft sich als eine ethisch begründete visionäre Anthropologie der Hoffnung; sie umfasst zwar menschliche Ziele in allen Lebensbereichen; sie gibt aber lediglich einen Umriss und lässt somit viele Spezifikationen zu.[22]

Diese Theorie muss „breit" angelegt sein, sie muss folglich für alle und nicht nur für eine Elite gelten. Sie muss zudem „tief" sein und nicht nur Güter wie Geld, Grund und Boden oder Chancen und Ämter umfassen; es muss ihr um die Totalität der Fähigkeiten und Tätigkeiten gehen, die ein gutes Leben ausmachen und befördern. Darin setzt sie auf die konstitutiven Bedingungen menschlichen Lebens, auf öffentliche Güter und Fähigkeiten des Menschen, ohne die ein Zuviel an Defiziten aufbrechen würde. Ohne Anspruch auf Vollständigkeit sind dies:[23]

- ein volles Menschenleben bis zum Ende zu führen;
- eine gute Gesundheit, eine angemessene Ernährung, eine angemessene Unterkunft, Möglichkeiten der Sexualität, Möglichkeiten der Mobilität;

---

19 Honneth 1992, S. 22.
20 ebda S. 15.
21 ebda. S. 20.
22 Nussbaum 1999, S. 46.
23 ebda.

- die Vermeidung unnötiger Schmerzen;
- die Bindungen zu Dingen und Personen;
- Vorstellungen vom Guten;
- die Verbundenheit mit anderen Menschen, familiäre und soziale Beziehungen;
- die Verbundenheit mit der Natur;
- lachen, spielen und Freude haben;
- kognitive Fähigkeiten wie wahrnehmen, vorstellen, denken;
- die Fähigkeit zur praktischen Vernunft.

„Insgesamt", so Martha Nussbaum, „lässt sich sagen, dass die Menschen sich als Wesen erkennen, die die Möglichkeit haben möchten, für sich zu sein, die einen kleinen Raum haben möchten, in dem sie sich bewegen können, und die einige Dinge haben möchten, die sie gebrauchen, behalten und lieben können."[24]

Der gute Staat bzw. die gute Gesellschaft als der Garant menschlichen Lebens muss sicherstellen, dass Menschen entsprechend ihren Fähigkeiten leben und handeln können. Dies kann nur durch eine präventive Strategie geschehen, die nicht wartet, bis es den Menschen schlecht geht. Stattdessen befördert der „gute Staat, die gute Gesellschaft", Güter, die allen Bürgern ein ganzes Leben lang eine gute Lebensführung ermöglichen. Hierzu zählen

- eine humanistische Erziehung,
- Bildung,
- Gesundheit,
- Arbeit,
- Sicherheit für Leben und Besitz,
- gesunde Luft und gesundes Wasser,
- ausreichende Ernährung und Unterkunft,
- Schutz vor tätlichen Angriffen,
- Schutz der Künste und der Wissenschaften,
- Gewährleistung von Entscheidungsfreiheit,
- Erholungsmöglichkeiten, Schutz einer unantastbaren Sphäre.[25]

---

24 ebda. S. 56.
25 ebda.

Das Gute Leben ist in seiner Umsetzung und Praxis, und darauf hat Nussbaum mit der „Vorläufigkeit" ihrer Liste und dem Umriss, den sie lediglich geben wollte, bereits hingewiesen, ein „offener Prozess", den wir aber auch als „Menschliche Entwicklung" verstehen können, die erst jenen Raum öffnet, in dem die Fähigkeiten der Menschen zu sich selbst kommen.

These 5: Menschliche Entwicklung als Prozess

Entwicklung versteht Amartya Sen als einen Prozess der Beseitigung verschiedener Arten von Unfreiheit, „die den Menschen nur wenig Entscheidungsspielraum und wenig Gelegenheit lassen, wohldurchdachten Gründen gemäß zu handeln"; die Beseitigung gewichtiger Unfreiheiten sei deshalb eine grundlegende Voraussetzung für Entwicklung.[26] Yunus spricht sogar von einer konkreten Verbesserung der wirtschaftlichen Lage der ärmsten Bevölkerung in einem eigentlich reichen Land.[27]

Die Vereinten Nationen veröffentlichen dementsprechend seit Anfang der 90er Jahre Berichte zur Menschlichen Entwicklung.[28] Diese wird darin als Prozess begriffen, der die Wahlmöglichkeiten der Subjekte erweitert. Das aber ist nur durch eine Ausweitung der Lebens- und Entwicklungschancen erreichbar, die sich bspw. an einer Verbesserung der Bildungschancen aller, an einer stärkeren Geschlechtergleichheit und an weniger Armut festmachen lassen.

Menschliche Entwicklung wird damit zu einem universellen Wert, vielleicht sogar zu einer „Globalen Ethik", die auf der Konzeption der Menschenrechte ruht und als Prozess des Wachsens und Gestaltens zu definieren ist. Dieser Prozess soll eine Zunahme von Entscheidungsmöglichkeiten befördern, die für menschliches Leben und menschliches Werden unabdingbar sind. Hierzu gehören politische, ökonomische, soziale und kulturelle Chancen, durch die Türen zu Kreativität und Produktivität geöffnet werden können. Menschliche Entwicklung als Handlungsmodell formuliert so vier Voraussetzungen, die gegeben sein müssen, damit Menschen sich entwickeln können, ohne zugleich

---

26 Sen 1999, S. 10b.
27 Yunus 1998, S. 36.
28 DGVN 2000.

andere in ihren Entwicklungschancen einzuschränken – denn die Freiheit der einen darf nicht die Unfreiheit der Anderen bedingen:

- Produktivität: Menschen müssen die Möglichkeit haben, ihre Produktivität zu erhöhen, Einkommen zu erzielen und eine bezahlte Beschäftigung auszuüben.
- Gleichberechtigung: Menschen müssen einen gleichen Zugang zu Chancen haben; deshalb müssen auftretende Hindernisse für politische und ökonomische Chancen beseitigt werden.
- Nachhaltigkeit: Der Zugang zu Chancen kann und darf nicht nur für die heutige Generation gelten, er muss auch für weitere Generationen gesichert sein.
- Ermächtigung: Entwicklung kann letztlich nicht für die Menschen verwirklicht werden, sondern ausschließlich nur durch sie; sie müssen voll und ganz den Prozess selbst gestalten und notwendige Entscheidungen wesentlich selbst treffen.

Menschliche Entwicklung ist unter diesen Voraussetzungen von der freien Entfaltung menschlicher Kulturfähigkeit geprägt, ihr Weg und ihr Ziel sind dabei offen. Dies impliziert zugleich die Entfaltung menschlicher Kompetenzen wie Selbstachtung, Handlungsfähigkeit und das Gefühl der Zugehörigkeit zu einer Gemeinschaft, die Anerkennung durch Andere und Identität vermittelt. Das Mehr an Optionen, das entstehen soll und als ein Mehr an Verwirklichungschancen zu werten ist, soll zudem für alle und nicht nur für eine fragwürdige Elite umgesetzt werden.

These 6: Gesellschaftliche Ordnung als offenes Projekt

Menschliche Entwicklung kann prinzipiell nur ein offener Prozess sein, der von Menschen getragen auf deren Fähigkeiten aufsetzt. Die reformulierte und ethisch begründete Wendung zum Menschen und dessen Entwicklung bedarf so aber einer anderen Vorstellung von Normalität, als sie allgemein gültig zu sein scheint. Historisch ist „normal" nämlich das Wort zur Homogenisierung und Vereinheitlichung von Arbeits-, Verhaltens-, Bildungs- und Gesundheitsstandards; Normalität regelt Zugehörigkeit und Abweichung.[29] Die Techniken der Normalisierung

---

29 Link 1997; Sohn/Mehrtens 1999.

sind dabei Disziplin, Drohung, Strafe und Ausschluss. Wird Normalisierung historisch zunächst noch durch äußere Institutionen und Sanktionen durchgesetzt, verlagert sie sich allmählich in die Selbstkontrolle des Subjekts.[30]

Diese „Normalität" ist als menschliches Produkt allerdings kultur- und zeitspezifisch. Es kann eigentlich keine festgelegten und allgemein gültigen Standards des „Normalen" geben. Da die Menschen sehr wohl Gestalter ihrer eigenen Geschichte sind, geschieht dies immer jenseits einer absolut gesetzten „Normalität". Sie müssen so zu ihrer je „eigenen Normalität" finden, zu *ihren* kulturell entworfenen Mustern des Sozialen, die Erwartbarkeit und Kommunikation sicherstellen; sie müssen sich dabei aber ihrer je eigenen Fähigkeiten, diese selbst zu gestalten, bewusster werden.

Die Chancen Menschlicher Entwicklung steigen dann, wenn sie nicht mehr durch scheinbar generell gültige Normalisierungsstandards eingeengt werden, die allzu oft auf Machtsstrukturen ruhen, sondern von den Menschen und deren Sorgen ausgehend als Suche nach Optionen und einem gelingenderen Alltag ermöglicht werden. Letztlich geht es um die Implementierung eines zentralen Topos von Paulo Freires Philosophie ins Leben der Menschen: Es wäre ein schreiender Widerspruch, wenn sich das menschliche Wesen, das sich in unfertigem Zustand befindet und sich dessen bewusst ist, nicht in einen permanenten Prozess hoffnungsvoller Suche einbrächte.

Suchprozesse sind aber prinzipiell offen, normativ entworfene Realitäten als unhintergehbare Grenzen engen sie hingegen ein. Es geht folglich darum, Zukunft neu zu denken und Gesellschaft als ein offenes Projekt zu entwerfen.

These 7: Verwirklichungschancen und Fähigkeitenraum

Dieser Vorstellung Menschlicher Entwicklung, die eine Steigerung der Verwirklichungschancen aller und eine prinzipielle Offenheit des Prozesses postuliert, folgt konsequent die von Amartya Sen vorgelegte Konzeption des „Fähigkeitenraumes", den es politisch zu entwerfen gilt. Dieser Raum, dessen Gestaltung eine staatlich-gesellschaftliche Aufgabe darstellt, setzt Rahmungen, ohne normierend zu wirken. Er

---

30 Foucault 1977.

soll es Menschen ermöglichen, ihren Fähigkeiten gemäß ein alltägliches Leben zu verwirklichen, das ihnen als ein gutes Leben erscheint.

Das Konzept der Entwicklung fordert in weiten Teilen der Welt die Hauptursachen von Unfreiheit zu beseitigen: „Armut wie auch Despotismus, fehlende wirtschaftliche Chancen wie auch systematischen sozialen Notstand, die Vernachlässigung öffentlicher Einrichtungen wie auch die Intoleranz oder die erstickende Kontrolle seitens autoritärer Staaten".[31] Somit wird Entwicklung zu einem Prozess, „in dem die menschlichen Freiheiten erweitert werden";[32] Entwicklung heißt deshalb, sich auf die Möglichkeiten der Freiheit einzulassen.[33]

Zu diesen Freiheiten zählen nicht nur die Vorstellungen eines Guten Lebens, sondern auch die öffentlichen, die staatlichen Verfahren, instrumentelle Freiheiten, die Handlungs- und Entscheidungsoptionen für Menschen angesichts ihrer persönlichen und sozialen Umstände erst ermöglichen. „Good Governance" meint und fordert deshalb sowohl einen verantwortungsvollen Umgang mit politischer Macht und öffentlichen Ressourcen als auch das Zusammenwirken von Akteuren aus den unterschiedlichsten Sektoren für die Schaffung entwicklungsförderlicher Rahmenbedingungen um eine effiziente und effektive Leistungserstellung öffentlicher Güter und Dienstleistungen zu ermöglichen und zu steigern.[34] Somit wird Good Governance aber eine wichtige Voraussetzung für eine nachhaltige Entwicklung, für die Bekämpfung von Armut und für die Ermächtigung („empowerment") der Subjekte, um ihren Fähigkeiten gemäß ein gutes Leben zu führen. Sen skizziert deren Rahmen mit:

- politischen Freiheiten;
- ökonomischen Freiheiten;
- sozialen Chancen und Partizipationschancen;
- Transparenzgarantien; d. i. die Anerkennung durch andere und die Offenheit füreinander;
- sozialen Sicherheiten.[35]

---

31 Sen 1999, S. 13.
32 ebda. S. 50.
33 ebda. S. 353.
34 Coly/Breckner 2004, S. 3.
35 Sen 1999, S. 52.

Dies erst gibt den „Verwirklichungschancen" und den Fähigkeiten der Menschen einen notwendigen Rahmen, in dem Freiheit entwickelt und zum Ausdruck kommen kann; nämlich die substanzielle Freiheit, „alternative Kombinationen von Funktionen zu verwirklichen", eben unterschiedliche Lebensstile zu realisieren.[36] Sen wird nicht müde, die Bedeutung der Freiheit zu betonen: Mehr Freiheit stärke die Fähigkeit der Menschen, sich selbst zu helfen und auf die Welt einzuwirken.[37]

Hiermit wird die Freiheit der Menschen radikal ins Zentrum gerückt, ein erstrebenswertes Leben zu führen und reale Entscheidungsmöglichkeiten und vorhandene Fähigkeiten auszuweiten bzw. umsetzen zu können. Der Staat soll lediglich Hilfestellungen geben, Räume verfügbar machen, in denen Freiheiten möglich sind; er soll keine Fertiglösungen anbieten, die wiederum menschliche Gestaltungsfähigkeit und Kreativität erschlagen können. Der Erfolg einer Gesellschaft ist dann davon abhängig, „wie groß die von ihren Mitgliedern genossenen substantiellen Freiheiten sind".[38] Insofern ist Menschliche Entwicklung die Erweiterung und Steigerung der „Verwirklichungschancen" durch die notwendige Ausgestaltung und Ausweitung eines „Fähigkeitenraumes", der individuellen Potentialen und Möglichkeiten Platz gibt, das Leben zu führen, das man schätzt – und zwar mit guten Gründen.

These 8: Zugänge zum Markt und Bürgerbeteiligung

Almosen („Sozialhilfe" im weiten Sinn) können vor diesem Hintergrund leicht zum „Synonym für Demütigung" werden. Durch sie werden Menschen mitunter zu bloßen Zuschauern ihrer eigenen Bedürfnisse, zu Konsumenten der ihnen gewährten Hilfe.[39] Sie erleben darin sogar einen Mangel an Respekt, an Achtung, indem sie letztlich nicht als vollwertige Menschen wahrgenommen werden, sondern als schwach und voller Fehler, außerhalb der Ordnung stehend (asozial), ja mitunter als „Kinder des Südens oder Ostens", die von „reifen Erwachsenen des Nordens" noch Unterstützung benötigen. Manche fühlen sich so-

---

36 ebda. S. 95.
37 ebda. S. 30.
38 ebda.
39 Sennet 19998.

gar dazu berufen, ihnen die Demokratie schenken zu müssen, indem sie ihnen vorher ein paar Bomben auf den Kopf werfen.

Hilfe dient leider allzu oft sogar nur dem ruhigen Gewissen des Helfenden. Durch das Geben will man ein „guter Mensch" werden, man bekämpft damit die eigene Neigung zur Sünde. „Der Wert der Gabe ist gleichgültig, und für manche ist es sogar gleichgültig, ob die Gabe anderen von Nutzen ist", schreibt Sennet[40] und erinnert an das Konzept der Anerkennung der anderen, dessen moralischer Kern die Achtung darstellt. Diese, die auch als Respekt begriffen werden kann, fordert hingegen Zurückhaltung, eine Reduktion der „Selbstliebe", um Menschen wirklich dadurch zu helfen, dass man ihren Fähigkeiten, ihren Kompetenzen, Raum gibt, sie darin ermuntert, sie „ermächtigt" und sie nicht an ihren Defiziten misst. Ich erinnere nur: Menschen sind von Grund auf keine passiven Empfänger von Wohltaten, sie sind aktive, nach Veränderung strebende und diese auch bewirkende Subjekte – man muss ihnen nur den Raum dafür lassen.

Um das Bisherige zu verdeutlichen, soll es an zwei Beispielen illustriert werden.

Reichtum von unten

Nicht Spenden, sondern Investitionen, nicht milde Gaben, sondern Initiativen, aus denen sich „nachhaltige Ökonomien von unten" entwickeln, sind als menschliche Entwicklung zu begreifen.[41] Ein solcher Versuch wurde von einem Ökonomieprofessor in Bangladesh gestartet. Muhammad Yunus gründete vor Jahren die Grameen-Bank, die kleine Kredite an Bauern, überwiegend Frauen, vergab, und die bei niedrigen Zinsen in kleinen wöchentlichen Raten, auf ein Jahr gestreckt, zurückbezahlt werden konnten.[42]

Seine These war, dass es den Armen nicht an Fähigkeiten fehle, sondern lediglich am Zugang zu Krediten. Die Kreditnehmer mussten so eine Geschäftsidee haben, beispielsweise eine zweite Ziege kaufen, um Ziegenkäse für den Verkauf produzieren zu können, und sich in Gruppen organisieren, die sich gegenseitig unterstützten. Die einzigen Sicherheiten, die verlangt wurden, waren eben diese Idee, Selbstdiszi-

---

40 ebda. S. 169.
41 Faltin/Zimmer 1995.
42 Yunus 1998, S. 36.

plin, Mut und der Wille, an der Idee zu arbeiten. Nach einem ersten zurückbezahlten Kredit war ein neuer in höherem Umfang möglich, der eine weitere Ziege finanzieren konnte, um die Produktion zu steigern. Dahinter verbirgt sich eine immense Achtung gegenüber den Fähigkeiten der Menschen.

Der Erfolg ist bis heute umwerfend; die Rückzahlungsquoten liegen nahe bei 100%. Das System ist mittlerweile ein weltweites Erfolgsmodell und wurde auch von der Kreditanstalt für Wiederaufbau als Kleinkreditsystem kopiert. Die Erfahrungen zeigen dabei, dass Arme durch den Zugriff auf Kapital, so niedrig der Kredit auch sein mag, „in die Lage versetzt wurden, ihr Leben in unglaublicher Weise zu verändern".[43]

Yunus fasst die Philosophie seines Modells etwas provokant zusammen: „Ich bin fest davon überzeugt, dass die Zahlung von Almosen nicht zu einer Lösung des Problems beiträgt, sondern die Schwierigkeiten der Armen nur zementiert und sie in ihrem Elend festhält. Die arbeitsfähigen Armen wollen keine Almosen und haben sie auch nicht nötig. Die soziale Wohlfahrt erhöht nur ihren Jammer, denn sie beraubt sie ihres Unternehmungsgeistes und ihrer Würde."[44]

Günter Faltin und Jürgen Zimmer fordern vor diesem Hintergrund dazu auf, die Soziale Frage in der Moderne neu zu stellen. Mit Entwicklungshilfe sei sie nicht zu beantworten, denn diese diene oft nur dem Zweck, die Privilegien des Nordens nachhaltig zu sichern. Stattdessen müssten die Menschen ermächtigt werden, ihre Fähigkeiten umzusetzen und damit zu wirklichen Konkurrenten der Reichen zu werden; nicht der Aufstand der Arbeiter, der die erste soziale Frage lösen wollte, liegt als Kopie für den Aufstand der Armen an, sondern die Förderung der Fähigkeit, unternehmerisch tätig zu sein.

„Dies", so Faltin und Zimmer, „wäre die wichtigste aller möglichen Entwicklungshilfe, die Öffnung des Marktes für die konkurrenzfähigen Unternehmer des Südens".[45] Letztlich ist damit die Antwort auf die neue soziale Frage nicht durch das Sammeln von Spenden lösbar, den Armen wird vielmehr nur dann effektiv geholfen, wenn sie selbst eine Ökonomie von unten entwickeln und Zugang zum Markt haben. Das aber fordert von uns zu begreifen, dass unser Reichtum kein dauerhafter sein kann.

---

43 ebda. S. 262.
44 ebda.
45 Faltin/Zimmer 1995.

Arme leben nun nicht nur außerhalb unseres Gesichtskreises, dass es auch Armut und Benachteiligung bei uns gibt, ist mittlerweile ein Gemeinplatz und muss nicht weiter erläutert werden. Die soziale Frage stellt sich auch hier neu und verlangt zunehmend nach Lösungen, die jenseits traditioneller Transfersysteme wie der Sozialhilfe liegen – zumal diese Systeme stark umgebaut und reduziert werden.

Allerdings wären deutsche Sozialhilfeempfänger zunächst einmal entsetzt, wenn man ihnen das Modell der Grameen-Bank, einen Kleinkredit für eine selbständige Existenz aufzunehmen, als Alternative präsentieren würde. Für viele von ihnen käme das auf Grund von Krankheit, Behinderung und Alter auch gar nicht in Frage; andere würden hingegen schnell ausrechnen, was sie dadurch an Hilfen und weiterer sozialer Absicherung verlieren würden. Yunus ist deshalb durchaus zuzustimmen, dass man in Europa erst einmal gegen die „Verheerungen" des Sozialhilfesystems anarbeiten müsste, das Menschen vielfältig von staatlicher Hilfe abhängig gemacht hat.[46]

Deshalb kommt es hier zunächst einmal darauf an, die Menschen an Entscheidungen zu beteiligen, sie für sich und ihre Interessen zu befähigen, ihnen Räume zu öffnen, in denen sie sich als Gestalter ihrer eigenen Welt erleben können, um so Vertrauen in die eigenen Fähigkeiten zu gewinnen. Die umfassende Einbeziehung bisher randständiger Gruppen, und nicht deren Stigmatisierung und Ghettoisierung, ist die größte Herausforderung für Menschliche Entwicklung in Europa.

Eine der hierfür entworfenen, praktizierten und weiter zu entwickelnden Ansätze ist die „Vision der Sozialen Stadt", die Forderungen nach Teilhabe und Schutz vor gesellschaftlicher Ausgrenzung in den Vordergrund hebt. Seit Anfang der 90er Jahre gibt es in der Republik Projekte, die sich dieser Aufgabe widmen; seit 1998 existiert hierzu sogar ein Bund-Länder-Programm „Stadtteile mit besonderem Entwicklungsbedarf – die Soziale Stadt", in dem auch Erfurt mit einem Stadtgebiet vertreten ist.

Der tatsächliche Erfolg dieser Projekte wird an ihrem Anspruch gemessen, ob nämlich „breite Bevölkerungsschichten inklusive bisher benachteiligter Gruppen wie Migranten und sozial Schwacher an der

---

46 Yunus 1998.

Gestaltung ihrer Stadt beteiligt sind, ärmere soziale Gruppen ausreichenden, günstigen Wohnraum vorfinden, möglichst viele Menschen eigenständig ihren Lebensunterhalt sichern können und ob sie breiten Zugang zu vielfältiger soziokultureller Infrastruktur haben".[47]

Jenseits der noch anstehenden Evaluation dieser Projekte wird aber schon jetzt deutlich, dass sie durchaus eine Akteurperspektive einnehmen, die von seitherigem Defizit- und Opferdenken Abstand nimmt und die Menschen in den benachteiligten Stadtteilen sehr wohl als fähig begreift, sich für ihre eigenen Interessen zu mobilisieren und für diese einzusetzen. Es sollen die Ressourcen eines Stadtteils aktiviert werden, damit sie für alle Menschen im Stadtteil zum Vorteil werden. Die Bewohner sollen gemeinsam mit der Stadt, mit Unternehmern, mit Geschäftsinhabern, mit Kirchen, mit Vereinen und mit anderen Institutionen Lösungen für sich und ihr Wohngebiet finden, um die Lebenslagen aller zu verbessern.

In den Maßnahmen sollen die Bürger aktiviert und beteiligt, sie sollen zu Akteuren und Gestaltern in ihrer eigenen Umwelt werden. Das kann von Wohnumfeldsanierungen flankiert sein und durch Bürgerbeiräte und Runde Tische befördert werden. Ziel ist allerdings auch der Aufbau einer Gemeinwesenökonomie, einer Verfügbarmachung von Ressourcen im Stadtgebiet, die als eine neue Form der Nachbarschaftshilfe zu verstehen ist.

In den kurz skizzierten Projekten geht es letztlich darum, Menschen in ihrer Gestaltungsfähigkeit und in ihrer Entwicklungsoffenheit neu zu sehen und dies als Hoffnung für eine offene Zukunft zu entwerfen. Das setzt die Achtung dieser Menschen voraus und betont deren Würde.

These 9: Autonomie und Selbstachtung

Die Würde des Menschen ist Resultat seiner Anerkennung und seiner Fähigkeiten. Daraus resultieren Selbstachtung und Autonomie, beide bilden die Basis Menschlicher Entwicklung in kollektiver Verantwortung

Selbstachtung heißt dabei, dass über Achtung und Respekt, die von den Anderen dem Subjekt entgegengebracht werden, das Wissen wächst, man selbst zu sein und etwas für sich selbst tun zu können. Autonomie

---

47 Cramer/Schmitz 2004, S. 16.

ist die Erfahrung eigenen Wollens und eigenen Könnens, letztlich ist sie Resultat der Selbstachtung.

Selbstachtung und Autonomie formen sich dabei mit der Erfahrung, dass das Wollen und das Handeln des Anderen dem eigenen ebenbürtig ist. Sie leben von den Fähigkeiten, die umsetzbar sind und zur Erweiterung der Optionen für ein gutes Leben führen. Da diese Entscheidungsfähigkeit eine grundlegende Bedingung eines „guten Lebens" darstellt, kann es in staatlich-gesellschaftlicher Ordnung nicht darum gehen, Menschen eine bestimmte Form des Lebens vorzuschreiben, sondern diese kann sich nur um das Schaffen von Voraussetzungen bemühen, damit Menschen die autonome Wahl eines Lebensplanes offen steht, aus der sie Selbstachtung gewinnen.

Mit dieser Betonung menschlicher Handlungsfähigkeit kehren wir zum dynamischen Menschenbild, das Ausgangspunkt der Überlegungen war, zurück. Die wirkliche und grundlegende Bedeutung dieses Menschenbildes vor dem Hintergrund menschlicher Handlungen hat uns Freire gelehrt: „Nur Menschen sind Praxis – die Praxis, die, wie Reflexion und Aktion wahrhaft die Wirklichkeit verwandelnd, die Quelle von Erkenntnis und Schöpfung ist. (…) Durch ihre fortgesetzte Praxis schaffen sie gleichzeitig die Geschichte und werden sie historisch soziale Wesen."[48]

Schlussbemerkung

Die Welt, in der wir leben, ist nur eine der vielen. Die Gegenwart ist immer ein Raum des Möglichkeitssinns, der Visionen des ganz Anderen enthält. Eine jede Kritik der Zeit geht notwendig davon aus, dass die Tatsachen nicht endgültig sind und die erfahrbare Welt nicht die Beste aller denkbaren ist. Daraus keimt Hoffnung: Aus der gegebenen Welt, aus deren Erfahrungen und deren Wissen, lassen sich nämlich neue Zukünfte entwerfen – wenn man den Menschen und seine Kulturen als offenes Projekt entwirft.

---

48 Freire 1973, S. 83.

Literatur

Bauman, Zygmunt: Postmoderne Ethik, Hamburg 1995.

Coly, Annette/Breckner, Elke: Dezentralisierung und Stärkung kommunaler Selbstverwaltung zur Förderung von Good Governance, in: Aus Politik und Zeitgeschichte, 15-16/2004.

Cramer, Cathy/Schmitz, Stefan: Die Welt will Stadt – Entwicklungszusammenarbeit für das Urbane Jahrtausend, in: Aus Politik und Zeitgeschichte, 15-16/2004.

DGVN (Hrsg.): Bericht über die Menschliche Entwicklung, Bonn 2000.

Faltin, Günter/Zimmer, Jürgen: Reichtum von unten. Die neuen Chancen der Kleinen, Berlin 1995.

Forrester, Viviane: Der Terror der Ökonomie, München 1997.

Foucault, Michel: Überwachen und Strafen, Frankfurt am Main 1977.

Freire, Paulo: Pädagogik der Unterdrückten, Reinbek 1973.

- ders.: Erziehung als Praxis der Freiheit, Stuttgart 1974a.

- ders.: Pädagogik der Solidarität, Wuppertal 1974b.

- ders: Pedagogia, dialogo y conflicto, Buenos Aires 1987.

- ders.: Pedagogy of Hope. Reliving Pedagogy of the Oppressed, New York 1994.

Giddens, Anthony: Konsequenzen der Moderne, Frankfurt am Main 1996.

Greverus, Ina-Maria: Kultur und Alltagsleben, München 1978.

Honneth, Axel: Kampf um Anerkennung, Frankfurt am Main 1992.

- ders.: Unsichtbarkeit. Stationen einer Theorie der Intersubjektivität, Frankfurt am Main 2003.

Link, Jürgen: Versuch über den Normalismus, Opladen 1997.

Nussbaum, Martha: Gerechtigkeit oder das gute Leben, Frankfurt am Main 1999.

Sen, Amartya: Ökonomie für den Menschen, München 2000.

Sennet, Richard: Der flexible Mensch. Die Kultur des neuen Kapitalismus, Berlin 1998.

- ders.: Respekt im Zeitalter der Ungleichheit, Berlin 2002.

Sohn, Werner/Mehrtens, Herbert (Hrsg.): Normalität und Abweichung, Opladen 1999.

Thiersch, Hans: 25 Jahre alltagsorientierte Soziale Arbeit – Erinnerung und Aufgabe, in: Zeitschrift für Sozialpädagogik, 2/2003.

Ulich, Dieter: Krise und Entwicklung, München/Weinheim 1987.

Yunus, Muhammand: Grameen. Eine Bank für die Armen, Bergisch Gladbach 1998.

Hans Leyendecker

Ethik der journalistischen Berichterstattung

In Talkshows und an Stammtischen grassiert eine gefährliche Mischung aus Hysterie und Katastrophismus. Deutschland, so heißt es, sei ein verwüstetes Land. Die Herrschenden, die Mächtigen, seien korrupt und unfähig. Niedergang, wohin das Auge des Betrachters auch schweift.

Weil Deutschland ein Jammertal ist, wird heutzutage nicht mehr der Überbringer der schlechten Nachricht geköpft oder landet im Kerker. Nein, manchmal scheint es umgekehrt. Schlechte Neuigkeiten scheinen willkommen zu sein, gute Nachrichten lösen Verdacht aus. Das ist in vielen Bereichen so. Die Nachricht, die Gera sei vergiftet, würde vermutlich von Interessierten fast mit Genugtuung aufgenommen.

Die Nachricht, die Gera sei klar und rein, würde tiefste Skepsis auslösen. Untergangsszenarien gelten als Ausweis des kritischen Bewusstseins. „Wer besonders Schlechtes erwartet", schreibt die Publizistin

Katharina Rutschky, „ist stets auf der sicheren Seite. Man verzeiht dem falschen Propheten, wenn es besser kommt, als er vorhergesehen hat." Für das Thema „Ethik der journalistischen Berichterstattung" heißt das: Die Beschreibung, Journalisten seien integer, wahrheitsliebend, aufklärerisch, wird als üble Bagatellisierung abgetan. Die Behauptung, Journalist seien Lügner und Kampagneros, wird als realistische Zustandsbeschreibung gewürdigt. Wir Deutschen sind Meister der Apokalypse.

Jede Zeit hat das Gefühl, eine Endzeit zu sein. Eine Zeit, in der die Entscheidung über die Zukunft, über das Überleben der Menschheit fällt. Es ist sehr liebenswürdig, dass jede Zeit auf diese Weise ausdrückt, sie fühle sich für die Zukunft der Menschheit verantwortlich. Aber könnte es nicht sein, dass jede Zeit das Feindbild einer totalen, absoluten Bedrohung braucht, um sich selbst als die bedrohteste aller Zeiten zu empfinden – als die Zeit, in der die Entscheidung über alle Zeiten fällt? Wie heißt es bei Paul Celan: „Es ist Zeit, dass es Zeit wird".

Wenn wir also über Ethik und die Medien diskutieren, sollten wir mit zu starken Wertungen vorsichtig sein.

Das meiste, was wir gern und lang beklagen, ist so neu nicht. Dass der Bericht wichtiger ist als das Ereignis, dass Aufmachung entscheidet, nicht der Inhalt – das alles hat der Wiener Kulturkritiker Karl Kraus vor mehr als achtzig Jahren erkannt und beschrieben. Dass Presse nur Stimmungen schafft und das Wort zur Phrase erniedrigt. Dass Reklame den Absatz bestimmt und nicht etwa Qualität. Dass Inszenierungskünstler Erfundenes und Halbwahres als Realität ausgeben. Auch das hat Kraus kritisiert. Also – bitte keine Endzeitstimmung 2004.

Wir reden über Ethik. Der Gegenstand der Ethik ist die Moral. Der Ausgangspunkt jeder ethischen Theorie bildet die Frage, was Moral ist. Von Epoche zu Epoche hat es verschiedene, manchmal divergierende moralische Auffassungen über Moral gegeben. Die nächste Frage lautet also: Worin besteht heute die richtige Ethik, welche Handlungsweisen heute sind moralisch indifferent, welche moralisch erlaubt? Wie müssen Medien beschaffen sein, damit sie unter moralischen Gesichtspunkten als legitim gelten können? Gibt es eine ethische Verantwortung von Journalisten?

Ja. Es gibt sie. Einige der ethischen Standards will ich aufzählen: Die Verpflichtung zur Wahrheit. Die Verpflichtung zur Wahrhaftigkeit. Die Verpflichtung zur Sorgfalt. Das Gebot der Fairness. Die Achtung der Persönlichkeitsrechte.

Diese Postulate finden Sie im Pressekodex. Es gibt viele Journalisten, die sich auf den Pressekodex berufen und nicht so viele, für die er Richtschnur ist.

Heinrich Heine hat mal geschrieben, dass Journalismus zuerst und vor allem das Bestreben sei, die Wahrheit zu sagen. Ein großes Wort, ein zu großes Wort?

Noch einmal: Journalisten sollen verpflichtet sein zu Wahrheit und Objektivität, zur Wahrung und Achtung demokratischer Prinzipien und der Würde des Menschen. Ist das mehr als ein frommer Wunsch?

Diese Vortragsreihe findet in der Michaeliskirche statt. In Gotteshäusern lernt man, dass Wahrheit weder beliebig ist noch ein Hochglanzprodukt. Die Wahrheit ist schlicht. Was wahr ist, trägt und hält. Menschen werden irgendwann spüren, dass sie etwas vergessen haben, was so wichtig ist, dass sie ohne es nicht leben können. Sie werden danach fragen, worauf sie ihr Leben innerlich aufbauen können: die reelle Wahrheit, die göttliche, die ihrem Leben Grund und Richtung gibt. Die Wahrheit, die von Gott kommt, ist schlicht und einfach.

Gelingt es uns Journalisten, einen kleinen Zipfel der Wahrheit zu erhaschen? Glaube und Wissen sind beide auf Wahrheit gerichtet. In der abendländischen Geschichte stehen die beiden unterschiedlichen Grundhaltungen, Außenansicht und Innensehen, in einem fruchtbaren Wechselspiel. Sie spiegeln sich in der Spaltung von Wissen und Glauben. Der Rationalismus und später die Aufklärung haben diese Spaltung vertieft und die zweiwertige Außenansicht zur einzig wahren Ansicht erklärt.

Wie ist es mit der Aufklärung heute? Was kann Journalismus bringen? Und welche Stichworte prägen die gegenwärtige Debatte? Sensationshascherei und Exklusivitis, darauf hat Alt-Bundespräsident Johannes Rau mehrmals hingewiesen, diktierten oft das Tagesgeschäft. Die Kolportage ersetze die Reportage und man habe oft den Eindruck, als gäbe es mehr Talkshows als wirklichen Gesprächsstoff. Oft würden, so der Bundespräsident, die Grenzen von Information, Kommentar, Unterhaltung und Werbung verwischt.

Es ist sogar noch schlimmer als Rau sagt: Heute diktiert oft der Boulevard die Stoffe. Vor allem der *Bild-Zeitung* ist die Rolle eines Futterlieferanten für die seriöse Presse zugewachsen. Die Berichterstattung über den kleinen Joseph in Sebnitz, als Bild die Lokomotive für seriöse Blätter wie *FAZ* oder *Süddeutsche Zeitung* sein konnte, war eine Katastrophe für den seriösen Journalismus. Journalisten genügen häufig den ethischen Standards nicht und überschreiten die Grenze zwischen Fiktion und Realität. Im Niemandsland zwischen Wahrheit und Dichtung gedeiht dann eine neue Form des Borderline-Journalismus mit Falschmeldungen und Wichtigtuerei.

Der bekannteste Vertreter der Gattung Borderline-Journalismus war der Schweizer Reporter Tom Kummer, dessen Interviews mit Größen aus Hollywood oft nur Luftnummern waren. Wer Kummer kannte, durfte eigentlich nicht überrascht sein. In seinem Roman „Good Morning Los Angeles" hatte er beschrieben, dass er einen anderen Begriff von Wirklichkeit hatte als andere. Er montierte Gespräche, die er nicht geführt hatte, aus verschiedenen Quellen. Seine Interviews lasen sich interessanter als andere Interviews, Kummer brachte angeblich die Stars zum Reden. Seine Abnehmer – zu denen das *SZ Magazin* und auch das *Zeit Magazin* gehörten – verdrängten den Gedanken, sie könnten auf einen Betrüger hereingefallen sein. Sie nahmen den Schwindel in Kauf oder schauten weg. Als Kummer enttarnt wurde, fabulierte er über eine „Implosion des Realen". Leser seiner Generation wollten unterhalten werden: „Entertain me".

Die Frage „Was ist Moral?" wird durch die normativen Antworten der Ethik, Sie merken es am Beispiel Kummer, längst nicht beantwortet. Was bedeuten angesichts des Borderline-Journalismus Wertungen wie, dass bestimmte Handlungen „moralisch schlecht" oder „moralisch indifferent" seien?

Was haben wir in den letzten zehn Jahren nicht alles an moralisch schlechten oder moralisch indifferenten Handlungen in unserem Gewerbe erlebt: Da war der Filmfälscher Michael Born, der Beiträge erfand oder sie mit bezahlten Komparsen und selbst gebastelten Requisiten aufpeppte. Born brauchte einen Bombenattentäter: Voilà. Er ging in ein Asylbewerberheim, kippte Fensterkitt in eine Marlboro-Schachtel, gab einem Asylbewerber hundert Mark und hatte die Story. Weil er keine echten deutschen Ku-Klux-Klan-Angehörige fand, steckte er bezahlte Komparsen in selbst geschneiderte Kutten und Kapuzen und ließ sie in der Eifel auftreten. Die Redakteure, die sich bereitwillig hatten betrügen lassen, empörten sich später über Born, der wegen seiner Filmfälschungen zu vier Jahren Haft verurteilt wurde. Der Vorsitzende Richter Ulrich Weiland beschrieb das Born-System so: „Das Problem bei Ihnen ist, dass an Ihren Filmen immer ein bisschen was dran ist. Es gibt natürlich Drogenkuriere, es gibt Kinderarbeit in Indien und Bombenanschläge der PKK. Es gibt auch rechtsradikale Umtriebe, das weiß jeder. Aber das, was sich gerade in der Welt wirklich abspielt, können Sie aus irgendwelchen Gründen gerade nicht filmen. Dann stellen Sie es nach oder erfinden es."

Moral, Ethik? Es gab und gibt viele journalistische Zocker, und zu den Borderline-Vertretern gehört auch, es wird Sie vielleicht erstaunen, der so erfolgreiche amerikanische Autor Michael Moore. Der Verfasser von „Stupid White Men" ist in Europa eine Berühmtheit, aber bei den ernsthaften amerikanischen Journalisten ist er höchst umstritten. Mit Fakten und Zahlen nimmt es Moore nicht so genau, und an Schlampereien ist bei ihm kein Mangel. So behauptete er, die USA seien Weltmeister des Haushaltsdefizits, obwohl die USA zu diesem Zeitpunkt noch über einen historisch einmaligen Überschuss verfügten. Viele seiner Quellen sind Internetquellen, und Moore spitzt zu. Er findet Wahrheiten, die ihm ins Bild passen, und die Anhänger danken es ihm: er hat rasende Verehrer.

Man könnte sich an dieser Stelle noch lange über die Verschwörungsjunkies im Zusammenhang mit dem 11. September wie Mathias Bröckers oder Andreas von Bülow verbreiten, doch der individuelle Befund würde nicht zu neuen Ergebnissen führen – Gaukler haben ihre Gemeinde, und die glaubt jeden Unfug. Deren Treiben hat mit Ethik und Moral nichts zu tun. Zeitungen wollen ungewöhnliche Geschichten, und es finden sich immer wieder Journalisten, die das Ungewöhnliche sofort anbieten. Die *New York Times* fiel auf den journalistischen Betrüger Jason Blair herein; die Tageszeitung *USA Today* enttarnte den eigenen Starreporter, Jack Kelley, als Lügner. Bei mindestens acht großen Geschichten soll er die Inhalte selbst kreiert haben. Kelley, Blair oder Kummer konnten brillant formulieren und schrieben gern eigenwillige Reportagen. Was ihnen bei einer Geschichte an Farbe fehlte, besorgten sie sich. Im verschärften Wettbewerb wollten sie vorn sein, irgendwie. Im Gestrüpp zwischen Dichtung und Wahrheit gedeihen viele Sumpfblüten.

Es gibt einen erbitterten Kampf der Medien um Aufmerksamkeit, und der Kampf wird immer heftiger. Auch deshalb findet ein Wettlauf der Zeitungen und Magazine statt, bei dem derjenige der Sieger ist, der von den anderen am meisten zitiert wird. Der Wettstreit führt auch dazu, dass das exklusive Nichts plötzlich eine Größe ist. Immer mehr Medien wollen skandalieren und enthüllen, ohne wirklich Aufklärung und Enthüllung zu meinen. Man tut so als ob. Die Pose reicht. Schreckensszenarien sollen Aufmerksamkeit erzeugen: Angst vor der Angst verkauft sich gut.

Wo die Öffentlichkeit aufhöre, hat Hannah Arendt mal geschrieben, werde Macht gefährlich. Wie soll aber eine Öffentlichkeit funktionieren, wenn es längst eine zweite Öffentlichkeit gibt, wenn vor allem die Inszenierung wichtig ist?

Die Kampfspiele im Feuilleton drücken die Verwirrtheit unserer Tage am klarsten aus. Bei jedem Thema möchte man dabei sein und Meinungsführerschaft übernehmen: Ob „Big Brother" oder „Ich will hier raus – Ich in ein Star" – das Thema ist völlig egal. Die Inszenierungstechniken des Boulevardjournalismus haben längst den gewöhnlichen Qualitätsjournalismus überrumpelt. Der TV-Trash ist die Botschaft, die erklärt werden soll. Die Unterscheidung zwischen Wichtigem und Unwichtigem gelingt immer seltener.

Eine „Orientierungskrise der Feuilletonredaktionen" hat die *Neue Zürcher Zeitung* ausgemacht, weil das deutsche Feuilleton gerne mit Mitteln des Boulevardjournalismus operiere: „Dieses Treiben ist selbstmörderisch. [...] Wer aus dem Rummel um inszenierte Bedeutungen aussteigen will, wird das Schweigen als eine Form des kritischen Urteils wieder entdecken. [...] Was für ein Dienst am Leser". Vermutlich wäre aber sogar das Schweigen laut.

In unserer Als-Ob-Welt verwenden die politische Theorie und die wissenschaftliche Publizistik unverdrossen den Begriff Vierte Gewalt. Die klassische Lehre von der Gewaltenteilung, nach der die Staatsautorität in die drei Gewalten der Legislative, der Exekutive und einer unabhängigen Justiz gegliedert ist, wird nach dieser Beschreibung durch die Aufnahme eines vierten Machtträgers erweitert. Die Bezeichnung der Medien als vierte Macht lehne ich ab. Sie ist irreführend, da die Medien keine hoheitliche Gewalt im Namen des Staatsvolkes ausüben; anders als bei den drei klassischen Gewalten handelt es sich nicht um Ausprägungen legaler Herrschaft im Rahmen des staatlichen Gewaltmonopols. Ich bevorzuge den Begriff von der vierten Macht. Sie kommt dann zum Einsatz, wenn die drei Gewalten versagen.

Macht übt nicht nur derjenige aus, der die richtigen Informationen kennt. Macht übt auch der aus, der Informationen einordnet und ihre Bedeutung gewichten kann. Medien verfügen noch immer über eine Definitionsmacht. Sie liefern Kategorien gesellschaftlicher Orientierung wie Macht und Gewalt, Aussehen und Besitz. Vor sechzig Jahren stellte bereits der Begründer der wissenschaftlichen Publizistik in Deutschland, Emil Dovifat, fest: „Die Nachricht trägt in all ihren Formen meinungsbildende Kräfte in sich. Das liegt in ihrer Natur und ist nicht auszuschalten. Indem also die Zeitung jüngstes Gegenwartsgeschehen in ihren Nachrichten übermittelt, ist auch sie subjektiv. Wer diese Subjektivität der Zeitung leugnet, leugnet die Zeitung selbst."

Das Postulat einer wahrheitsgemäßen Berichterstattung könne demnach nicht bedeuten, dass Nachrichten und Bilder, die von den Medien vermittelt werden, die objektive Realität nur widerspiegeln oder fotografisch festhalten. Auch wenn man davon ausgehen könne, dass die meisten Nachrichten richtig seien, zeichneten sie schon durch ihre Auswahl ein bestimmtes Bild von der Realität. Die Schwierigkeit einer zuverlässigen Nachrichtenübermittlung liege daher weniger in der Wahrheit von Meldungen an sich, sondern in ihrer Auswahl.

Die Erkenntnisse von Dofivat stammen aus einer seligen Zeit. Heute geht es längst nicht mehr nur um die Frage, ob Nachrichten eine bestimmte Färbung haben oder ob der Informationsgehalt der Nachricht nicht ganz gedeckt ist. Heute geht es um Inszenierung, Verzerrung.

Warum aber brauchen wir eigentlich engagierten, aufklärerischen Journalismus? Keiner der großen politischen Skandale der Nachkriegszeit ist mit Hilfe eines Parlaments ans Licht gekommen. Keiner. Welcher Untersuchungsausschuss war mehr als ein Kampfinstrument der Parteien? Wenige. Jeder Mächtige, der das Parlament betritt, kann sich auf seine Fraktion verlassen und manchmal auch auf die Opposition. Die demokratische Aufgabe wird häufig nur zum Schein wahrgenommen, zu oft gibt es eine Kumpanei der Gegner. Scheinkämpfe werden geführt, und wenn es ernst wird, sitzen wieder alle in einem Boot. Im Alltag versagt die parlamentarische Kontrolle, und auch das normale Regelwerk passt nicht. Es entsteht ein Machtvakuum, und in dem können sich für kurze Zeit die Medien tummeln.

In jedem Wahlkampf hören Sie den Satz, man müsse verhindern, dass XY an die Macht komme. Dahinter verbirgt sich die Erkenntnis, dass Macht korrumpieren kann und missbraucht wird. Der recherchierende Journalist hat die Aufgabe, die dunkle Seite der Macht auszuleuchten und den Mächtigen das Gefühl zu geben, dass der Missbrauch nicht völlig gefahrlos ist. Dies macht er in dem Wissen, dass sich die Sudler auf einen langen Zermürbungskrieg einrichten und mit dem

Zynismus des Publikums rechnen dürfen. Denn Aufklärung hat auch beim Publikum einen schweren Stand. Wenn der Reiz der Neuheit verschwunden ist, werden die Artikel scheinbar immer monotoner. Die Stimmung des Lesers droht umzuschlagen: Nicht schon wieder! Man hat ja noch andere Interessen.

Wenn wir mit viel Pathos über Medien, Moral, und Ethik reden, dürfen wir den Leser, den Zuhörer, den Zuschauer nicht vergessen. Was schert ihn die Moral, wenn sie langweilig ist? Will er die totale Aufklärung, oder reicht ihm die Stammtischweisheit, dass Politik ein dreckiges Geschäft ist?

Der Journalist darf sich weder von den Sudlern noch von seinem Publikum verwirren lassen. Er muss an seinem Thema bleiben. Bei politischen Skandalen geht es um Konflikte über die Verteilung, Ausübung, Kontrolle und Legitimierung von politischer Herrschaft. Skandale entzaubern die soziale Magie der öffentlichen Repräsentation, sind aber in einer politischen Kultur nichts Außergewöhnliches: Japan und Italien haben auch ihre großen Parteispendenaffären gehabt, auch Richter in Frankreich versuchten, den Finanzsumpf der sozialistischen Machthaber trocken zu legen. Entscheidend für den Sittenbefund ist die gesellschaftliche Verarbeitung der Affären. Von Aufdeckung und Aufklärung kann eine Katharsis, eine reinigende Wirkung ausgehen.

Wir brauchen also einen Journalismus, der sich kritisch mit den Zuständen beschäftigt. Die Zustände sind nicht gut. Das Paradox unserer derzeitigen Lage besteht beispielsweise darin, dass es zwar formell nur noch „Gleiche" gibt, dass aber nach wie vor gewaltige Unterschiede an Reichtum, Macht und Einfluss bestehen, ohne dass die Mächtigen daraus Verpflichtungen ableiten.

Sollte, könnte, müsste es nicht eine Moral der Herrschenden geben, und wie sähe sie aus, die nicht vorhandene? Immerhin ist die sittliche Erziehung über das Vorbild stets ein Grundsatz konservativer Moral gewesen. Rechtlichkeit, Korrektheit, Ritterlichkeit, Ehrgefühl sind sekundäre Tugenden, die man vor allem Konservativen zuschreibt. Thomas Mann hat den Leuten, die von unten kommen, einmal bissig vorgehalten, sie seien „power", also armselig, und „patzig". Heute sind gerade die am patzigsten, die nicht mehr power sind, sondern sich zur Elite zählen. Die Wettbewerbsgesellschaft droht zur Raffgesellschaft zu verkommen, und darüber müssen Journalisten, ohne Furcht vor großen Namen zu haben, kritisch berichten. Aber wie viele Journalisten haben eigentlich das Ethos, gern am Unbekannten, Recherche genannt, zu kratzen? Wie ist es mit der Grundbefindlichkeit des Berufsstandes? Vor einigen Jahren erschien eine Studie, der zufolge in Deutschland nur knapp zwanzig Prozent der Journalisten ausführliche eigene Recherchen zur Grundlage von Geschichten machen.

In den USA sind es etwa 50 Prozent. Gibt es bei uns investigative Blätter, die man in einem Atemzug mit der *Washington Post* oder der *New York Times* nennen darf? Nein. Existiert eine dem Center for Public Integrity vergleichbare Non-Profit-Organisation, die wichtige Recherchen über Jahre durchzieht und die Ergebnisse am Ende den seriösen Medien zur Verfügung stellt? Nein.

Dabei leisten solche Organisationen Erstaunliches, ich möchte ein paar Beispiele nennen: Sie fragen: Wem gehört das Wasser auf diesem Globus, und wer wird bald den Wasserhahn auf- und zudrehen können? Zwei Jahre dauerten die Recherchen, Journalisten in etlichen Ländern waren eingeschaltet. Vor ein paar Monaten, am 29. April, wurde eine Studie über Korruption in mehr als zwei Dutzend Ländern veröffentlicht. Die größte Studie, die es in diesem Bereich je gegeben hat, wurde von einer Non-Profit-Organisation gemacht. Wo sind bei uns Mäzene, die eine solche Einrichtung unterstützen würden? Ich kenne keine.

Wo sind bei uns Journalisten wie Seymour Hersh, der jetzt den Folterskandal im Irak lostrat? Der größte Reporter unserer Generation hatte 1969 seine Karriere mit einem Enthüllungsbericht über das Massaker von My Lai begonnen: Viele andere Scoops hat er enthüllt: Unbestechlich, umtriebig, knorrig – eine Legende.

Wo ist jemand, den man in einem Atemzug mit Bob Woodward nennen könnte, dem Chronisten des Weißen Hauses? Wo gibt es bei uns eine Regionalzeitung wie das amerikanische Blatt *Toledo Star*, das in diesem Jahr mit dem Pulitzer-Preis ausgezeichnet wurde, weil Journalisten der Lokalzeitung acht Monate lang die blutige Spur einer Eliteeinheit im Vietnam-Krieg recherchierten?

Wo gibt es bei uns Intendanten und Verleger, die solchen Journalismus wollen und dafür auch die Mittel bereitstellen?

Ich will den amerikanischen Journalismus gerade wegen der Probleme der letzten Jahre – Lewinsky-Affäre, Berichterstattung nach dem 11. September – nicht glorifizieren, aber er ist im Genre des recherchierenden Journalismus deutlich besser als der deutsche Journalismus. Ein Unterschied wie im Sport zwischen Verbandsliga und Bundesliga.

Es gibt in Deutschland vorzügliche Reporter, gute Redakteure. Wer den Leitartikel schreiben darf, im Presseclub sitzt, hat den Ausweis höchster Professionalität erreicht. Aber die Sender beschäftigen nur wenige Rechercheure, die Enthüllungsstorys liefern. Am liebsten bewegt man sich in Augenhöhe mit den Mächtigen. Von Kurt Tucholsky, dem großen deutschen Journalisten, stammt der Satz, der deutsche Journalist brauche nicht bestochen zu werden. Er sei stolz, eingeladen zu sein. „Er ist schon zufrieden, wie eine Macht behandelt zu werden." Viele Journalisten verwechseln nach wie vor die Funktion der Kontrolle mit dem angenehmeren Geschäft der Kooperation.

Die Krankheit des deutschen Journalismus ist nicht die gepflegte Kampagne, sondern die Verwischung von Grenzen zur Politik, zur Wirtschaft, der gegenseitigen Instrumentalisierung für politische und eigennützige Zwecke. Nicht nur der deutsche Philister findet in der Mitte sein Maß. Man äußert sich nur ungern jenseits dessen, was gerade als Konsenskorridor gilt und bitte, kein Risiko.

Als ein angesehener freier Journalist einem angesehenen TV-Studioleiter eine exklusive Geschichte, die er mit Hilfe von erstklassigen Informanten recherchiert hatte, anbot, wurde er abgewiesen: „Darüber liegt mir keine Meldung vor." Der Einwand, das liege in der Natur der Sache, konnte ihn nicht beeindrucken. Er ruiniere sich doch nicht wegen einer heißen Geschichte seine Karriere, hat der TV-Studioleiter zu dem TV-Journalisten gesagt. Ein freier Autor, der seinem Sender eine rechercheintensive, ernsthafte Geschichte anbieten will, wird sich dreimal überlegen müssen, ob er die Geschichte wirklich durchzieht. Am Ende kommt vielleicht nichts raus, und was ist dann?

Recherche kostet eine Menge Geld und auch viel Zeit, und selbst, wenn das Ergebnis gut ist, ist die Quote nicht garantiert. Aber wenn unsere Demokratie gut funktionieren soll, bedarf sie hartnäckig aufklärender Recherche, die sich allerdings um engagierte Distanz bemühen muss. Unbekanntes ist nicht allein deshalb verurteilenswert, weil es bisher unbekannt war.

Wir leben heute in einer steril aufgeregten Zeit, in einer permanenten Gegenwart, ohne Vergangenheit, ohne Zukunft. Ständig wird eine neue Sau durchs Dorf getrieben, es sind ganze Herden von Schweinen unterwegs, und es werden immer mehr. Aber sind die Journalisten, die die Herden vor sich her treiben, mächtig, und wäre es überhaupt gut, wenn sie Macht hätten?

Wir leben also in einer rastlosen Zeit, und vielleicht ist es auch deshalb heutzutage nicht leicht, Leser, Zuhörer und Zuschauer für komplexe Sachverhalte zu finden. Auf den 37. Mainzer Tagen der Fernsehkritik, die Ende April stattfanden, stellte der Jenaer Medienforscher Georg Ruhrmann eine Langzeituntersuchung aller großen Sender vor.

Das Ergebnis ist nicht ermutigend. Insbesondere in Ostdeutschland, so das Fazit, verzichteten immer mehr jüngere Leute auf die Nachrichten. Diejenigen von ihnen, die Nachrichten schauten, könnten zwischen den öffentlich-rechtlichen und den privat-kommerziellen Nachrichtenangeboten kaum unterscheiden. „Guter Journalismus bedeutet ihnen wenig", sagte der Professor aus Jena. Schlimmer noch: Sie verstehen nicht, was sie gesehen haben oder ignorieren TV-Nachrichten.

Ruhrmann stellte fest, dass der politische Gehalt der Hauptnachrichtensendungen bei den vier großen Sendern ARD, ZDF, RTL und SAT 1 kontinuierlich abnehme, während der „human touch" ständig zunehme. Bei den Privatsendern machen die unpolitischen Themen mittlerweile die Hälfte der Beiträge aus.

Aus Angst vor dem Verlust von Quote gibt es eine Boulevardisierung der Nachrichten, die zudem von den Sendern zunehmend zur Promotion eigener Sendungen genutzt werden. Es gibt Meldungen, die hat man früher nicht für möglich gehalten: Am 24. Februar 2004 meldete die *Tagesschau* unter dem Stichwort „Unfall": „Der Sänger und Medienstar Daniel Küblböck ist bei einem Verkehrsunfall in Niederbayern verletzt worden." Küblböck, Unfall – ist das eine Nachricht für die *Tagesschau*? Gibt es nichts Wichtigeres? Sind die Macher der *Tagesschau* gaga? Worüber reden und streiten wir in diesen Tagen? Wir reden über Kakerlaken-TV, über Ekel-TV. „Ich bin ein Star – holt mich hier raus". Ein skurriler Cocktail aus Gemeinheiten, Zynismus und Infantilitäten bewegte die Nation. Ist das Publikum meschugge, das einem solchen Quatsch zuschaut, und was ist mit den Journalisten? Aber – wir ereifern uns über etwas, das wir dann in allen Details beschreiben. Auch diese Feststellung ist richtig.

Die Verantwortlichen des laufenden Unsinns bemühen gern die Quote als Argument für Unfug. Wenn sie wortgewandt sind, wie der frühere RTL-Chef Helmuth Thoma, begründen sie ihr Programm mit dem Satz, „der Köder muss dem Fisch schmecken, nicht dem Angler." Mit Moral, mit Ethik hat das nichts zu tun.

Es geht nicht mehr um die Beschreibung langfristiger Veränderungen unserer Gesellschaft, nicht um das sorgfältige Beobachten, Verstehen und Erklären von Zusammenhängen. Stattdessen geht es immer um Effekte, um Schnelligkeit. Wir müssen eine Debatte über das Selbstverständnis des Journalismus im Zeitalter der Informationsüberflutung führen. Wer den Medienwandel begreifen will, sollte sich die unzähligen Talkshows und Gerichtssendungen vergegenwärtigen, die tagaus, tagein gesendet werden. Wir haben immer mehr Sendungen, es gibt immer mehr Programme, aber wir dürfen Verfügbarkeit nicht mit Nutzen gleichsetzen.

Ein Journalismus kommt hoch, der die Wirklichkeit nicht abbildet, sondern inszeniert. Es geht nicht um die Beschreibung langfristiger Veränderungen unserer Gesellschaft, nicht um das sorgfältige Beobachten, Verstehen und Erklären von Zusammenhängen. Stattdessen geht es immer mehr um Effekte, um Schnelligkeit. Wir müssen eine Debatte über das Selbstverständnis des Journalismus im Zeitalter der Informationsüberflutung führen. Eine Debatte über den Versuch, der Wahrheit näher zu kommen. Man muss sich etwas trauen, auch Risiken eingehen. „Manchmal muss man etwas angreifen, um es zu retten. Manchmal muss man etwas zerstören, um es zu befreien, manchmal lässt es sich nicht vermeiden, weh zu tun, um zu heilen" hat Eugen Drewermann geschrieben.

Dorothee Sölle, die viele schmerzlich vermissen, hat geschrieben:

Es kommt eine Zeit
Da wird man den Sommer Gottes kommen sehen
Die Waffenhändler machen bankrott
Die Autos füllen die Schrotthalde
Und wir pflanzen jede einen Baum
Es kommt eine Zeit
Da haben wir alle genug zu tun
Und bauen die Gärten chemiefrei wieder auf
In den Arbeitsämtern wirst du
Ältere Leute summen und pfeifen hören
Es kommt eine Zeit, da werden
Wir viel zu lachen haben
Und Gott wenig zum Weinen
Die Engel spielen Klarinette
Und die Frösche quaken die halbe Nacht

Und weil wir nicht wissen, wann sie beginnt, helfen wir jetzt schon allen Engeln und Fröschen beim Lobe Gottes.

Lernen wir von Dorothee Sölle:

Egal, wo Sie politisch stehen, mischen Sie sich ein. Widersprechen Sie den Mächtigen, wenn Widerspruch notwendig ist. Gehen Sie kritisch mit den Medien und den Medienmachern um, aber ignorieren Sie die Medien nicht.

Foto: Archiv Universität Erfurt

Ingo Pies und Henry Meyer zu Schwabedissen*
Ethik und Ökonomik: Ein Widerspruch?

Einleitung

Wie gut oder wie schlecht harmonieren Ethik und Ökonomik, Moral-
wissenschaft und Wirtschaftswissenschaft? Widersprechen sich diese
beiden Wissenschaftsdisziplinen womöglich?

Die Art dieser Fragestellung hat eine lange Tradition. Man denke nur
an den Fall Galilei und die Frage, ob Physik und Theologie im 17.
Jahrhundert zueinander in Widerspruch geraten – und wie man einen
solchen Widerspruch gegebenenfalls auflösen kann. In der Auseinandersetzung mit solchen Problemen haben wir gelernt, genauer zu diffe-
renzieren und uns so ein Verständnis zu erarbeiten, nach dem das phy-
sikalische Weltbild und das biblische Weltbild auf ganz unterschiedli-

---

* Um den Vortragscharakter zu erhalten, wurde das Redetyposkript nur um einige
  Fußnoten und Literaturhinweise ergänzt.

chen Ebenen angesiedelt sind, so dass ein direkter Konflikt eigentlich gar nicht vorkommen kann.

Dieser Beitrag bemüht sich, genau jene Differenzierungen herauszu-arbeiten, die Wirtschaftsethiker zu der Überzeugung gebracht haben, dass Ethik und Ökonomik sich nicht nur nicht widersprechen – dies wäre eine bloße Analogie zur historischen Verhältnisbestimmung zwi-schen Physik und Theologie –, sondern dass Ethik und Ökonomik, recht verstanden, sich sogar wechselseitig ergänzen. Metaphorisch könn-te man von zwei Seiten einer Medaille sprechen. Diese These wollen wir in drei Argumentationsschritten entwickeln. Dabei soll deutlich werden, wie wichtig eine solche Verhältnisbestimmung für die Zukunfts-fragen des 21. Jahrhunderts werden könnte.

Wir beginnen zunächst mit der Frage, nicht ob Ökonomik und Ethik, sondern ob Wirtschaft und Moral in einem Widerspruch zueinander stehen (I). Danach skizzieren wir den ökonomischen Beitrag zur Wirt-schaftsethik (II) und machen deutlich, was umgekehrt die Wirtschafts-ethik der Ethik zu geben vermag (III). Ein illustratives Beispiel (IV) mündet dann in die Schlussthese, die darauf angelegt ist, eine – gerne durchaus auch kontroverse – Diskussion zu eröffnen.

I. Besteht ein Widerspruch zwischen Wirtschaft und Moral?

Es wäre zu undifferenziert, wollte man diese Frage einfach mit „ja" oder „nein" beantworten. Auf der einen Seite steht fest, dass wirtschaft-liche Fortschrittsleistungen eine moralische Qualität entfalten können, weil sie zur materiellen und immateriellen Emanzipation breiter Be-völkerungsschichten beitragen. Auf der anderen Seite hingegen ist nur überdeutlich, dass moralische Anliegen und Wirtschaftsinteressen in einen Konflikt zueinander geraten können. Wir gehen nun beiden Per-spektiven etwas genauer nach und nehmen dann eine Differenzierung vor, die der Wirtschaftsethik ihre Aufgabenstellung zuweist.

(1) Wir beginnen mit der Harmonie-These: Es ist durchaus möglich, die Entwicklung des marktwirtschaftlichen Systems als Erfolgsgeschichte individueller Wahlfreiheit zu beschreiben. Diese Wahlfreiheit besteht sowohl auf der Angebots- als auch auf der Nachfrageseite. Einerseits wird es durch Berufs- und Gewerbefreiheit dem Einzelnen möglich,

sich dort zu betätigen, wo er seine individuellen Stärken am besten entfalten kann. Dem Individuum wird sein Platz in der Gesellschaft nicht durch Geburt und auch nicht administrativ zugewiesen. Stattdessen gehört es zur Eigenverantwortung des Einzelnen, seine Rolle in der gesellschaftlichen Arbeitsteilung selbst zu bestimmen. Dies gilt für Frauen und Männer gleichermaßen: Niemand muss mehr Bauer oder Soldat werden, nur weil er einer Familie von Bauern oder Soldaten entstammt. Und niemand ist durch sein Geschlecht auf eine traditionelle Rollenübernahme festgelegt. Damit verbürgt die Marktwirtschaft ein historisch unbekanntes Ausmaß an Wahlfreiheit für individuelle Lebensentwürfe. Die Devise lautet: Selbstverwirklichung durch Selbstbestimmung. Diese Frei-Setzung und die damit verbundene Allokation der Talente haben sich nicht nur für die einzelnen Individuen, sondern auch für die Gesellschaft als außerordentlich produktiv erwiesen.[1]

Andererseits profitieren die Menschen von der marktwirtschaftlichen Wahlfreiheit nicht nur bei der Entstehung ihres – produktivitätsbedingt hohen – Einkommens, sondern auch bei der Einkommensverwendung. Denn wie kein anderes System fördert die Marktwirtschaft die Souveränität der Konsumenten. Ihnen wird nicht vorgeschrieben, wofür sie ihr Geld auszugeben haben. An die Stelle einer Fremdbestimmung durch rigide Ge- oder Verbote tritt eine eigenverantwortliche Selbstbestimmung, nämlich die Freiheit, sein Einkommen zur bestmöglichen Befriedigung – nicht irgendwelcher, sondern der eigenen! – Bedürfnisse einzusetzen, seien diese nun materieller oder nicht-materieller Art. Man denke nur an die Reisefreiheit, die ein System administrativer Devisenbewirtschaftung selbst beim besten Willen nicht gewähren könnte. Es sind die Kunden, an deren Bedürfnissen die marktwirtschaftliche Produktion von Gütern und Dienstleistungen ausgerichtet ist. Hier lautet die Devise: Der Kunde ist König.

Vor langer Zeit hat Ludwig Erhard das marktwirtschaftliche Programm als „Wohlstand für alle" gekennzeichnet.[2] Und in der Tat beobachten wir nur in Marktwirtschaften, dass breite Bevölkerungsschichten am wirtschaftlichen Wohlstand partizipieren. Oft sind es durchaus

---

1 Das Argument, dass man nicht nur an seiner eigenen Freiheit, sondern vor allem auch an der Freiheit der anderen interessiert sein sollte, weil man von den hierdurch hervorgebrachten Innovationen profitiert, findet sich ausgearbeitet bei von Hayek 1960, 1991, S. 41 f. et passim.
2 Vgl. Erhard 1957.

indirekte Wirkungskanäle, durch die man in den Genuss von System-leistungen kommt, welche nur eine Marktwirtschaft bieten kann. Man denke etwa an den medizinischen Fortschritt, der zur Steigerung der Lebensqualität und Lebenszeit so nachhaltig beigetragen hat, oder an all jene technischen Neuerungen, die unser Alltagsleben erleichtern. Eine Marktwirtschaft setzt auf breiter Front Leistungsanreize für Inno-vation und entfaltet dadurch eine Fortschrittsdynamik.[3] Die kommt freilich nur deshalb zustande, weil Anbieter in der Erwartung investie-ren, für solche Neuerungen die Zahlungsbereitschaft der Nachfrager aktivieren zu können. Insofern profitiert man in einer Marktwirtschaft nicht nur von der eigenen Wahlfreiheit, sondern vor allem auch von der Wahlfreiheit der anderen. Das Prinzip der Wahlfreiheit setzt einen kontinuierlichen Innovationsprozess in Gang, der dem Einzelnen – als Systemleistung – eher indirekt, aber durchaus nachhaltig zugute kommt.

(2) Die Ansicht, dass Wirtschaft im Dienst moralischer Anliegen steht, ist nicht sonderlich populär. In der Öffentlichkeit – und zumal in der deutschen Öffentlichkeit – dominiert eher eine andere Wahrnehmung. Sie konstatiert einen grundlegenden Widerspruch zwischen Wirtschaft und Moral, formuliert also eine Konflikt-These. Eine solche Auffas-sung kann sich auf folgende Überlegungen stützen.

Die hohe Arbeitslosigkeit entzieht vielen Menschen genau jene Le-benschancen, die das marktwirtschaftliche System eigentlich zu offe-rieren verspricht. Offensichtlich gibt es zu viele Entlassungen und zu wenig Einstellungen. Fragt man nach den Ursachen, so stößt man auf das wirtschaftliche Interesse am Unternehmensgewinn: Arbeitgeber, die auf ihre Rentabilität achten, orientieren sich an ihrem eigenen Interes-se und damit offensichtlich gerade nicht primär an den Bedürfnissen der Arbeitslosen, die dringend Arbeit suchen. Das Problem der man-gelhaften Bereitstellung von Lehrstellen, das die Politik derzeit beschäf-tigt, ist übrigens ähnlich gelagert.

Wir wollen zwei weitere Stichworte benennen, die auf Probleme der Marktwirtschaft verweisen: Ellbogenmentalität und Korruption. Wer in der Wirtschaft um jeden Preis zu den Gewinnern gehören will, schreckt im Zweifelsfall auch vor illegalen Aktivitäten nicht zurück, wie zahlreiche Unternehmensskandale in den letzten Jahren gezeigt haben. Und dass der Rechtsstaat Deutschland in Sachen Korruption

---

3 Vgl. von Hayek 1968, 1994.

längst keine Insel der Seligen mehr ist, führen die jährlichen Ratings von Transparency International ebenso wie empirische Untersuchungen der Weltbank vor Augen.[4]

Auf ein anderes Problem der Marktwirtschaft wollen wir nun etwas ausführlicher eingehen: Die Bewahrung der natürlichen Lebensgrundlagen ist ein hohes Gut. Doch wirtschaftliches Wachstum lässt Umweltressourcen knapp werden. In vielen Fällen führt eine Übernutzung sogar zur Erosion jenes Umweltkapitals, das wir zukünftigen Generationen vererben können. Die Überfischung der Meere gehört zu den hierfür einschlägigen Beispielen ebenso wie langfristig wirkende oder gar irreversible Schadstoffbelastungen der Umweltmedien Wasser, Luft und Boden. In der Literatur spricht man im Hinblick auf solche ökologischen Übernutzungsphänomene von einer „Tragik der Allmende".[5] Fragt man nach den Ursachen, so stößt man auf das wirtschaftliche Interesse am Unternehmensgewinn: Unternehmen, die auf ihre Rentabilität achten, gehen nur in dem Maße mit natürlichen Ressourcen schonend um, wie sie dadurch Kosten einsparen, und sie erbringen positive Umweltleistungen nur in dem Maße, wie sie hiermit Umsätze erwirtschaften können. Insofern steht das wirtschaftliche Interesse dem moralischen Anliegen ökologischer Rücksichtnahme vielfach entgegen.

(3) Die Liste dieser Beispiele ließe sich leicht verlängern. Sie zeigen, dass das, was an sich moralisch wünschenswert wäre, nicht immer realisiert wird, weil einer solchen Realisierung wirtschaftliche Interessen im Wege stehen. Umgekehrt sind aber auch die Argumente nicht leicht von der Hand zu weisen, die aufzeigen, dass man Marktwirtschaft als eine genuin soziale Veranstaltung begreifen kann, weil sie darauf abstellt, eigeninteressiertes Verhalten für die Befriedigung gesellschaftlicher Bedürfnisse in Dienst zu nehmen. Insofern ist die Ausgangsfrage falsch gestellt. Sie suggeriert eine klare Alternative, die so nicht besteht, weil es in der Realität Beispiele und Argumente gibt, die im einen Fall für eine Harmonie, im anderen Fall für einen Konflikt zwischen Wirtschaft und Moral sprechen.[6]

---

4 Vgl. Transparency International 2004, S. 282-287. Eine weitere, viel beachtete Erhebung zum Korruptionsphänomen wurde von den Weltbankmitarbeitern Kaufmann, Kraay und Mastruzzi 2002 vorgenommen.

5 Vgl. Hardin 1968.

6 Vgl. hierzu die luziden Ausführungen bei Eucken 1952, 1990, S. 354 f. et passim.

Angesichts dieses Befundes ist es aufschlussreicher, sich einer differenzierteren Problemstellung zuzuwenden: Wenn sowohl Harmonie als auch Konflikt möglich sind, wird es interessant, der Frage nachzugehen, ob – und wenn ja, wie – sich Konfliktfälle harmonisch auflösen lassen. Wie können wir den Widerspruch zwischen Wirtschaft und Moral überwinden? Wie können wir den Konfliktfall in einen Harmoniefall transformieren? Genau dies ist die Grundfrage der Wirtschaftsethik: Wie können moralische Normen und Ideale – nicht gegen, sondern – durch die Bedingungen der modernen Marktwirtschaft zur Geltung gebracht werden?[7]

II. Der ökonomische Beitrag zur Wirtschaftsethik

Es gehört zu den besonderen Erkenntnisinteressen der Wirtschaftsethik, inwiefern moralische Anliegen nicht durch eine Außerkraftsetzung, sondern gerade umgekehrt durch eine Inkraftsetzung marktwirtschaftlicher Funktionsmechanismen einer Verwirklichung näher gebracht werden können. Bei dieser Fragestellung kann die ökonomische Wissenschaftsdisziplin helfen. Denn sie hat eine methodische Denkfigur ausgebildet, mit der sowohl der Konflikt- als auch der Harmoniefall für ein systematisches Verständnis erschlossen werden können.

(1) Beginnen wir mit dem Konfliktfall: Die ökonomische Perspektive fokussiert auf die nicht intendierten Wirkungen intentionalen Handelns. Damit rückt sie die Möglichkeit in den Mittelpunkt ihrer Betrachtung, dass schlechte Ergebnisse nicht auf schlechte Absichten der handelnden Akteure zurückgeführt werden müssen. Vielmehr können schlechte Ergebnisse auch durchaus unbeabsichtigt zustande kommen. Beispiel Ökologie: Aus ökonomischer Sicht muss man nicht unterstellen, dass Unternehmen bewusst das Ziel verfolgen, die Umwelt zu schädigen. Zur Erklärung eines solchen Ergebnisses reicht es aus, den Unternehmen ein Interesse an ihrem wirtschaftlichen Erfolg zu unterstellen und sodann nachzuweisen, dass – nicht generell, wohl aber – unter bestimmten Rahmenbedingungen umweltschonendes Verhalten zu gravierenden Wettbewerbsnachteilen führt, z.B. deshalb, weil Konkurren-

---

7 Vgl. dazu grundlegend Homann und Blome-Drees 1992. Zum Ansatz der Wirtschaftsethik vgl. ferner Homann und Pies 2000, Homann 2002 sowie Suchanek 2001.

ten sich einen Vorteil sichern können, indem sie sich die Kosten für freiwillige Umweltschutzmaßnahmen sparen. Unter solchen Wettbewerbsbedingungen hat jeder Konkurrent einen Anreiz, sich genau so zu verhalten, wie er es von den anderen befürchtet. Das Ergebnis ist ein soziales Dilemma: eine Situation, in der die rationale Verfolgung des eigenen Vorteils in eine kollektive Selbstschädigung mündet.[8] Konfliktfälle zwischen Wirtschaft und Moral lassen sich auf diese Weise damit erklären, dass individuelles Fehlverhalten durch institutionelle Fehlanreize ausgelöst wird, mit der – unbeabsichtigt eintretenden – Folge, dass es zu einer wechselseitigen Schlechterstellung kommt. Eine besondere Pointe dieser ökonomischen Erklärung besteht darin, dass man sich dieser wechselseitigen Schlechterstellung nicht einmal dann einfach entziehen kann, wenn man selbst die Einschätzung teilt, dieses Ergebnis individuellen Vorteilsstrebens als moralisch bedenklich einzustufen. Es sind die befürchteten Wettbewerbsnachteile, die jeden einzelnen Konkurrenten in dieser Art von Rationalfalle gefangen halten.

(2) Eine weitere Pointe der ökonomischen Erklärung besteht darin, dass sie auch den Harmoniefall mit dem gleichen Denkmuster erschließen kann. Dass moralische Anliegen durch Wirtschaft vorangebracht werden können, muss nicht damit erklärt werden, dass man wirtschaftlichen Akteuren wohlwollende Absichten unterstellt. Bereits Adam Smith hat darauf aufmerksam gemacht, dass der Wohl-Stand der Nationen nicht auf ein besonderes Wohl-Wollen der Unternehmer angewiesen ist, sondern als nicht intendiertes Resultat intentionalen Handelns unter bestimmten Anreizbedingungen erklärt werden kann.[9] Einem Unternehmer, dem an nichts anderem liegt als an seinem eigenen nachhaltigen wirtschaftlichen Erfolg, kann durch Marktwirtschaft ein wettbewerblicher Leistungsanreiz vermittelt werden, durch den er sich anstrengt, die Bedürfnisse anderer Menschen bestmöglich zu befriedigen. Für die wirtschaftliche Dynamik zugunsten der Konsumenten sind zwei Momente ausschlaggebend: Erstens sorgt die Aussicht, durch eine erfolgreiche Produkt- oder Verfahrensinnovation einen Wettbewerbsvorteil zu erzielen, für soziale Experimente mit Neuerungen. Und zweitens sorgt die Befürchtung, in Wettbewerbsnachteil zu geraten, für eine

---

8 Vgl. hierzu ausführlich Homann und Suchanek 2000, S. 26-47.
9 Vgl. Smith 1776, 1978, S. 17.

zügige Imitation erfolgreicher Neuerungen und damit für eine gesellschaftliche Verbreitung technischen Fortschritts. Am Beispiel der Auto-Industrie kann man – angefangen vom Sicherheitsgurt über ABS und Airbag bis zur Klimaanlage – anschaulich nachvollziehen, wie die wirtschaftliche Dynamik von Innovation und Imitation die Sicherheitsstandards und den Komfort selbst in den unteren Preisklassen angehoben hat, so dass sehr schnell auch breite Bevölkerungsschichten in den Genuss von Leistungen kommen, die zunächst nur dem Luxussegment vorbehalten waren. Und all dies funktioniert, obwohl es den Unternehmen viel lieber gewesen wäre, ihr Geld mit weniger Leistung zu verdienen. Allein der Überbietungswettbewerb des international hart umkämpften Automarktes hat hier für Konsumentensouveränität gesorgt, nicht ein genuines Wohlwollen der Automanager gegenüber ihren Kunden.[10]

Wir fassen zusammen: Die Ökonomik verfügt im Prinzip über zwei Argumentationsfiguren, über die „unsichtbare Hand" von Adam Smith und über die „unsichtbare Faust" von Thomas Malthus.[11] Mit dem Theorem der unsichtbaren Hand erklären Ökonomen eine gesellschaftliche Aufwärtsspirale, in der das individuelle Vorteilsstreben anderen Gesellschaftsmitgliedern zugute kommt. Mit dem Theorem der unsichtbaren Faust erklären Ökonomen eine gesellschaftliche Abwärtsspirale, in der das individuelle Vorteilsstreben anderen Gesellschaftsmitgliedern schadet. In beiden Fällen jedoch werden gesellschaftliche Ergebnisse als nicht-intendiertes Resultat intentionalen Handelns erklärt. Das bedeutet im Klartext: Handlungsfolgen hängen nicht nur von den Gesinnungen, sondern auch von den Bedingungen ab. Es kommt nicht unbedingt auf die Handlungsabsichten an. In systemischen Zusammenhängen können auch Handlungsanreize das Ergebnis bestimmen, so dass kein einzelner für dieses Ergebnis individuell verantwortlich (zu machen) ist.

(3) Mit Hilfe dieser ökonomischen Erklärungen zieht die Wirtschaftsethik eine wichtige Schlussfolgerung: Die moraltheoretisch relevante Leitdifferenz lautet nicht, wie stark oder schwach das Eigeninteresse

---

10 Im Hinblick auf das Phänomen, dass jedes Unternehmen, ob groß oder klein, durch Konkurrenz gezwungen wird, dem Kundeninteresse zu dienen, hat Franz Böhm 1961, S. 22 den Wettbewerb als „genialstes Entmachtungsinstrument der Weltgeschichte" bezeichnet.

11 Vgl. Malthus 1798, 1982.

ausgeprägt ist, sondern ob die Verfolgung des eigenen Interesses zu Gunsten oder zu Lasten anderer erfolgt! Ob Wirtschaft und Moral zueinander in Widerspruch geraten, liegt offensichtlich nicht am Eigeninteresse wirtschaftlicher Akteure per se, sondern an den Anreizen, mit denen sie konfrontiert sind. Folglich muss man an diesen Anreizen ansetzen, wenn man Konfliktfälle auflösen will. Auf eine Formel gebracht, heißt das: *Unter Wettbewerbsbedingungen avanciert die institutionelle Rahmenordnung zum systematischen Ort der Moral.* Denn von ihr hängt es ab, wie die nicht intendierten Folgen intentionalen Handelns kanalisiert werden. Konfliktfälle lassen sich demnach nicht durch moralische Appelle und Schuldzuweisungen, sondern durch institutionelle Reformen auflösen, etwa indem man Umweltressourcen mit Preisen versieht, so dass umweltfreundliches Verhalten Kosten spart und Umsätze erwirtschaftet. Man muss also gewissermaßen dafür sorgen, dass sich moralisches Verhalten wirtschaftlich rechnet. Sonst hat es in Konkurrenzsituationen keine Aussicht auf Bestand. Moral erodiert, wenn sie mit gravierenden Nachteilen für den Einzelnen verbunden ist. Im Übrigen widerspräche es der Würde des Menschen, von ihm zu verlangen, dauerhaft und gravierend gegen seine eigenen Interessen verstoßen zu sollen.[12]

III. Wirtschaftsethik als Ethik

Das Wort Ethik leitet sich von dem griechischen Wort „ethos" ab, das traditionell dreierlei bedeutet. Erstens bezeichnet es den Wohnort, zweitens die an diesem Wohnort üblichen Sitten und Gebräuche sowie schließlich drittens die individuellen Charaktereigenschaften, die an diesem Ort angesichts der geltenden Regeln üblich sind.[13]

---

12 Bereits Eucken 1952, 199, S. 268 vertritt die These, „dass das Problem der Spannung zwischen Einzelinteresse und Gesamtinteresse durch sittliche Erziehung erleichtert, aber nicht gelöst werden kann. … Von den Menschen darf nicht gefordert werden, was allein die Wirtschaftsordnung leisten kann: ein harmonisches Verhältnis zwischen Einzelinteresse und Gesamtinteresse herzustellen." Im Übrigen ist auch hier der alte moraltheoretische Leitsatz: „Ultra posse nemo obligatur" anzuwenden, nach dem Sollen ein Können voraussetzt, so dass gerade aus moralischer – oder ethisch reflektierter – Sicht niemand verpflichtet sein kann, etwas zu bewirken, was jenseits seiner Möglichkeiten liegt.

13 Vgl. Rohls 1991, 1999, S. 1.

(1) Die antike Ethik des Aristoteles konzentriert sich auf die dritte Bedeutungsebene. Hier geht es um Charakterbildung. Die moderne Wirtschaftsethik in der Nachfolge von Adam Smith hingegen wählt eine andere Ebene. Sie setzt an bei den Sitten und Gebräuchen, in moderner Sprache formuliert: bei den formalen und informalen Institutionen.

Wichtig ist: Beide Ansätze sind auf unterschiedlichen Ebenen angesiedelt. Sie haben unterschiedliche Fragestellungen und verwenden unterschiedliche Theoriestrategien, um Antworten zu finden. Insofern widersprechen sich die beiden Ansätze nicht notwendig. Möglicherweise ergänzen sie sich sogar. Wir wollen uns das nun etwas genauer anschauen.

Der antike, auf die dritte Bedeutungsebene des Wortes „ethos" zielende Ansatz lässt sich mit drei Begriffen als Glückseligkeitethik, Tugendethik und Gemeinschaftsethik kennzeichnen: Die aristotelische Ethik formuliert eine Antwort auf die Frage, wie der einzelne Bürger unter den Bedingungen einer griechischen Polis glücklich werden könne. Glückseligkeit dient zur Beschreibung der individuellen Zielsetzung. Zur Verwirklichung dieser Zielsetzung empfiehlt Aristoteles dem einzelnen Bürger den Erwerb von Tugenden, d.h. die Ausbildung tugendhafter Charaktereigenschaften durch Gewohnheitsbildung. Unter den Bedingungen der antiken Bürgergemeinschaft trägt tugendhaftes Verhalten zur Glückseligkeit bei – so lautet das aristotelische Klugheitsargument zugunsten von Moral –, weil in der funktionierenden Polis ein System sozialer Kontrolle herrscht, das tugendhaftes Verhalten gratifiziert und so für den einzelnen rational werden lässt. Nach Aristoteles findet der Einzelne sein Glück in der Gemeinschaft tugendhafter Bürger. [14]

(2) Im Ansatz der aristotelischen Ethik gehörten die Begründung von Moral und ihre praktische Implementierung in der gesellschaftlichen Realität eng zusammen. Zeitgenössische Ansätze hingegen haben da ihre Schwierigkeiten. Im Unterschied zur vormodernen Gemeinschaft kann in der modernen Gesellschaft nicht mehr wie selbstverständlich davon ausgegangen werden kann, dass sich Moral lohnt. Zahlreiche Ansätze ziehen daraus die Konsequenz, die Implementierungsfrage zu vernachlässigen und sich stattdessen vor allem auf die Begründungsfrage zu konzentrieren. Gemessen an der Tradition, wird Ethik durch eine solche Theoriestrategie geradezu halbiert und so ihrer ursprünglichen

---

14 Vgl. Aristoteles o.J., 1991.

Leistungsfähigkeit beraubt. Versierte Theoretiker der modernen Gesellschaft wie Niklas Luhmann[15] stellen daher der zeitgenössischen Ethik das Zeugnis aus, sie habe ihr Paradigma verloren: Begründungs- oder gar Letztbegründungsethiken, bei denen das praktische Umsetzungsproblem, wie Moral konkret verwirklicht werden kann, nur als blinder Fleck vorkommt, argumentieren im Modus abstrakten Sollens und tendieren so zur Appellitis. Insofern ist es durchaus nicht unangemessen, von einer Krise der Ethik zu sprechen.

(3) Vor diesem Hintergrund lässt sich der Beitrag der Wirtschaftsethik zur Überwindung dieser Grundlagenkrise mit drei Begriffen kennzeichnen, nämlich als *Interessenethik,* Anreizethik und Ordnungsethik: Der Begriff Interessenethik trägt dem Faktum des Pluralismus[16] Rechnung und qualifiziert nicht die Verfolgung des eigenen Vorteils per se, sondern allenfalls die sozialschädlichen Auswirkungen individuellen Vorteilsstrebens als moralisch bedenklich.[17] Zugleich verweist er darauf, dass es in der Situation eines sozialen Dilemmas ein gemeinsames Interesse aller Akteure gibt, aus der Rationalfalle befreit zu werden. Das Mittel zur Verwirklichung dieses gemeinsamen Interesses ist eine Reform der institutionellen *Anreize,* durch die ein sozial erwünschtes Verhalten zumindest wettbewerbsneutral gestellt werden kann. Hierbei wird in Rechnung gestellt, dass nicht nur interne Anreize (die innere Stimme des Gewissens), sondern auch externe, äußere Anreize (soziale Sanktionen) moralisches Verhalten als individuell rational erscheinen lassen können. Der Begriff *Ordnungsethik* macht deutlich, dass hier nicht die dritte, sondern die zweite Bedeutungsebene des Wortes „ethos" im Vordergrund steht. Nicht Tugend- und Charakterbildung im Sinne des Aufbaus von Humankapital stehen im Zentrum der wirtschaftsethischen Aufmerksamkeit, sondern die institutionellen Rahmenbedingungen im Sinne eines gesellschaftlichen Sozialkapitals, weil sie letztlich die Anreize bestimmen, an denen die wirtschaftlichen Akteure ihr Wettbewerbsverhalten orientieren.

---

15 Vgl. Luhmann 1990.

16 Vgl. Rawls 1992.

17 Über die moralische Intention einer auf wechselseitige Besserstellung zielenden Reziprozität, die das eigene Wohlergehen konstitutiv mit einschließt, liest man bei Nicolas de Chamfort (*1741, †1794) – zitiert nach Schultz 1997, S. 35: „Lass es dir und anderen gut gehen, ohne dir und anderen weh zu tun: das ist, glaube ich, die ganze Moral."

Im Einklang mit dem antiken Ansatz aristotelischer Ethik, aber auch im Einklang mit anderen großen Entwürfen der abendländischen Ethiktradition wird hier nicht länger so getan, als ließen sich Fragen der Moralbegründung und Moralimplementierung separieren. Beide Fragen gehören konstitutiv zusammen. Mehr noch: Hier wird die Begründung der Moral von ihrer Implementierbarkeit her gedacht.

Neben der Re-Aktualisierung ethischer Traditionsbestände weist diese wirtschaftsethische Theoriestrategie zwei Vorteile auf, die für die Zukunftsfragen des 21. Jahrhunderts von großer Bedeutung werden könnten: Erstens lässt sich nur dann, wenn man die Moralreflexion auf die Basis einer Interessenargumentation stellt, eine Organisationsethik, eine Ethik korporativer Akteure entwickeln, eine echte Unternehmensethik.[18] Zweitens ist im Zeitalter der Globalisierung eine Ethik für die Weltgesellschaft erforderlich, und die kann nicht ohne weiteres aus einem gemeinschaftsethischen, wohl aber aus einem ordnungsethischen Kategoriensystem entwickelt werden.[19]

IV. Zur Illustration

Die Entwicklungsziele der Vereinten Nationen formulieren moralische Anliegen für die Weltgesellschaft. Hierzu gehören die Bekämpfung extremer Armut, ein verbesserter Zugang zu Bildungs- und Gesundheitsleistungen, insbesondere für Mädchen und Frauen, sowie die Sicherstellung sauberen Trinkwassers.[20] Diese Ziele werden sich nicht allein durch Mildtätigkeit verwirklichen lassen. Sie können nur dann erreicht werden, wenn es gelingt, Marktwirtschaft als die effizientere Form der Caritas in Stellung zu bringen.[21] Hierbei sind folgende Punkte zu beachten:

- Extreme Armut ist kein Kollateralschaden der Globalisierung, sondern ein Indiz für mangelnde Globalisierung: für eine unzureichende Inte-

---

18 Vgl. Pies 2001.
19 Vgl. Pies 2003.
20 Diese Entwicklungsziele werden in ihrer prominentesten Form in den Millennium Development Goals der Vereinten Nationen 2004 formuliert.
21 Vgl. hierzu die Interpretation bei Priddat 1990, der den ökonomischen Ansatz bei Adam Smith als „vollständige Inversion der Caritas-Ökonomie" beschreibt (S. 18) und den Grundgedanken dieses Ansatzes wie folgt beschreibt (S. 17): „Die Aufhebung der Armut ist jetzt … ein Investitionsproblem geworden."

gration in die weltwirtschaftliche Arbeitsteilung. Extreme Armut tritt in solchen Ländern auf, an denen die Globalisierung bislang vorbeigegangen ist.

- Extreme Armut kann nur dann auf breiter Front bekämpft werden, wenn man den Armen Optionen eröffnet, sich selbst aus ihrer Armut herauszuarbeiten. Dies erfordert eine Integration in das marktwirtschaftliche System von Leistung und Gegenleistung. Hier gilt: *Inklusion ist praktizierte Solidarität.*

- Damit Globalisierung als Option für die Armen auch wirklich wirksam werden kann, sind veränderte Spielregeln nötig. Die reichen Staaten müssen ihren Protektionismus insbesondere im Agrar- und Textilbereich abbauen, um den Menschen in armen Ländern einen fairen Marktzugang zu eröffnen.

- Das entscheidende Argument hierfür lautet: Wie lange wollen wir, die Reichen, es uns noch leisten, auf die Kooperationsgewinne zu verzichten, die mit einer wirtschaftlichen Integration aller 6 Milliarden Menschen in das System marktlich koordinierter Arbeitsteilung verbunden wären?

- Neue Spielregeln im Weltmaßstab werden nur dann zustande kommen, wenn viele Akteure konstruktiv zusammenarbeiten. Auch hier sind die Entwicklungsziele der Vereinten Nationen innovativ. Sie regen explizit an, neue Formen partnerschaftlicher Politikkooperation auszuprobieren. Damit weisen sie nicht nur Staaten, sondern auch Organisationen der Zivilgesellschaft und insbesondere Unternehmen die Aufgabe zu, Ordnungsverantwortung mit zu übernehmen.

- Immer mehr Unternehmen stellen sich dieser Herausforderung. Sie verändern ihr Selbstverständnis und begreifen sich nicht nur als wirtschaftliche Akteure, sondern als Bürger in einem durchaus aristotelischen Verständnis: als „corporate citizens". Sie prägen als Organisationen einen Charakter aus und ergreifen Maßnahmen zur Ausbildung von Integrität, weil sie einsehen, dass dies in ihrem wohlverstandenen Interesse an nachhaltigem wirtschaftlichen Erfolg liegt.[22]

---

22 Carl Friedrich von Siemens – zitiert nach Wever 1982, S. 71 – sah die größte Leistung eines Managers darin, „in seinen Mitarbeitern einen gemeinsamen Geist zu erziehen, so dass außerhalb Stehende dem juristischen Gebilde Charaktereigenschaften zusprechen".

<u>Fazit</u>: Wirtschaftsethik versucht, solche Prozesse weltgesellschaftlicher Selbstorganisation wissenschaftlich zu begleiten. Hierbei gibt sie nicht fertige Antworten vor. Vielmehr hilft sie, im Theorie-Praxis-Dialog die richtigen Fragen zu stellen. Dies geht freilich nur auf der Basis einer interdisziplinären Verständigung. Das hierbei zugrunde liegende Motto lautet: Ökonomik ohne Ethik ist leer. Ethik ohne Ökonomik ist blind. Nur indem man die theoretische Begründung von Moral und ihre praktische Implementierung zusammen denkt, gelangt man aus der Krise der Ethik zu einer Ethik für die Krise.

Literatur

Aristoteles (o.J., 1991): Nikomachische Ethik, München.

Böhm, Franz (1961): Demokratie und ökonomische Macht, in: Institut für ausländisches und internationales Wirtschaftsrecht (Hrsg.): Kartelle und Monopole im modernen Recht, 2 Bde., Karlsruhe, Bd. I, S. 3–24.

Erhard, Ludwig (1957): Wohlstand für alle, Düsseldorf.

Eucken, Walter (1952, 1990): Grundsätze der Wirtschaftspolitik, hrsg. von Edith Eukken und K. Paul Hensel, 6. Aufl., Tübingen.

Hardin, Garrett (1968): The Tragedy of the Commons, in: Science 162, S. 1243-1248.

Hayek, Friedrich August von (1968, 1994): Der Wettbewerb als Entdeckungsverfahren, in: ders.: Freiburger Studien. Gesammelte Aufsätze, 2. Aufl. Tübingen, S. 249-265.

- ders. (1960, 1991): Die Verfassung der Freiheit, 3. Auflage, Tübingen.

Homann, Karl (2002): Vorteile und Anreize. Zur Grundlegung einer Ethik der Zukunft, hrsg. von Christoph Lütge, Tübingen.

ders. und Franz Blome-Drees (1992): Wirtschafts- und Unternehmensethik, Göttingen.

- ders. und Ingo Pies (2000): Wirtschaftsethik und Ordnungspolitik – Die Rolle wissenschaftlicher Aufklärung, in: Helmut Leipold und Ingo Pies (Hrsg.): Ordnungstheorie und Ordnungspolitik – Konzeptionen und Entwicklungsperspektiven, Stuttgart, S. 329-346.

- ders. und Andreas Suchanek (2000): Ökonomik – Eine Einführung, Tübingen.

Kaufmann, Daniel, Aart Kraay und Pablo Zoido (2002): Governance Matters II: Updated Indicators for 2000/01, World Bank Policy Research Working Paper No. 2772.

Luhmann, Niklas (1990): Paradigm lost: Über die ethische Reflexion der Moral, Frankfurt a. M.

Malthus, Thomas R. (1798, 1982): Bevölkerungsgesetz, München.

Pies, Ingo (2001): Können Unternehmen Verantwortung tragen? – Ein ökonomisches Gesprächsangebot an die philosophische Ethik, in: Josef Wieland (Hrsg.): Die moralische Verantwortung kollektiver Akteure, Heidelberg, S. 171-199.

- ders. (2003): Welt-Gesellschafts-Vertrag: Auf dem Weg zu einer ökonomisch fundierten Ethik der Globalisierung, Diskussionspapier No.03/1, Forschungsinstitut des Wittenberg-Zentrums für Globale Ethik, in Zusammenarbeit mit dem Lehrstuhl für Wirtschaftsethik an der Martin-Luther-Universität Halle-Wittenberg und der Sektion Wirtschaftswissenschaften der Stiftung Leucorea, Wittenberg.

- ders. (2000): Ordnungspolitik in der Demokratie, Tübingen.

Priddat, Birger P. (1990): Arm und reich: zur Transformation der vorklassischen in die klassische Ökonomie; zum 200. Todesjahr Adam Smiths, St. Gallen, Beiträge des IWE 39.

Rohls, Jan (1991, 1999): Die Geschichte der Ethik, 2. Aufl. Tübingen.

Rawls, John (1992): Die Idee des politischen Liberalismus, hrsg. von Wilfried Hinsch, Frankfurt a. M.

Schultz, Joachim (1997): Der Mensch in der Gesellschaft. Aphorismen und Maximen aus Frankreich, England, Italien. 16.-18. Jahrhundert, Bamberg.

Smith, Adam (1776/1978): Der Wohlstand der Nationen. Eine Untersuchung seiner Natur und seiner Ursachen, übersetzt und mit einer umfassenden Würdigung des Gesamtwerkes von Horst Claus Recktenwald, 3. Aufl., München.

Suchanek, Andreas (2001): Ökonomische Ethik, Stuttgart.

Transparency International (2004): Global Corruption Report, London.

Vereinte Nationen (2004) Millennium Development Goals, im Internet: http://www.un.org/millenniumgoals/, 02.06.2004.

Wever, Ulrich A. (1989, 1992): Unternehmenskultur in der Praxis: Erfahrungen eines Insiders bei 2 Spitzenunternehmen, 3. Aufl., Frankfurt/Main.

Wagner, Kappes, Blecken

Foto: Richter (TLZ)

Wolf Wagner

Wie handeln, wenn man sich nicht sicher ist?

Mit Beiträgen von Kim Kappes und Frank Blecken

1. Der Zusammenhang zu den bisherigen Vorträgen

Ethik sei die wissenschaftliche Reflektion, wie Moral begründet werden kann. So hat Professor Römelt in seiner Einleitung zu dieser Ringvorlesung Ethik definiert. Er sagte auch: Moral habe viel mit Gefühl zu tun, zum Beispiel mit Empörung über unmoralisches Handeln und Befriedigung über richtiges Handeln. Moralische Entscheidungen fallen häufig spontan aus dem Gefühl. Denn Moral wird meist in der Kindheit gelernt und dann als selbstverständliches „das tut man so" verinnerlicht.

Im Unterschied dazu ist Ethik die wissenschaftliche Anstrengung, Moral kritisch zu überprüfen. Nehmen Sie zum Beispiel die Goldene Regel: „Was du nicht willst, dass man dir tu', das füge keinem Andern zu!" Dieser Satz ist für die meisten Menschen eine emotionale Selbstverständlichkeit. Die wissenschaftliche Reflektion zeigt jedoch, dass die Goldene Regel voller Probleme steckt. Sie kann als gegenseitige Schonung nach dem Motto dienen „Eine Krähe hackt einer anderen Krähe kein Auge aus". Ohne anderen direkten Schaden zuzufügen, bleibt man doch unter seinem Optimum, arbeitet gemütlich vor sich hin, kommt sich sehr moralisch vor und hat dennoch ein Handeln gewählt, das ethisch nicht einwandfrei ist, wenn zum Beispiel die ethische Maxime utilitaristisch ist und den größten Nutzen für die größte Zahl fordert. Genauer betrachtet genügt die Goldene Regel zur Begründung richtigen Handelns nicht. Die wissenschaftliche Reflexion über die Begründung richtigen Handelns tut demnach durchaus Not.

Ingo Pies hat in seiner Vorlesung zur Ethik und Ökonomie darauf hingewiesen, dass Ethik nicht allein die Begründung, sondern auch die Umsetzung von Regeln richtigen Handelns in die Praxis bedeutet. In Übereinstimmung mit dieser einleuchtenden Anforderung, denn was soll eine schöne theoretische Begründung für Handeln, wenn sie nicht praktisch wird – und weil es dem besonderen Profil der Fachhochschule entspricht –, wird das heutige Thema nicht nur von mir theoretisch erörtert. Professor Frank Blecken und Dipl.-Restaurator(FH) Kim Kappes werden an zwei Beispiele vorführen, wie die Frage „Wie handeln, wenn man sich nicht sicher ist?" in der Praxis behandelt wird.

Das Thema dieser Woche wurde in der Thüringer Landeszeitung (TLZ) angekündigt als „Handeln unter Druck"! Das ist eine gute Verkürzung, denn unter Handlungsdruck, wenn man unbedingt und schnell entscheiden muss, etwa in der Medizin, wenn es um Leben und Tod geht, wird der Zweifel, ob man für eine richtige Entscheidung auch die richtigen Informationen hat, zum Alptraum. Das hat Herbert Meyer in seiner Vorlesung „Ethik in der Medizin" eindrucksvoll gezeigt. Wenn man sich nicht absolut sicher sein kann über zum Beispiel eine Krebsdiagnose und auch die Erfolgsprognose einer Operation nicht sicher ist, befindet man sich tief drin in der Ethik der Unsicherheit. Sie ist in allen bisherigen Vorlesungen zur Ethik unter der Oberfläche bereits mitgedacht worden. Zum Beispiel in den Beiträgen von Römelt und Joas, die von der Ethik unter den Bedingungen des Pluralismus handelten. Und in den Beiträgen von Mack und Lutz, die demokratische Selbstbestimmung als Grundregel ethischen Handelns in einer globalisierten Wirtschaft und Politik postulierten. Unter Bedingungen des Pluralismus und der Selbstbestimmung gibt es keine allgemeingültigen Handlungsmaximen. Pluralismus besteht gerade in der Pluralität der Sichtweisen und Wertungen. Selbstbestimmung der Menschen in ihrer Vielfalt begründet den Pluralismus. Bei solcher Vielfalt der Sichtweisen, Reaktionsweisen und Handlungsmaximen sind die Folgen des Handelns zunehmend schwerer vorherzusehen. Unsicherheit über die wahrscheinlichen Folgen eigenen Handelns und auch Unsicherheit über die Voraussetzungen eigenen Handelns ist beinahe überall vorhanden und nimmt mit der wachsenden Komplexität und Vernetztheit der Welt ständig zu.

2. Die Bedeutung der Fragestellung

Welche Folgerungen ergeben sich aus diesen Erkenntnissen für die Begründung richtigen Handelns? Diese Frage ist von großer praktischer Bedeutung in beinahe allen Bereichen des Lebens. Überall muss man auf der Basis unvollständiger Informationen und Annahmen über die Wirklichkeit Entscheidungen treffen, und überall sind die Faktoren, die Zukunft beeinflussen, so vielfältig, dass man sich nie vollständig sicher sein kann, ob das eigene Handeln tatsächlich die Folgen haben wird, die man sich als Ziel gesetzt hat.

Professor Herbert Meyer hat in seiner Vorlesung zur „Ethik in der Medizin" einige eindrucksvolle Beispiele für ethische Dilemmata in der Medizin geschildert, die dann entstehen, wenn der Arzt oder die Ärztin sich nicht sicher sein kann. Bei der pränatalen Diagnostik etwa kann man auf eine Behinderung des späteren Kindes meist nur mit einer gewissen Wahrscheinlichkeit schließen. Darf man aufgrund solcher unvollständiger Informationen den Fötus dennoch töten? Beim Mitteilen einer Krebs-Diagnose weiß der Arzt weder sicher, wie die Krankheit verlaufen wird, noch wie der Patient reagieren wird. Darf oder muss er auch die schlimmste Variante mitteilen? Was ist, wenn der Patient sich etwas antut in seiner Verzweiflung? Was ist, wenn sich der Arzt geirrt hat und die Krankheit ganz anders verläuft? Wie kann man in solchen Situationen der Ungewissheit richtiges Handeln begründen? Können wir uns überhaupt unseres medizinischen oder sonstigen wissenschaftlich gewonnen Wissens, das die wichtigste Grundlage unseres Handelns geworden ist, sicher sein?

3. Ethik und Erkenntnistheorie

Die Geschichte der Wissenschaften zeigt, dass in nahezu allen Gebieten das Wissen früherer Zeiten unvollständiger, eingeschränkter und zur Lösung heutiger Probleme ungeeignet war. Zugespitzt formuliert, ist der Irrtum Normalität. Der Erkenntnisfortschritt, den wir in allen Wissenschaften mit großer Befriedigung zu vermelden haben, bedeutet auch, dass mit jedem Fortschritt sich vorherige Erkenntnis als unvollständig erwiesen hat. Dennoch hat man die jeweils gültige Erkenntnis mit großer Sicherheit und Gewissheit für die Wahrheit gehalten. Denken Sie nur an die Geschichte der Kosmologie: Die Erde als Scheibe zwischen Himmel und Hölle, das ptolemäische Schalenmodell, die kopernikanische Wende, die Entdeckung der Galaxien, die Urknall-Theorie, das Einsteinsche Raumzeitkontinuum. Immer wieder haben neue Wahrheiten die vorangegangenen abgelöst und in einen weiteren Horizont gestellt. Es sind immer neue Modelle entstanden. Es steht demnach zu erwarten, dass sich dieser Prozess der Ablösung einer Wahrheit durch die nächste auch in der Zukunft fortsetzen wird. Daraus hat eine Richtung der Erkenntnistheorie, die sich selbst radikaler Konstruktivismus nennt, die Folgerung gezogen, dass alle unsere Erkenntnisse Modellkonstruktionen sind. Modelle – etwa Landkarten – wählen aus der wahrgenommen Wirklichkeit Aspekte aus – etwa bei einer Straßenkarte das Netzwerk der Straßen und Autobahnen – und bilden sie so ab, dass man im Modell Handlungen ersatzweise vornehmen kann. Bei Modellen ist das Kriterium, ob sie etwas taugen oder nicht, dass die Handlungen in der Wirklichkeit zum gleichen Ergebnis führen wie die Probehandlungen im Modell. Die Straßenkarte muss dazu taugen, tatsächlich an den Ort zu gelangen, den man mit Hilfe der Karte angesteuert hat. Auch unsere Wahrnehmungen sind solche Modelle, die einige Aspekte der Wirklichkeit besonders hervorheben, die sich in der Entwicklungsgeschichte der Gattung Mensch als überlebenswichtig erwiesen haben (z.B. schnelle Bewegungen) und andere ausblenden (z.B. Ultraschall). Letztendlich können wir nicht wissen, ob unsere Modelle tatsächlich die Wirklichkeit abbilden, ob sie also wahr sind. Wir können nur ihre Tauglichkeit (Viabilität) an ihrer Fähigkeit zur korrekten Prognose von wahrnehmbaren Ereignissen in der Wirklichkeit testen. Ist diese Tauglichkeit etwa durch feinere Messinstrumente oder umfassendere Theorien in Frage gestellt, sehen wir uns gezwungen, feinere oder umfassendere Modelle zu entwickeln. Es ist diese Tauglichkeit eines Modells, seine Zuverlässigkeit beim Interpretieren theoretischer Zusammenhänge und beim Integrieren wissenschaftlicher Daten, die dem Modell den Rang gibt, den man früher mit dem hochmoralischen Wort „Wahrheit" bezeichnet hat. Hochmoralisch war das Wort deshalb, weil die Wahrheit eine sichere Grundlage für richtiges Handeln ist. Schaut man sich die Philosophiegeschichte daraufhin an, wie Erkenntnistheorie und politische Philosophie zusammenhängen, so zeigt sich, dass alle, die in der Erkenntnistheorie meinten, die Erkenntnis der Wahrheit sei möglich (z.B. bei Platon die Welt der Ideen), in der politischen Philosophie zu einer mehr oder weniger ausgeprägten Diktatur im Namen dieser Wahrheit raten (bei Platon die Diktatur des Philosophen). Wer dagegen große Zweifel an der Möglichkeit zu Erkenntnis der Wahrheit hegt (etwa Kant mit der Kritik der reinen Vernunft, in der die ersten Grundlagen des Konstruktivismus gelegt werden), bevorzugt demokratische Regierungsformen, in denen unterschiedliche subjektive „Wahrheiten" um die Herrschaft ringen. Wenn also die Möglichkeit, über die Wahrheit zu verfügen, fraglich wird, ist richtiges Handeln schwieriger zu begründen und zu rechtfertigen. Wer sich an die Wahrheit hielt, der konnte nicht fehlgehen.

Nun ist für viele Philosophen und Wissenschaften die Wahrheit als Sicherheit für wissenschaftliches Denken fraglich geworden. Selbstverständlich glauben sich religiös denkende Menschen immer noch im Besitz der Wahrheit und können damit prinzipienfeste Richtlinien für richtiges Handeln vorgeben. Für wissenschaftliches Denken, und um dieses geht es hier, muss der Irrtum und die Unvollständigkeit immer bedacht werden. Dadurch wird die wissenschaftlich Begründung richtigen Handelns schwieriger.

4. Die Versuchungen der Ungewissheit: Untätigkeit und Beliebigkeit

Die Versuchung ist groß, die Möglichkeit des Irrtums als Rechtfertigung für Beliebigkeit oder für das Nichtstun zu nutzen. Um ja keinen Irrtum zu begehen, unterlässt man jede Entscheidung und tut gar nichts, lautet die Rechtfertigung für das Nichtstun. Doch das Nichtstun ist auch eine Entscheidung und kann genauso falsch sein wie eine Entscheidung für eine bestimmte Handlung. Professor Herbert Meyer hat in seiner Vorlesung zur Ethik in der Medizin das Beispiel des Arztes genannt, der aus Furcht vor einer falschen Krebsdiagnose auf eine Operation verzichtet und dadurch möglicherweise einen vermeidbar frühen und schmerzensreichen Tod verursacht.

Die Begründung für die Beliebigkeit als Reaktion auf die Unsicherheit lautet: Wenn alles falsch sein kann, dann kann man gleich tun, was einem beliebt. Die Ethik der Wissenschaft, also das wissenschaftlich begründete richtige Handeln in der Wissenschaft, verpflichtet jedoch die Wissenschaft darauf, sich um Modelle zu bemühen, die eine möglichst geringe Irrtumswahrscheinlichkeit haben. Nach bestem Wissen und größtmöglicher Anstrengung sollen sie nach dem besten und neuesten Stand des Wissens größtmögliche Gewissheit bieten. Wissenschaftlich begründetes Handeln ist also auch unter den Annahmen des Konstruktivismus kein „anything goes", kein zum Dogma erhobener Relativismus, sondern bedient sich der am besten bewährten und am weitesten entwickelten Modelle, die das höchstmögliche Maß an Sicherheit und Gewissheit bieten. Es ist allerdings eine ungewisse Sicherheit, denn es bleibt immer ein Rest von Irrtumsmöglichkeit.

5. Das Beispiel Rechtsprechung

Wie handeln, wenn man sich nicht sicher ist? Das ist eine Frage, die sich in der Rechtsprechung ständig stellt. Richter und Richterinnen müssen aufgrund von Tatsachenerhebungen, bei denen sie sich nie ganz sicher sein können, ob sie vollständig und zutreffend sind, Urteile fällen, die häufig erhebliche Eingriffe in das Leben von Menschen zur Folge haben. Immer wieder stellt sich später heraus, dass ein Urteil trotz aller Sorgfalt in der Tatsachenerhebung ein Fehlurteil war, weil Beweise doch nicht gestimmt haben oder etwas ganz anderes bedeuteten. Manchmal gibt es sogar Urteile, die auf einem falschen Geständnis beruhen.

Aus den Erfahrungen, die von der Justiz über Jahrhunderte mit der Möglichkeit des Fehlurteils gemacht wurden, sind Regeln entstanden, die man nur daraufhin untersuchen muss, ob sie mit wissenschaftlich guten Argumenten verallgemeinert werden können. Dann hätte man eine wissenschaftlich begründete Antwort auf die Frage: Wie handeln, wenn man sich nicht sicher ist?

6. Aus dem Bereich der Rechtsprechung abgeleitete Antworten auf die Frage: Wie Handeln, wenn man sich nicht sicher ist?

• **Sorgfaltspflicht**: Ein Richter oder eine Richterin muss sich um möglichst vollständige Aufklärung des Sachverhalts bemühen. Diese Sorgfaltspflicht gilt auch für andere Bereiche, um die Ungewissheit zu reduzieren. Sie soll fahrlässige Irrtümer ausschalten. Dafür gibt es in den meisten Berufszweigen tätigkeitsspezifische Standards, die mit dem Erlernen des Berufs erworben werden und laufend an die neuesten Entwicklungen angepasst werden.

• **Selbstkritik:** Der Richter oder die Richterin muss sich ständig selbstkritisch darauf prüfen, ob eigene Erfahrungen, Interessen, Gefühle, Neigungen zu einem positiven oder negativen Vorurteil gegen Zeugen oder Angeklagte führen und das Urteil verfälschen könnten. Bei Gericht wird daher die zuständige Kammer und damit der gesetzliche Richter nach einem festgelegten Zufallsprinzip (etwa nach dem Einreichedatum oder nach dem Alphabet) vergeben, damit sich Richter oder Richterinnen die Fälle nicht selbst nach Neigung aussuchen können. In der wissenschaftlichen Forschung versucht man, Wahrnehmungsverzerrungen mit ausgefeilten Verfahren auszuschalten, indem man sich möglichst blind macht für alles, was die Wahrnehmung verzerren könnte. In so genannten Doppel-Blind-Verfahren codiert man bei medizinischen Versuchen die Versuchspersonen so, dass den Behandelnden und den Auswertenden bis zum Schluss nicht bekannt ist, wer das zu testende Medikament und wer ein Placebo erhält. Um bei Bewerbungen oder Korrekturen eine möglicherweise überhaupt nicht bewusste Bevorzugung oder Benachteiligung etwa wegen der Geschlechtszugehörigkeit zu vermeiden, empfiehlt es sich, wo immer möglich, die Personendaten durch neutrale Codes zu ersetzen.

• **Unbefangenheit:** In der Rechtsprechung müssen sich Richterinnen und Richter nicht nur selbst auf Befangenheit untersuchen, sondern müssen es sich auch gefallen lassen, wegen einer möglichen Befangenheit aus einem Verfahren ausgeschlossen zu werden. Ähnliche Befangenheitsregeln müssen in alle Verfahren übernommen werden, in denen Fehlentscheidungen schwerwiegende Folgen haben können. Denn Unbefangenheit ermöglicht es erst, dass neue Lösungen zustande kommen können. Aus der Geschichte der Wissenschaft kann man sehen, welche Schwierigkeiten neue Modelle bei ihrer Durchsetzung haben, weil die herrschenden Modelle den Anspruch der Wahrheit in sich tragen. Daraus folgt für das Handeln unter den Bedingungen der Unsicherheit ein Gebot zur Unbefangenheit und Toleranz gegenüber neuen Informationen oder Erklärungsmodellen. Sie müssen offen aufgenommen und möglichst unvoreingenommen auf ihre Tauglichkeit geprüft werden.

• **Das Widerlegungsprinzip:** Jede Bemühung um ein richtiges Urteil sollte auf die von Karl Popper formulierte Asymmetrie in der Beweisführung achten. Eine Theorie oder Anklage kann durch einen Gegenbeweis endgültig widerlegt, aber nie endgültig als richtig bewiesen werden, weil es immer noch irgendwo einen Beweis geben könnte, der zur Widerlegung taugt. Deshalb wird die Anklage so formuliert, dass sie durch Gegenbeweise widerlegt werden kann. Erst wenn alle Argumente, die für eine Verurteilung notwendig sind, nicht widerlegt werden konnten, kommt es zu einer Verurteilung. Auch der geringste Zweifel an einem Argument muss zur Widerlegung genügen. In gleicher Weise muss man sich auch sonst verwundbar machen, wenn man unter Bedingungen der Unsicherheit richtiges Handeln begründen will. Die eigenen Annahmen müssen einer ständigen Kritik unterzogen werden. Man lernt das in der Wissenschaft, auch die liebstgewordenen eigenen Theorien als Hypothesen zu behandeln und allen Argumenten und Informationen, die sie widerlegen könnten, mit besonderer Aufmerksamkeit und Offenheit zu begegnen. „Was spricht dagegen?" ist die wichtigste Frage unter den Bedingungen der Unsicherheit.

• **Die Entscheidungspflicht:** Jedes Gericht muss in einem vertretbaren Zeitrahmen zu einem Urteil kommen. Es kann sich nicht der Stimme enthalten. Genauso muss auch sonst eine Art Redaktionsschluss festgelegt werden, nach dem dann ohne weiteres Einholen von Beweisen entschieden wird. Spätestens dann, wenn die wahrscheinlichen Folgen eines weiteren Zögerns schwerwiegender würden als die wahrscheinlichen Folgen einer irrtümlichen Entscheidung, muss gehandelt werden.

• **Die Offenheit für den Instanzenweg**: In der Rechtsprechung gibt es die Möglichkeit, ein ergangenes Urteil vor einem höheren Gericht sowohl auf seine sachliche wie auch auf seine rechtliche Richtigkeit überprüfen zu lassen, wenn es für das höhere Gericht nachvollziehbare Zweifel an der Richtigkeit des Urteils gibt. Eine solche Offenheit für die Überprüfung von Entscheidungen durch einen anderen Personenkreis als denjenigen, der die erste Entscheidung gefällt hat, muss man in allen Bereichen einführen, in denen die Folgen von Entscheidungen schwerwiegend sein können.

• **Die Revidierbarkeit:** Auch ein Gericht kann nichts ungeschehen machen, was einmal geschehen ist. Dennoch können Urteile revidiert, für ungültig erklärt werden. Damit die Rücknahme einer Fehlentscheidung auch in der Wirklichkeit wirksam werden kann, dürfen Entscheidungen unter Bedingungen der Unsicherheit nie so ausfallen, dass ihre Folgen nicht mehr ausgeglichen werden können. Das ist im Justizbereich das ethisch entscheidende Argument gegen die Todesstrafe: Einmal vollzogen, kann man die Folgen eines Irrtums nicht mehr ausgleichen. Allgemein formuliert ist es das Prinzip der Nachhaltigkeit, das von der Brundtland-Kommission so definiert worden ist: Nachhaltigkeit ist eine Wirtschafts- und Lebensweise, die heutige Bedürfnisse befriedigt, ohne die Möglichkeiten und die Überlebensfähigkeit zukünftiger Generationen einzuschränken. Nachhaltiges Handeln ist so zu gestalten, dass zukünftige Handlungsmöglichkeiten nicht vermindert werden. Im Idealfall entstehen sogar zusätzliche Handlungsmöglichkeiten, die es möglich machen, im Falle eines Irrtums die Folgen des Irrtums wieder auszugleichen.

• **Die Verhältnismäßigkeit:** In der Rechtsprechung ist Verhältnismäßigkeit eine alles gestaltende Grundregel. Die Strafe muss der Tat angemessen sein. Und so müssen die schlimmsten möglichen Folgen eines Irrtums erwogen werden auf ihre Verhältnismäßigkeit zu dem, was an Positivem mit der Entscheidung angestrebt ist. Die Geschichte ist voller Beispiele (z.B. die Französische Revolution) von gut beabsichtigten Handlungen, deren unerwünschte Folgen die Welt in die Katastrophe getrieben haben. Die nicht beabsichtigten Folgen zielgerichteten Handelns machen eine Ethik zum Beispiel der Technik notwendig, in der die Folgen des Einsatzes einer neuen Technik eingeschätzt und gegen den möglichen Gewinn abgewogen werden müssen. Die Verhältnismäßigkeit folgt dabei letztlich einer utilitaristischen Logik. Der Utilitarismus beurteilt bekanntlich Handlungen als moralisch oder unmoralisch nach dem Maß des größten Nutzens für die größte Zahl. Die möglichen negativen Handlungsfolgen werden also gegen die erwarteten positiven Handlungsfolgen nach ihrem Nutzen für die möglichst große Zahl verrechnet und danach die Entscheidung gefällt.

7. Zusammenfassung

Man kann diese Einsichten aus der Rechtsprechung in drei einfachen Prinzipien zusammenfassen:

1. Nachhaltigkeitsprinzip: Die Handlungen müssen so angelegt sein, dass durch sie in der Folge die Anzahl der Handlungsalternativen in der Zukunft vermehrt, jedenfalls nicht vermindert wird und gleichzeitig die Möglichkeit vergrößert wird, die Folgen eines Irrtums auszugleichen.

2. Hypothesenprinzip: Man sollte die eigenen Gewissheiten als Hypothesen behandeln und besondere Aufmerksamkeit und Sorgfalt besonders auf Informationen richten, die gegen die eigenen Gewissheiten sprechen. Man muss die eigenen Gewissheiten so formulieren, dass sie durch Informationen aus der Umwelt widerlegt und korrigiert werden können.

3. Folgenabwägungsprinzip: Man sollte den schlimmsten denkbaren Irrtum und seine Folgen in Betracht ziehen und eine vermeidbare Handlungsrichtung nur dann wählen, wenn man die schlimmsten denkbaren Irrtumsfolgen in Kauf zu nehmen bereit ist. Man muss andererseits eine solche Handlungsalternative beschreiten, wenn die wahrscheinlichen Folgen eines Nichthandelns schlimmer sind als die wahrscheinlichen Folgen des schlimmsten Irrtums.

***

Im Folgenden zwei Beispiele von konkreten Lösungsmöglichkeiten aus dem kunstwissenschaftlichen bzw. dem gartenarchitektonischen Bereich. Beide stellen die Frage nach dem „richtigen", dem vertretbaren Umgang mit überkommenen Kunstwerken, einerseits Werken der kirchlichen Glasmalerei, andererseits Beispielen der gestalteten Natur. Wie soll restauriert, gepflegt oder wiederhergestellt werden, wenn genaue Informationen über ihre ursprüngliche Gestalt fehlen?

I. Kim Kappes

Ethik in der Restaurierung am Beispiel des Restaurierungsprojektes der Rekonstruktion des Evangelisten Matthäus und Teile des Evangelisten Lukas in den Chorfenstern der Saalfelder Johanneskirche

Auf Grund der Druckwelle einer Fliegerbombe im Zweiten Weltkrieg ist eines der beiden Südseitenfenster des Chores der Johanneskirche in Saalfeld teilweise zerstört worden. Ehemals dargestellt waren die vier Evangelisten mit Buch und Feder als Verfasser der Evangelien des Neuen Testaments, in einer Architektur stehend waren die historisch gewandeten Kirchenväter begleitet von ihren Attributsfiguren Engel, Löwe, Stier und Adler. Die Darstellung des Matthäus ging vollständig verloren, die des Lukas ist noch in zwei Feldern erhalten.

Auf Grund der Schäden lässt sich der untere Bereich des Fensters nicht vollständig rekonstruieren. Die Evangelistenfenster werden durch drei Chorhauptfenster ergänzt. Diese standen als gläsernes Altarbild im Mittelpunkt der Betrachtung und der Restaurierung der letzten Jahre.

Die heutige Chorverglasung und Teile der Langhausfenster entstammen einer umfangreichen Bautätigkeit in der Johanneskirche am Ende des 19. Jahrhunderts. Dabei fällt der damalige denkmalpflegerische Umgang mit historischen Bauteilen besonders auf. Man ging mit den historischen Glasmalereiteilen von 1514 recht unbefangen um und bettete sie ein in eine der damaligen Zeit entsprungene Konzeption, meinte sie damit zu verbessern. Ausgeführt wurden die Hauptteile der neuen Verglasung durch die Gebrüder Burkhard in München.

Heute ist eine solche „Verbesserung" nicht mehr denkbar. Stattdessen zieht man aus der Entwicklung der Restaurierung im letzten Jahrhundert die Schlussfolgerung, dass sich die Vorstellungen über die „richtige" Restaurierung auch in der Zukunft ändern werden. Deshalb versucht man eine so behutsame Restaurierung wie irgend möglich.

Der fragmentarische Zustand der Evangelistenfenster ruft unmittelbar zu Überlegungen über das Schließen der großen Fehlstellen auf und setzt damit eine historische Untersuchung und konzeptionelle Überlegungen in Gang. Diese Gedanken greifen im Wesentlichen die über nun schon viele Jahrzehnte unbefriedigende Lichtführung im Chor der Kirche auf und führen zu einer denkmalpflegerischen Zielstellung an diesen Fenstern. Als Südfenster im Bereich des vorderen Altarraums sind die beiden Evangelistenfenster hauptsächlich für das Farbspektrum und die Lichtintensität dieses Bereiches verantwortlich. Den Anforderungen wird die derzeitige Rechteckverglasung, ehemals eingebracht als provisorischer Fensterverschluss, nicht gerecht.

So wird eine Rekonstruktion fehlender Bildbereiche notwendig, um die für den Raum gedachten Lichtverhältnisse wieder herzustellen. Man kann also nicht einfach weiße Fenster stehen lassen, sondern muss eine Annäherung an die früheren Verhältnisse suchen. Die Lösung des Dilemmas wurde durch ein Verfahren gewonnen, das inzwischen patentiert ist: Auf die fehlenden Stellen werden separate, dreidimensional angelegte Glasscheiben aufgebracht, auf die dann eine so originalgetreu wie möglich nachkonstruierte Ergänzung gemalt wird. So ist es jederzeit möglich, die Veränderung wieder rückgängig zu machen und durch eine neue Version zu ersetzen.

Auf der Suche nach einer defensiven Einflussnahme auf die Ablesbarkeit Bild prägender Bereiche wurde die plastisch geformte Vorsatzscheibe entwickelt und als Verfahren in Verbindung mit der thermisch geformten Außenschutzverglasung patentiert. In einem ersten Arbeitsschritt wird die zweidimensionale Malerei des Kopfes in eine dreidimensionale Form überführt. Dabei spielen wichtige Linienführungen wie die Wangenknochen, die Augenhöhlen und der Haaransatz eine wichtige Rolle, während auf die komplette Ausformulierung der Nase verzichtet wird. Auf die entstandene Vorsatzscheibe kann nun innenseitig der Auftrag der Retusche in Form von dem Original abgenommenen Konturlinien oder flächigen Lasuren vorgenommen werden und so eine Kontrastminderung, die durch geschädigte Bildbereiche verursacht wurde, oder aber eine Wiederherstellung der Bildaussage durch die Wiederholung der Konturen erreicht werden. Dabei ist darauf zu achten, dass nur gesicherte Linien und Bereiche, welche sich zum Beispiel als Negativzeichnung auf dem Original abbilden, auf die Deckglasscheibe übertragen werden können, um dem historischen Ausdruck möglichst nahe zu bleiben. Diese Maßnahme ist vollständig reversibel und kann durch zukünftige Restauratorengenerationen jederzeit wieder rückgeführt oder verändert werden, ohne dass eine Veränderung an der Originalsubstanz vorgenommen wurde. Diese Maßnahme führt zur Wiederherstellung der Ablesbarkeit geschädigter Bildbereiche im Originalbestand, wie die Rekonstruktion der Wiedergewinnung fehlender Bildinformationen und Farbspektren im Fenster dient.

II. Frank Blecken
Wie handeln, wenn man sich nicht sicher ist?
... im Umgang mit historischen Gärten.

Der Topos Garten als Sammelbegriff umfasst real alle Formen öffentlicher und privater Flächen mit dem Charakter eines grünbestimmten Aufenthaltsraumes im Freien. Der Garten und damit auch der historische Garten, dessen Alter von wenigen Jahrzehnten bis zu mehreren Jahrhunderten reichen kann, ist kein statisches Gebilde, er gilt vielmehr als lebendes, nachwachsendes und regelmäßig zu erneuerndes Denkmal. Er ist das Ergebnis von bewusstem künstlerischem Handeln, also nicht Natur, sondern – so der klassische Landschaftsgarten – idealisierte Natur und eine Abfolge begehbarer Landschaftsbilder: „Alles scheint Natur, so glücklich ist die Kunst versteckt". Der Garten unterliegt ständiger Veränderung, sei es durch Umwelteinflüsse, natürliches Wachstum, Nutzung, Zerstörung oder gartenkünstlerische Überformung.

Verglichen mit ihrer ursprünglichen Gestalt sind Gärten heute häufig stark verändert und rudimentär. Ihr historischer Charakter ist insbesondere bei Landschaftsgärten für den Laien oft nicht mehr wahrnehmbar, denn sie haben augenscheinlich ihr Gesicht und damit ihre Geschichte verloren. Dieser Niedergang zur Garten-Alltäglichkeit löst wesentlich den Handlungsbedarf der Gartendenkmalpflege aus.

Historische Gärten mit bestimmten Qualitäten erhalten nach dem jeweiligen Landesdenkmalschutzgesetz den Status eines denkmalgeschützten Gartens, werden somit zum Kulturdenkmal. Bei zuerkannter internationaler Bedeutung kann auch der Garten zum UNESCO-Weltkulturerbe werden, so in Thüringen die Wartburg, das klassische Weimar mit seinen Parks und die Bauhaus-Stätten. Die vorgegebenen Ziele sind, das Kulturdenkmal zu erhalten, zu sichern, denkmalgerecht zu nutzen und zu pflegen, es wieder herzustellen, nicht aber um jeden Preis zu rekonstruieren oder es gar nach heutiger Gestaltungsauffassung zu verändern, wie es vor Jahrzehnten die so genannte schöpferische Gartendenkmalpflege für vertretbar hielt.

Planmäßiges Handeln soll auch in der Gartendenkmalpflege nicht intuitiv, sondern rational erfolgen, soweit dies bei einem Gegenstand der Kunst und Kultur möglich ist. Da Quantifizierungen und Messverfahren nur begrenzt einsetzbar sind, bedarf es der fach- und sachkundigen Begutachtung. Versucht man dieses Handeln mit dem Antagonismus von richtig und falsch zu begreifen, dann muss der Gartendenkmalpfleger als der Handelnde versuchen, mit bestmöglichen Kenntnissen über den Garten sich möglichst richtig und möglichst nicht falsch zu verhalten. Dies hängt also entscheidend davon ab, dass er einen allgemein fachlichen und auf den jeweiligen Garten bezogenen Kenntnisstand hat, der ihm ein subjektiv sicheres Handeln ermöglicht.

So kann er bei unzureichendem, lückenhaftem Kenntnisstand den Garten allenfalls in Teilen wieder herstellen, wie dies beim Schlossgarten Kromsdorf geschehen ist. Ihm historisierend wieder dekorative Beetornamente der Renaissancezeit zu verleihen, wie dies in einem Rekonstruktionsversuch von 1928 gedacht war, ist nicht heutige Auffassung von Denkmalpflege. Ein historischer Garten dieser Art nur mit Wegen, Rasenflächen und später hinzugefügten Bäumen bringt aber ein denkmalpflegerisches Dilemma, weil er für die heutigen Besucher wenig Schauwert besitzt. Ein historischer Garten sollte jedoch ein für die Öffentlichkeit interessantes, begehbares und nutzbares Denkmal sein, kein museales Objekt.

Fehlen die Kenntnisse über den Garten weitgehend, dann kann das Handeln im denkmalpflegerischen Nichts-Tun bestehen, das sich darauf beschränkt, den Garten, wie er ist, zu erhalten und denkmalgerecht zu nutzen, aber auch zu pflegen. Dabei geht es insbesondere darum, die natürliche Entwicklung des Gartens denkmalgerecht zu korrigieren, denn der Garten als Kunstwerk würde sich sonst in relativ kurzer Zeit naturalisieren und selbst zerstören.

Bei sehr fundierten Kenntnissen über den Garten scheint eine unter Umständen weitgehende Rekonstruktion möglich und nahe liegend. Früher war dies ein häufiges Handlungsziel. Heute geht man mit Rekonstruktion sehr zurückhaltend um, setzt sie allenfalls ein, um den sichtbaren historischen Charakter des Gartens zu stärken, die Raumproportionen wieder herzustellen oder die Nutzungsqualität zu verbessern. Im Übrigen aber gilt ein rudimentärer Zustand des Gartens, gilt der „morbide Charme" weit mehr als Ausdruck von Alter und Geschichte, als dies ein perfekt rekonstruierter Garten vermitteln könnte, dessen Schöpfung und Fertigstellung nicht im Barock, sondern erst heute zu vermuten wäre. Es dauert dann wieder Jahrzehnte, bis ein Garten so etwas wie historische Patina zeigt.

Es gab in der Entwicklung der Gartendenkmalpflege immer wieder eine Argumentation und entsprechendes Handeln, das den Erfolg solchen Bemühens über das Verhalten der Gartennutzer zu definieren versuchte, gewissermaßen eine Abstimmung mit den Füßen. Dies ist wenig hilfreich, wissen wir doch, dass das Interesse der Öffentlichkeit an Gärten in starkem Maße vom Grad der Informiertheit, vom jeweiligen kulturellen Bewusstsein und allgemeiner Garten-Motivation abhängig ist. So ist auch die in der Nachkriegszeit auf unzureichendem Kenntnisstand beruhende Rekonstruktion eines großen Barockgartens in Süddeutschland, der als „Blühendes Barock" zum Gartentivoli und historischen Fantasialand gemacht wurde, denkmalpflegerisch nicht vertretbar, das Ergebnis wurde nicht ohne Grund als „Blühender Unsinn" bezeichnet. Nun ist die Dauerhaftigkeit gartendenkmalpflegerischer Maßnahmen begrenzt, ein neuer und verbesserter Kenntnisstand ermöglicht Reversibilität, also Korrektur zur Herstellung einer größeren historischen Authentizität. So ist es mittlerweile auch bei diesem Barockgarten geschehen, wie auch bereits mehrfach im Barockparterre des Großen Gartens in Hannover-Herrenhausen.

Die Gartendenkmalpflege bemüht sich, auf jeweils bestmöglicher Erkenntnisgrundlage und mit planmäßigem Handeln mittels des so genannten Parkpflegewerkes ihrem kulturellen und gesetzlichen Auftrag einen erkennbaren und im Garten sichtbaren Sinn zu geben.

Weiterführende Literatur:

Glasersfeld, Ernst von, Radikaler Konstruktivismus. Ideen, Ergebnisse, Probleme. Frankfurt am Main 1997.
Schüßler, Rudolf, Moral im Zweifel. Bd. 1: Die scholastische Theorie des Entscheidens unter moralischer Unsicherheit, Paderborn 2003.
- ders., Moral im Zweifel. Band 2: Die Herausforderung des Probabilismus. Noch nicht erschienen.
Watzlawick, Paul, Wie wirklich ist die Wirklichkeit? Wahnsinn, Täuschung, Verstehen. München 1976.
- ders., Die Unsicherheit unserer Wirklichkeit. Ein Gespräch über den Konstruktivismus. München 1999.

Foto: Heintze (TLZ)

Thomas Sternberg

„… du musst dein Leben ändern" (R.M. Rilke)
Über das Verhältnis von Kunst und Ethik

Das Thema steht in einer Reihe von Vorlesungen über Ethik. Mein Part soll die Ethik in der Kunst sein. Von mir als Theologen und Kunsthistoriker erwarten Sie wahrscheinlich eine Abhandlung über grundsätzliche Probleme des Ethischen in der Kunst. Ethik ist der Teil der Philosophie, der es mit dem menschlichen Handeln, genauer mit dem durch Regeln geleiteten richtigen Handeln zu tun hat. Die Ästhetik, die Lehre von der Wahrnehmung, von dem Philosophen Baumgarten Mitte des 18. Jahrhunderts begründet, ist ebenso ein Teilgebiet der Philosophie. Diese beiden Felder wären hier also auf ihre Grenz- und Überschneidungsmengen hin zu prüfen und zu erörtern – wie das in der philosophischen Theoriebildung und Begriffsanalyse mit unterschiedlichen Ergebnissen getan wurde.[1]

Ich habe diesen Weg in der Vorbereitung angefangen und gemerkt, dass theoretische Erörterungen über das Verhältnis von Ästhetik und Ethik eine allzu akademische Materie für diesen Vortrag wären. So habe ich mich entschlossen, einige, notwendigerweise fragmentarische Anmerkungen zu unserem Thema mit – zugegebenermaßen - willkürlich zusammengestellten Bildbeispielen zu geben. Am Bild selbst sollen einige Fragen erörtert werden. (Ich bin mir bewusst, dass ich das hier in Erfurt, einem der Zentren der klassischen Moderne und einer intensiven künstlerischen und kunsthistorischen Auseinandersetzung unternehme.)

Deshalb zunächst einige grundsätzliche Einschränkungen: ich befasse mich heute Abend nur mit Bildern – nicht mit Literatur, Musik, Theater und andere Kunstgattungen. Und wenn ich Bilder zeige, so sind es nur Bilder von Bildern, die zwar Informationen über das Gezeigte geben können, das Kunstwerk aber keinesfalls ersetzen. Seien Sie bitte über die großen thematischen und zeitlichen Sprünge nicht zu sehr erstaunt, es geht um das Umkreisen eines Themas; der Ethik durch Anschauung.

In sechs Abschnitten werden wir uns dem Thema nähern: Über Bilder als ein Informationsmedium, das wie die Sprache manipuliert werden kann (1), über Anmerkungen zum Schönen und Guten (2), über Bildwahrnehmung und Gefühl (3), über Bildinhalt und Handeln (4), die Soziale Bewusstseinsschärfung durch neue Symbolik (5) noch einmal zur Weckung von Sensibilität durch das Sehen selbst (6), und schließlich mit einem Beispiel für engagierte Kunst durch Kontrast. Alles das hat in spezifischer Weise mit Ethik zu tun.

---

1 Neben vielen anderen: Josef Früchtl, Ästhetische Erfahrung und moralisches Urteil, Frankfurt 1996. Jean Pierre Wils, Ethik und Ästhetik. Kulturdiagnostische Prolegomena, in: W. E. Müller u. J. Heumann (Hrsg.), Kunst-Postionen. Kunst als Thema gegenwärtiger evangelischer und katholischer Theologie, Stuttgart 1998, S. 69 – 80. Walter Lesch (Hrsg.), Theologie und ästhetische Erfahrung. Beiträge zur Begegnung von Religion und Kunst, Darmstadt 1994.

1. Information und Manipulation durch Bilder

Wir leben heute in einer visuellen Kultur. Das kann man sich schnell bewusst machen, wenn man auf die Dominanz des Bildes in unseren Medien, im Fernsehen, in den Fotos der Zeitungen und Illustrierten achtet. Vom Fernsehen muss gar nicht zuerst gesprochen werden. Seitdem selbst Tageszeitungen sogar farbige Bilder abdrucken, sind wir ständig umgeben von Abbildungen, die Realität vorspiegeln und ihren Charakter als bewusst inszenierte Abbilder vergessen machen. Welche Wirkungen Fotografien und Filmaufnahmen haben, haben uns die schrecklichen Bilder aus dem Gefängnis Abu Ghraib im Irak allzu drastisch verdeutlichen können. Diese Bilder haben unabsehbare Langzeitwirkungen, deren Bedeutung nur ein Vergleich mit dem Schock der Bilder aus den befreiten Konzentrationslagern in unserem Land vor sechzig Jahren verdeutlichen kann.

Die Kommunikation und Information hat sich in den vergangenen Jahrzehnten zunehmend vom Wort in Schrift und Sprache auf das bewegte oder starre Bild verlagert. Wir konsumieren Informationen immer mehr über Bilder. Nicht nur über Fotografien, sondern auch über grafische Strukturen. „Schaubilder" und Tabellen, grafische Ordnungen von Bild-Text-Elementen, wie sie in Vorträgen, im Fernsehen und in Medien – wie in dem in diesem Sinne besonders innovativen Magazin „Focus" entwickelt wurden –, lesen wir schneller und gewöhnen uns immer mehr an diesen sehr effektiven Textersatz bzw. diese Textergänzung.

Die Politik und das öffentliche Leben haben sich auf die Wirkung und Dominanz der Bilder längst eingestellt. Symbolische Politik, der Ersatz von politischen Handlungen bzw. deren Überhöhung in der kameragerechten Pose, wird in den demokratischen Gesellschaften extrem bedeutsam. Wer das Bildgedächtnis besetzt, hat die Macht. Man denke hier nur an den berühmten Kniefall von Willy Brandt in Warschau, Helmut Kohl 1990 in Berlin, Gerhard Schröder mit Gummistiefeln im Hochwassergebiet Sachsens oder auch den historischen Händedruck zwischen Rabin und Arafat bei Bill Clinton.[2]

---

2 Hierzu: Marion G. Müller, Die Choreographie eines politischen Händedrucks, in: FAZ vom 18.11.1993 (nach einem Artikel der Washington Post). Zum Ganzen vgl. auch: Thomas Meyer, Die Inszenierung des Scheins. Essay-Montage, Frankfurt (ed. suhrkamp N.F. 666) 1992.

Abb. 1: Pressefoto: Rabin und Arafat mit Bill Clinton 1993

Das zuletzt genannte Bild (Abb. 1) ist in einer eigenen, an dem alten Typus der Schutzmantelmadonna orientierten Choreografie ohne Wissen der beiden Hauptakteure vorbereitet worden. Der amerikanische Präsident breitet die Arme hinter den beiden vor ihm etwas niedriger zu sehenden Politikern. Solche Bildaufbauten, die Assoziationen wekken sollen, gab es schon in der Malerei früherer Jahrhunderte. Sie werden aber in einer Zeit der Bilderflut überaus viel wichtiger und bekommen jetzt eine Bedeutung wie sie in früheren Jahrhunderten allenfalls die Münzbilder oder später die Briefmarken gehabt haben.

Man kann das verdeutlichen an Bildern aus den letzten Jahrzehnten in Ost- und Westdeutschland: 1952 ließ sich Walter Ulbricht für ein Plakat in Haltung und Habitus, sogar in Bartform und Gestik in Anlehnung an den russischen Revolutionsführer Lenin darstellen. Und in den siebziger Jahren zeigt ein Foto, wie sich Willy Brandt von dem Werbefotografen Charles Wilp die kameragerechten Posen beibringen lässt. [3] Aber hier ist nicht der Ort für eine grundsätzliche Medien- oder Fernsehkritik, obwohl sich bereits an diesem Punkt eine ganze Psychologie der Bildwahrnehmung entwickeln ließe. Schon dieser Hinweis

---

3 Beide Bilder nach der Ausstellung im „Haus der Geschichte der Bundesrepublik Deutschland" vom 4.6. – 17.10.2004; Katalog: Bielefeld 2004.

mag auch ausreichen zu fragen, ob wir nicht zu einer bewussten Bildaskese kommen müssen, um wirklich wichtige Bilder wieder neu sehen zu lernen. Bilder bestimmen das politische Bewusstsein und damit auch das Handeln der Menschen in einem Grade, wie es die Theoretiker der Kunst und der Bilder in der Vergangenheit nicht ahnen konnten. Insofern sind alle Überlegungen über die Verhältnisbestimmung von Handeln und Sehen völlig neu zu bedenken. Dies geschieht heute weniger in der Kunsttheorie als in der Medienkritik, wie sie vor allem amerikanische Theoretiker wie Marshal McLuhan, Susan Sonntag oder Neil Postman in den letzten Jahrzehnten entwickelt haben.

Möglich wurde der alltägliche, selbstverständliche Umgang mit Bildern erst durch die neuen Methoden der Reproduktion, also frühestens seit knapp 200 Jahren. Bis dahin waren auch Holzschnitte nur in relativ wenigen Exemplaren zugänglich und Kunstwerke für den einfachen Menschen kaum außerhalb ihres Zusammenhangs im Kirchenraum zu sehen – Museen, Kunstsammlungen und Bildungsreisen für jedermann gab es noch nicht. Der Bilderbogen des Jahrmarkts mag noch neben dem Frontispiz in Gebetbuch und Katechismus Bilderfahrung gegeben haben – aber die stetige beliebige Verfügbarkeit von Bildern ist erst seit ihrer technischen Reproduzierbarkeit möglich. Die Kataloge für die Gestaltung des bürgerlichen Heims mit Bildern zeigen am Ende des 19. Jahrhunderts eine Fülle an Motiven in Lithografie und in kolorierten fotografischen Abbildungen.[4] Diese neuen Techniken verbreiteten nun auch religiöse und profane Bilder im Massengeschmack der Zeit – zumeist in einem banalisierten Nazarener-Stil, wie sie auf den Dachböden überdauert haben und das Erscheinungsbild und die Wahrnehmung des Christlichen bis heute mitbestimmen.

Einen neuen Schub bekam die Bildverbreitung durch das Aufkommen der Fotografie, die zwar immer schon manipulierbare Ergebnisse hervorbrachte, aber doch mit dem Anspruch auf objektive Wiedergabe auftreten konnte und kann. Bis heute ist die Fotografie als Beweismittel anerkannt und hat eine hohe Authentizitätsvermutung. Genau dies scheint sich zurzeit zu ändern. In dem Maße, wie jeder mit seiner Digitalkamera am heimischen PC Manipulationen in beliebiger Form durchführen kann, wird sich – so steht zu vermuten – die Frage nach der

---

4 Vgl. hierzu den Katalog: Bilder für jedermann. Wandbilddrucke 1840 – 1940, hg. v. Christa Peiske, (Schriften des Museums für deutsche Volkskunde SMPK 15), München 1988, S. 132 f.

Authentizität der Bilder neu stellen. Es gibt bereits Porträts und Figuren, die wie abfotografiert erscheinen, aber ein bloßes Phantasieprodukt sind. Man erschrickt über die Perfektion solcher Gesichter, die vorgeben, Fotografie zu sein – und doch nichts als eine Erarbeitung des Computers sind. Die Fotografie – so wird man prophezeien können – wird sich wieder wandeln zu einem Medium, das – mit der Malerei vergleichbar – als subjektive Hervorbringung eingeschätzt wird.

Virtuelle Welten ohne jeden Bezug zu realen Objekten der Abbildung entstehen, wie wir sahen, bereits heute. In einem Beitrag zu der Kunstausstellung „heaven" in Düsseldorf und London hat die heute in den Niederlanden lebende Berliner Künstlerin Kirsten Geisler 1999 eine große Computeranimation unter dem Titel „Dream of Beauty 2.0" (Abb. 2) präsentiert, in der sie ein künstlich generiertes Gesicht auf Ansprache mit gesenktem Blick antworten lässt „I'm a Virtual" und stellt damit die Frage nach Schönheit und Körper-Perfektion in der Abbildung.[5]

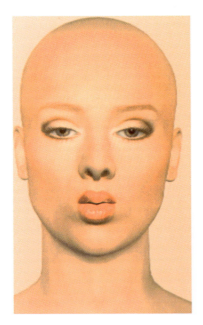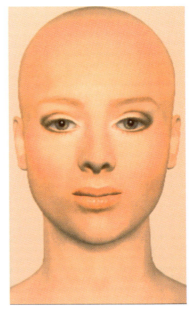

Abb. 2: Kirsten Geisler, Dream of Beauty 2.0, Computeranimation 1999 (I'm a Virtual)

5 Doreet Levitte Harten (Hrsg.), Heaven, (Ausstellungskatalog Düsseldorf / London), Stuttgart 1999, S. 68-73.

Aber auch dieses und andere Kunstwerke können wir nur kennen, weil wir heute die Möglichkeit haben, in erstklassiger Wiedergabequalität nahezu jedes beliebige Kunstwerk aus aller Welt über Kunstbücher – erst seit wenigen Jahren durchgehend farbig –, Fotografie, Fernsehen oder Internet anzusehen und kennen zu lernen; eine Möglichkeit, die erst heute gegeben ist.

2. Die Schönheit und das Gute

Mit diesem Bild und dem Begriff der Schönheit sind wir nun bei den Bildern im Bereich der Kunst angelangt. Schönheit, dieser heute so schillernde Begriff des Körperkults und des Designs, hat eine durchaus lange Geschichte und war Gegenstand wichtiger Erörterungen. Die Frage ‚Schönheit‘ wurde in der antiken Philosophie in engem Zusammenhang mit dem Guten und dem Wahren gesehen. Eine Trias, die trotz ihres Aufbrechens in der Philosophie des 19. Jahrhunderts, ihrer Banalisierung in der Pädagogik und folgerichtigen Ironisierung der letzten 100 Jahre einen Blick lohnt, da an dieser Stelle ein enger Zusammenhang zu unserem Thema deutlich wird.

Nach Plato (Diotima im Symposion) ist es die Liebe zum Schönen, die den sterblichen Menschen den unsterblichen Göttern annähert.[6] In der Schönheit erscheint dem Menschen das Reich der Ideen. Auf dem Weg der Erkenntnis der Schönheit hat er an der Wahrheit, die zugleich das schlechthin Gute ist, teil. Da das Schöne nach dieser Vorstellung in Maß und Symmetrie erscheint, zeigt solche Harmonie auch das rechte Maß, das vor der Gefahr des maßlos Unbegrenzten zurückhält und so das moralisch Gute sichtbar werden lässt. Schönheit ist hiernach lediglich der Splendor, der Glanz der Wahrheit und des Guten.[7] Dieses Gute aber ist Maßstab des richtigen Handelns.

Für Friedrich Schiller ist die „Veredelung des Charakters" durch Harmonie und Schönheit eine Voraussetzung für die Errichtung eines „Staats der Freiheit". Schönheit, verstanden als Symmetrie, Temperiertheit, Harmonie, wird geradezu zu einer Kategorie des Ethischen.

---

6 Hierzu: Wolfgang Janke, Das Schöne, in: Handbuch philosophischer Grundbegriffe, hg. v. H. Krings, H. M. Baumgartner, Chr. Wild, München 1974, S. 1260-1277, hier: S. 1268 f.

7 Vgl. Theodor Haecker, Schönheit. Ein Versuch, Leipzig 1936.

Von Hegel wird diese allgemeine Theorie der Schönheit auf die Kunst reduziert. Er spricht von der Idee des „Kunstschönen" oder der nunmehr „schönen Künste". Er formuliert eine Trias von Anschauung (in der Kunst), Vorstellung (in der Religion) und Denken (in der Philosophie). Seit den Romantikern werden die Kategorien des Kunstschönen jedoch zunehmend problematisch; man behilft sich mit den Ersatzbegriffen des Erhabenen, Grotesken, Vollkommenen oder Interessanten.[8] Schönheit wird philosophisch nicht mehr als eine Formqualität verstanden, sondern als das durch sie vermittelte Entdecken der Welt und des Sinns der Dinge. Der Künstler gelangt als genialisch Begabter in eine nahezu priesterliche Funktion des Entbergens der Wahrheit und damit auch des richtigen Tuns.

Vor einem solchen Schönen als erschrickt der es Erkennende. In der ersten der Duineser Elegien von Rainer Marie Rilke heißt es entsprechend:

Denn das Schöne ist nichts
als des Schrecklichen Anfang, den wir noch gerade ertragen.

Von Rilke ist auch der Titel dieses Vortrags entlehnt: in einem Gedicht, das er 1918 nach einem Besuch im Louvre in Paris unter dem Eindruck des Torsos eines Jünglings verfasste und unter den Titel „Archaischer Torso Apolls" stellte. Das Sonett schließt mit den Zeilen:

Denn da ist keine Stelle,
die dich nicht sieht, du musst dein Leben ändern. [9]

Die erste überraschende Wendung liegt in der aktiven Rolle des Kunstwerks, das den Betrachter „ansieht". Wir werden sehen, dass dies eine Vorstellung ist, die in der Bildwahrnehmung des Mittelalters eine große Rolle gespielt hat. Rilke behauptet, aus der Betrachtung eines Kunstwerks, aus der Wahrnehmung des Schönen ergäbe sich ein unmittelbarer Anspruch an die Lebensführung; hiernach berührten sich Ethik und Kunst ganz unmittelbar.

Was ist das für eine Bewegung und ein Anspruch, den die Wahrnehmung eines Kunstwerks im Betrachter auslösen kann? Von der Kunst

---

8 Vgl. Norbert Rath, Art.: Schöne (das), in: Historisches Wörterbuch der Philosophie, Bd. 8, Basel 1992, Sp. 1376 – 1385.

9 Rainer Maria Rilke, Sämtliche Werke, Bd. 1, Frankfurt 1955, S. 557.

wird hier gesagt, sie nehme uns in Anspruch, fordere heraus, habe lebens-
gestaltende Kraft. Wie ist eine solche Ethik aus der Anschauung zu verstehen? Gilt das nur für das Kunstschöne oder kann das ein Maßstab
wirklich wichtiger Kunst überhaupt über alle Richtungen, Stile, Manife-
ste und Absichten hinweg sein? Kann man durch das Sehen – von Kunst
zumal – zur Änderung des Lebens veranlasst werden? Lassen Sie uns diese
Frage im Folgenden an einigen Texten und Beispielen durchdenken.

3. Bildwahrnehmung und Gefühl

Als sich im vierten nachchristlichen Jahrhundert eine christliche Kunst
trotz des andauernden Bilderverbots der Bibel durchgesetzt hatte, formulierte der 394 gestorbene Theologe Gregor, Bischof von Nyssa (in
Kappadokien, der heutigen Türkei) einige Sätze über die Wirkung von
Bildern. Diesmal geht es nicht um die Schönheit eines Ausdrucks, sondern um die Wirkung des Inhalts in einer offensichtlich anrührenden
Form. Gregor schreibt: „Ich sah oft im Gemälde ein Bild der leidvollen
Begebenheit (der Opferung Isaaks), und nicht ohne Tränen ging ich an
dem Anblick vorbei, so lebendig bot die Kunst dem Auge die Geschichte
dar."[10] Offensichtlich vermag das Bild stärker zu sensibilisieren als es
ein Text könnte – obwohl Gregor im Folgenden durch eine Bildbe-
schreibung genau dies unternimmt. Die Kunst erhält in diesem Text
eine Funktion: vor allem die einer Erregung der Affekte, ausgelöst durch
das Anschauen von dem Bild eines Martyriums oder biblischen Ereignisses.

Diese Bildvorstellung hat in der Zeit einer gesteigerten Passionsfrömmigkeit, der Zeit um 1300 besondere Zuspitzung erfahren.[11] In diesen
Jahrzehnten kommt es im Gefolge der Passionsmystik von einer Reihe
vor allem Mystikerinnen zu einer Sensibilisierung der Religiosität, die
große Wirkungen auf Bilderfindungen hat. So werden aus dem Bild

---

10 Gregor v. Nyssa, De deitate filii et spiritus sancti (383), griech.. u. übers. wiederge-
   geben bei: Georg Thümmel, Die Frühgeschichte der ostkirchlichen Bilderlehre,
   Texte und Untersuchungen zur Zeit vor dem Bilderstreit. TU 139, Berlin 1992, S.
   57 u. 290. Zu dieser und der folgenden Stelle auch: Günter Lange, Bild und Wort.
   Die katechetische Funktion des Bildes in der griechischen Theologie des sechsten
   bis neunten Jahrhunderts, (zuerst 1967), Paderborn 21999, S. 31 f.
11 Mit Literatur hierzu: Verf., Und lass mich sehn dein Bilde. Der Kreuzweg als
   liturgisches und künstlerisches Thema, in: LJ 53 (2003) S. 166-191.

des Abendmahls die Figuren von Christus und Johannes isoliert und werden ein eigenes Bild für das Gebet und die Betrachtung. Auch das bis heute wichtige Andachtsbild der Pietà, das Bild der Mutter Jesu mit dem toten Sohn auf dem Schoß, entsteht mit literarischen Parallelen zu dieser Zeit.[12] Albrecht Dürer kombiniert 1493 die Gestalt des geschundenen Christus mit einer Mystikerin als Beterin im Bild (Abb. 3).

Abb. 3: Albrecht Dürer, Schmerzensmann

Abb. 4: Hans Baldung, Fenster im Freiburger Münster, 1520

Ein Glasfenster aus dem Freiburger Münster von Hans Baldung gen. Grien von 1520 zeigt Bernhard von Clairveaux in einer Szene, die literarisch und bildnerisch bedeutsam geworden ist (Abb. 4). In einer Vision umarmt ihn der Gekreuzigte vom Kreuz herab. Das Ineinander von Rezipient und Bildinhalt als einer unmittelbaren Bildwirkung wird in dieser Geschichte ganz deutlich; das Geschehen um ein Bild wird selbst zum Bild.[13]

12 Mit weiterer Literatur zu diesem Komplex: Peter Dinzelbacher, Himmel, Hölle, Heilige. Visionen und Kunst im Mittelalter, Darmstadt 2002, vor allem S. 33 f.

13 Ebd. S. 66f. Die amplexus-Legende wurde nach dem Tode Bernhards 1153 verfasst und hat ihren Orientierungspunkt in einer Hohelied-Auslegung „Du eilst [der Seele] entgegen, umarmst sie ..“. Zusammen mit der ausgeprägten Passionsfrömmigkeit Bernhards war die Legende plausibel und wurde ausgeschmückt und verbreitet.

Auch für andere Bildtypen des Mittealters gilt das Gesagte: das Bild wendet sich dem Betrachter zu, Beter und das im Bild Gezeigte treten in eine Kommunikation. Hoch- und spätmittelalterliche Auferstehungsdarstellungen zeigen uns den Ausstieg des Auferstandenen aus dem Grab. Aus diesem Typus des Ausstiegs aus dem Grab auf den Betrachter und Beter hin ist das spätere unbiblische Auferstehungsbild entstanden, das bis heute die Vorstellung der Auferstehung Christi mitbestimmt.

Neben den erzählten Bildgeschichten, die das europäische Auferstehungsbild 1000 Jahre lang bestimmten, wird ein mystisches Geschehen visualisiert, das sich zwischen Betrachter und dem Bildinhalt abspielt: wie Christus gelitten hat und doch erhöht wurde, so ist das auch dem Beter verheißen. Der Betrachter kennt die hinter dem Bild liegende Heilsgeschichte und reflektiert im Bild das Gekannte und Geglaubte. Nicht „interesseloses Wohlgefallen", sondern lebens- und handlungsprägende Wahrnehmung ist das Ziel der Anschauung.

Das 14. Jahrhundert ist eine Zeit gesteigerter Sensibilität für die Körperlichkeit des Menschen; das hat sicher etwas mit den Krisen dieser Zeit, vor allem mit der Erfahrung der Pest, die etwa 25 Mio. Menschen, ein Drittel der europäischen Bevölkerung umgebracht hat, zu tun. In den Bildern nach überlieferten, aber abgewandelten Bildtypen spiegelt sich das Leid einer Epoche. Auffallend häufig sind deshalb die Bilder aus dem Umfeld der Passion: Der Schmerzensmann gehört dazu. Die Abbildung 5 zeigt ein Beispiel aus dem Anfang des 15. Jahrhunderts aus Prag.

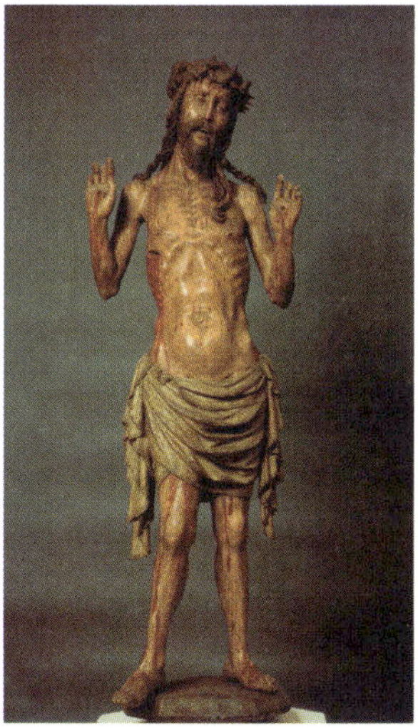

Abb. 5: Schmerzensmann aus dem Neustädter Rathaus in Prag, Anf. 15. Jhdt., Muzeum hlavaniho mesta, Prag

Christus ist zu sehen in einer unhistorischen Position: wegen der Wundmale und der Dornenkrone müsste es eine Szene nach der Kreuzigung sein – aber ein Osterbild mit dem Auferstandenen ist es auch nicht. Wie weit ist ein solches Bild entfernt von den Schönheitsvorstellungen des idealisierten menschlichen Körpers der Antike; es ist der Auftakt einer eigenen Ästhetik des Hässlichen, die in der Moderne eine wichtige Rolle spielt.[14]

Und so haben wir es auch hier mit unserem Thema zu tun: das beabsichtigte Gefühl hat eine Richtung: die Sensibilisierung für das Mitleiden, die der zu übenden Compassio mit anderem Leiden. Deshalb zeichnete der Erfurter Künstler Alfred Hanf in den zwanziger Jahren konsequent Leidende in sein Bild der Pietà aus dem Ursulinenkloster (Abb. 6).

Abb. 6: Pietà im Ursulinenkloster Erfurt, Zeichnung von Alfred Hanf 1922

Dies ist eine Variante der Passionsfrömmigkeit, die uns heute vielleicht fremd erscheinen mag – jedenfalls wurde sie in den etwas flachen Aufgeregtheiten um den Kreuzwegfilm „Die Passion Christi" in den letzten Monaten kaum einmal thematisiert. Offensichtlich inszenierte Passionsdarstellungen wurden da sogleich mit Sadismus und Pathologie in Verbindung gebracht; und das zu einer Zeit, in der Gewaltbilder bislang unvorstellbarer Härte täglich in Nachrichten und Actionfilmen nicht nur gespielt, sondern „authentisch" gezeigt werden.

---

14 Vgl. hierzu: Jacob Taubes, Die Rechtfertigung des Häßlichen in urchristlicher Tradition, in: H. R. Jauß (Hrsg.), Die nicht mehr schönen Künste. Poetik und Hermeneutik 3, München 1968, S. 169 – 185.

Die Passionsdarstellung hat seit dem Mittelalter einen anderen Focus, der nur über das Ineinander von Bildinhalt und Rezipient verständlich wird. Die These lautet: das Training der eigenen Empfindungsfähigkeit an den paradigmatischen Geschichten des Heils ermöglicht die Sensibilität für das Leiden des Anderen. Wird die Passionsfrömmigkeit so verstanden, liegen Ethik und Kunstwerk ganz eng beieinander, wird durch die kontemplative Betrachtung das soziale Empfinden geschult. Versenken in die Passion ist dann der Aufruf, sich nicht ‚verhärten zu lassen, in dieser harten Zeit‘, um die bekannte Liedzeile von Wolf Biermann aufzugreifen.[15] Passionsbilder sind so verstanden das Gegenteil von Verrohung, nämlich ein Training der Empfindungsfähigkeit.

Was ich, mit dem Zitat aus dem 4. Jahrhundert angefangen, als ein Kennzeichen der christlichen Kunst überhaupt nennen möchte, die Sensibilisierung durch Anschauung, findet eine unerwartete Bestätigung durch die neuere neuro-biologische Forschung. Vor wenigen Wochen berichteten die Medien über die Arbeit einer niederländisch-französisch-italienischen Arbeitsgruppe, die in der April Nummer 2004 der Zeitschrift „Neuron" ihre Untersuchungen über die Wirkungen von visuellen Wahrnehmungen unter kernspintomografischer Beobachtung des Gehirns durchgeführt haben. Sie gingen aus von der Filmsequenz eines James-Bond-Films, in der eine Riesenspinne auf der nackten Brust des Filmhelden krabbelt. Das Sehen führt zu einem Schaudern der Zuschauer, die selbst das Tier auf der Brust zu spüren glauben.

Sie untersuchten das Phänomen der „Spiegel-Neuronen". Bei einer Berührung der Haut treten die somato-sensorischen Cortices I und II des Gehirns in Aktion. Auf der ersten Struktur, dem Cortex I, geht die Nachricht von der Körperoberfläche ein, dass eine Berührung stattgefunden hat. Die Funktion der zweiten Ebene, Cortex II, wurde jetzt näher untersucht. Man präsentierte den Probanden Videoclips, die zeigten, wie bei einer Person der Unterschenkel berührt wurde. Der Cortex II wurde bei den nur dies sehenden Probanden ebenso erregt, als ob der eigene Unterschenkel berührt worden wäre. Das Gesehene wurde offensichtlich mit einer eigenen Erfahrung in Verbindung gebracht. Der Anblick einer Berührung wurde so zu einer inneren Repräsentation von Berührung. Empathie, das Einfühlungsvermögen wurde damit neurologisch verständlicher. Die visuelle Wahrnehmung erzeugt einen

---

15 „Du lass dich nicht verhärten" ist die erste Zeile des Gedichtes „Ermutigung", das Wolf Biermann Peter Huchel gewidmet hat.

Reflex im eigenen Empfinden.[16] So ganz unerwartet war das Ergebnis nicht; schon länger weiß man in der Wahrnehmungspsychologie, dass Vorstellungen dieselben Anreize aktivieren wie tatsächlich Gefühltes.

Ein möglicher Einwand gegen die These von der Sensibilisierung: es könnte eine dauernde visuelle Überreizung ja zugleich auch unempfindlich machen gegenüber dem Gesehenen im Sinne einer Abwehr und Desensibilisierung als Selbstschutz. Hier sind zwei Unterschiede in der traditionellen Passionsikonographie zu bedenken: zum einen die schon oben erwähnte ungleich geringere Konfrontationsmöglichkeiten mit Bildern in früheren Zeiten – und zum zweiten die Tatsache, dass die Leiden an Personen gezeigt werden, die zugleich die höchstrangigen Menschen der Geschichte gewesen sind: Das Opfer des Patriarchen Abraham, die Jünglinge im Feuerofen, die Martyrer als Nachfolger Jesu. Und vor allem der Sohn Gottes selbst, der Erhöhte, der eigene Gott und Retter hat so gelitten wie der elendeste Leidende, was durch das überaus wichtige und folgenreiche Wort Christi verstärkt wird, der Selbstidentifikation Jesu mit den Ausgestoßenen in Mt, 25,40: „Was ihr für einen meiner geringsten Brüder getan habt, das habt ihr mir getan."

4. Handeln und Bildinhalt

Wenn wir uns nun dem sozialen und politischen Handeln selbst zuwenden, bewegen wir uns wieder zunächst auf der Ebene der Inhalte der Bilder, ihrer Ikonographie. Bei der Schönheit, auch bei den Passionsbildern ist es neben dem Bildinhalt ganz wesentlich die Art ihrer Erscheinung, die unser Gefühl auslöst, das es mit dem Ethischen zu tun hat. Wir wollen prüfen, ob dies auch für andere Bildkomplexe, die durch ihren bestimmten örtlichen Zusammenhang definiert werden, gelten kann.

An die mittelalterlichen Passionsbilder knüpfen Bilder im sozialen Kontext an, die im Mittelalter und in der frühen Neuzeit in Hospitälern, in Krankenhäusern, aufgestellt wurden. Wir kennen eine solche Aufstellung besonders gut aus Beaune. Das dortige „Hotel-Dieu" wurde von dem Kanzler der burgundischen Herzöge Nicolas Rolin 1443

---

16 C. Keysers, B. Wicker, V. Gazzola, J.-L. Anton, L. Fogassi, V. Gallese,A., Touching Sight: SII/PV Activation during the Observation and Experience of Touch, in: Neuron 42 (2004) pp. 335 – 346.

für sein Seelenheil als Stiftung für bedürftige Kranke gegründet.[17] Am Kopfende des zentralen Krankensaals wurde das Weltgerichtsgemälde des Rogier van der Weyden angebracht. Bilder hatten in diesen zentralen Krankensälen der Spitäler die Funktion einer optischen Mitte, die den Kranken und Sterbenden Trost, Hoffnung und Reflexion über die letzten Dinge vermitteln sollten.

Auch der Isenheimer Altar, den Matthias Grünewald um 1515 schuf – ein Schlüsselwerk der europäischen Kunst – heute in Colmar zu sehen, wurde für ein Hospital geschaffen. Die Antoniter, der wichtigste Hospitalorden des Mittelalters, hatten das Altarbild für ihr Hospiz in Isenheim in Auftrag gegeben, in dem vor allem Opfer der Pest und der Syphilis behandelt wurden. Auch dieser Altar sollte der Reflexion der Patienten über ihr Leiden dienen. Dieser Nutzungszusammenhang ist außerordentlich wichtig für das Verständnis des mehrfach veränderbaren Altars (Abb. 7).

Auf der ersten Klappversion, der Werktagsseite, sieht man die Kreuzigung in einer außergewöhnlich realistisch-harten Darstellung. Der Körper des Gekreuzigten wird ungeschminkt und ungeschönt präsentiert. Aber keine Stelle zeigt irgendeinen Sadismus, die Ursache der

Abb. 7: Matthias Grünewald, Isenheimer Altar, um 1515, Festtagsseite

17 Knapp hierzu (wenn auch mit problematischen Konklusionen) Dieter Jetter, Das europäische Hospital. Von der Spätantike bis 1800, Köln 1986, S. 65 – 70. Zur Frühgeschichte der Krankenhäuser im Westen auch Verf., Orientalium more secutus. Räume und Institutionen der Caritas des 5. bis 8. Jahrhunderts in Gallien, JbAC, Erg. Bd. 16, Münster 1991.

Leiden wird nicht angesprochen, es geht um den Realismus des Leids als Bestandteil des Lebens. Auch der Tod wird als ein Teil des Lebens gezeigt – seht her, so zeigt der überlängte Finger des Johannes auch: so ist es mit dem Menschen, sein Leben ist Qual und Krankheit und schließlich wird er in die Grube des Grabes (wie auf der Predella zu sehen) gesenkt. Noch deutlicher wird dies Thema für die Kranken in den hinteren Seitenflügeln der Schauseiten, wo an den Tagen, in denen diese dritte Schauseite aufgeklappt war, die Patienten die Bilder der Versuchungen des Heiligen Antonius sehen konnten – ein Pandänomium von erschreckenden und schrecklichen Gestalten mit dem Bild eines Kranken darin, wie er im Krankensaal von Isenheim selbst gemalt worden sein könnte (Abb. 8).

Abb. 8: Matthias Grünwald, Detail der Versuchung des heiligen Antonius Isenheimer Altar, um 1515 Colmar/F, Museum Unterlinden

Wie eine Anatomie des Schmerzes wirken diese Bilder.[18] Diese Seiten werden kontrastiert durch die Festtagsseite des Altars, der zu den entsprechenden Zeiten eine Apotheose des Lichtes, der Schönheit und des Glücks präsentiert (Abb. 7).

Die Themen sind die Verkündigung, Christi Geburt mit Maria und Engelskonzert sowie die Auferstehung. Gott selbst ist als Quelle des

---

18 Hierzu den wunderbaren kleinen Essay von John Berger, Zweimal in Colmar. Den Isenheimer Altar neu gesehen, in: ders., Das Leben der Bilder oder die Kunst des Sehens, Berlin 1981, S. 70 – 77.

Lichtes eher angedeutet als gemalt – der ganze Altar wird zu einem Rausch der Farben und des Lichts. Der Auferstandene hat Teil an diesem Licht. Seine Figur ist ganz in eine Lichterscheinung transformiert. Aus dem veristischen, grünen, Wunden übersäten Körper der Kreuzigung ist ein strahlender Auferstehungsleib geworden.

Wenn man das als Vertröstung abtun möchte, mag das aus einer heutigen Perspektive verständlich sein – für die Menschen damals war das Bild die Visualisierung einer Hoffnung auf die Umwertung aller Werte in einer endlichen Gerechtigkeit – ein Gedanke, der nicht nur für die Glaubenden auch heute eine große Faszination behält. Vor dem Bild des Matthias Grünewald bleibt keinerlei Zweifel an der Wahrheit dieser Malerei, die nichts von der zynischen Wiedergabe einer unterschwellig selbst nicht geglaubten Ideologie hat. Trotz dieser aus ganzer Überzeugung getragenen, traditionellen Ikonographie sind die Bildthemen sekundär. Dieses Bild stellt auch den heutigen Betrachter radikal vor die Frage nach dem Menschen, seinen Verletzungen, Möglichkeiten und Hoffnungen, nach seiner Würde, die ihm vor dem Kontrast des Leids in dem Geschehen der Menschwerdung und Auferstehung seines Gottes selbst vor Augen gestellt wird. Wer bin ich – und wie soll ich sein und handeln – was darf ich hoffen? – dies sind die Fragen, die das Bild als Kunstwerk den Kranken des 16. Jahrhunderts und den heutigen Betrachtern zugleich stellt.

Dass Bilder auch unmittelbar gebraucht werden konnten zur Propagierung von Ideen, dies hatte auch die Tradition christlicher Bilder in der Geschichte immer wieder erprobt. Neue Möglichkeiten der Reproduktion, neue Medien ermöglichten mit Beginn der Neuzeit eine enorme Steigerung der Wirkung. Die Erfindung von Bildblättern mit relativ einfach herzustellenden Holzschnitten und auf dem billiger werdenden Papier gaben der Reformation die Möglichkeiten der Propaganda mit Bildern, auf die von katholischer Seite bald mit Gegenblättern geantwortet wurde. Sie sind Vorformen der Karikaturen, die einen verbalen Inhalt zuspitzen und pointieren sollen. Sie haben Parallelen in mittelalterlichen Wort-Bild-Kombinationen, wie sie beispielsweise um 1400 in der so genannten „Biblia Pauperum" eine hohe Form von Komplexität gewannen. Bilder und Symbole mit erläuternder Beischrift werden im Barock als Emblemata geläufig und beliebt. Ihre Tradition lässt sich bis in das moderne Werbeplakat verfolgen.

Bei diesen Bildern geht es vor allem um die Lesbarkeit eines entscheidenden Inhalts. Bilder sind hier vor allem ein Nachrichtenmedium, das zu richtiger Praxis auffordern kann – sie haben eine aktivierende und Denken und Handeln bestimmende Funktion, die hinter ihrem Charakter als ein Kunstwerk weit zurückbleibt. Nicht zuletzt deshalb sind die Bilder fast immer mit einem erläuternden Text versehen. Entscheidend ist vor allem die richtige Entschlüsselung des Gezeigten – nicht die Frage, was man im Akt des Sehens selbst an darüber hinaus Gehendem erfahren könnte – genau dies macht aber das Bild zum Kunstwerk.

Dasselbe gilt für alle gelenkte, zweckgebunde Kunst, sei sie nun von kirchlichen Auftraggebern fixiert und von schwachen Künstlern realisiert worden oder sei es Kunst als Illustrierung einer politische Ideologie, die sich etwa im Faschismus und im Sozialistischen Realismus ihren eigenen Stil schaffte. Letztlich ist es die Gefahr aller engagierten Kunst, sich nicht primär auf die künstlerischen Mittel zu verlassen. Wenn es auch großen Künstlerpersönlichkeiten in Zeiten ideologisch fixierter Kunst immer wieder gelungen ist, die engen Rahmen des Vorgegebenen zu unterlaufen, so bleibt die Masse der Arbeiten dennoch abgeschmackt und unkünstlerisch.

Auf den ersten Blick wäre für unser Thema doch gerade solche, politisch fixierte Kunst wichtig; sie ist doch ganz eindeutig durch Vorgaben an eine Lebensführung und eine Praxis gebunden. Warum versagen gerade diese Arbeiten so oft als Kunstwerke? Einen Teil der Antwort hoffe ich schon gegeben zu haben: in ihnen setzt man nicht auf die primäre Leistung des Künstlerischen, des Darstellens und Sehens, sondern auf die kalkulierte Wirkung, die keinen Raum für die Irritationen lässt, die ein Kunstwerk auslöst. Ethik und Kunst begegnen sich am wenigsten in den Bildern, die eine aufgezwungene Ethik inhaltlich ganz eindeutig zu postulieren versuchen. Die Bebilderung einer Lehre wird erst zur Kunst durch das Überschießende ihrer Darstellung – nicht über das **Was**, das zu sehen ist, sondern über das **Wie** als das eigentliche Tor zur Welt der Kunst.

5. Der Adel des Deklassierten

Eine immanent künstlerische Ethik im Sinne einer Humanisierung kann sich dagegen zeigen in der Wahl eines bis dato völlig unüblichen Motivs, einem anderen Blick auf die Welt. Der Pfarrersohn Vincent van

Gogh (1853-1890), der seine Ausbildung zum Prediger ohne Abschluss abbrach, widmete sich Themen, die soziales Engagement aus christlicher Motivation ausdrückte; er malte Weber, einfache Tagelöhner, Kleinbauern, Stillleben mit schlichten Blumen oder mit Kartoffeln.

Abb. 9: Vincent von Gogh, Stillleben. Ein Paar Schuhe, 1887
Öl auf Lw. 34 x 41,5 cm, Baltimore, Museum of Art

Eine Gruppe von erst spät in ihrer Bedeutung erkannten Stillleben der Jahre 1885 bis 1887 zeigen Schuhe, abgenutzt und gebraucht, schief und lädiert (Abb. 9).[19] Der Blick auf das Einfache, Ungeschönte zeigt im Banalen den Rest gelebten Lebens, der in aller malerischen und koloristischen Delikatesse gemalt wird – nicht als ein schönes Ding, sondern in einem schönen Bild, das in dem genauen Blick dem Einfachen eine Würde gibt, die überrascht. In dem das Simple, Unbeachtete zum Motiv wird, bekommt es eine Aufmerksamkeit, die das Objekt überhöht und im Sehen weiter fragen lässt. Mit den Schuhen wird die Frage nach dem Träger gestellt. Das Sehen des Kunstwerks fordert auf zum genaueren Hinsehen und Beachten, zur Wahrnehmung des Einfachen, des Deklassierten und scheinbar Unbedeutenden auch im Alltag. So wird ein Stillleben zur Ethik nicht durch Aufforderung oder inhaltlichen Positionierung, sondern durch den Akt eines anderen Sehens.

---

19 Die Stillleben haben eine zeitliche Parallele bei Millet. Vgl. Hierzu: Katalog: Vincent van Gogh und die Moderne 1890 – 1914, Museum Folkwang, Essen, und van Gogh Museum, Amsterdam, 1991, Freren 1990, S. 84 f.

Für eine politische Kunst, die sich auf solches Zeigen verlässt, ließe sich in einer Fülle von Arbeiten der Moderne wie auch der Kunstgeschichte aufweisen. Hier kann ich nur einige willkürliche, aus dem persönlichen Vorlieben basierende Beispiele von einem ungewohnten Umgang mit Symbol und Zeichen nennen.

Eines von vielen ist die Installation „Chichicastenango" von Günther Uecker aus dem Jahr 1980. Sie ist seit vielen Jahren in der Gemeindekirche Pax Christi in Krefeld zu sehen. Der Titel erinnert an eine Stadt in Guatemala, die der Künstler besuchte und wo er nach eigener Aussage das größte Ausmaß an Not und Leiden und Verzweiflung kennen gelernt hat, das er je gesehen hat. In den siebziger Jahren fanden in dieser Stadt Massaker statt, bei denen aufständische Landarbeiter, Laienkatecheten und Priester gleichermaßen ermordet wurden.

Ein einfaches Boot, das an den Wänden Fingerabdrücke, Verschmutzungen von Teer und Öl zeigt, ist von außen über und über mit Nägeln durchschlagen. Diese gewalttätige Aktion hat zum Ergebnis ein Boot, in dem man nicht sitzen kann, das innen über und über mit spitzen

Abb. 10: Joseph Beuys, Zeige deine Wunde, Environment, 1974/75, Städtische Galerie Lenbachhaus, München

Nägeln durchsetzt ist. Dieses Lebensboot wird kontrastiert durch hinter ihm liegende Balken, die an Kreuzesbalken erinnern; Uecker hatte diese Arbeit zunächst für eine Ausstellung zum Thema Kreuz angefertigt. Kontrastiert wird das Ensemble durch ein weißes Tuch, das in wunderschönen Falten, in strahlendem Weiß einen symbolischen Widerpart bildet zur schmutzigen, schmerzhaften Realität des Bootes.

Ein anderes Beispiel zeige ich von Joseph Beuys, der den Begriff der „Sozialen Plastik", den ich hier aber nicht ausführen kann, eingeführt hat. 1974/75 hat er eine Installation für eine Straßenunterführung in München geschaffen, die heute im Münchner Lenbachhaus zu sehen ist (Abb. 10). Wir sehen verdoppelte Gegenstände: zwei fahrbare Leichenbahren, unter jeder Bahre eine Kiste, zwei Tafeln mit der Aufschrift des Titels der Arbeit, zwei altertümliche Forken, zwei Stäbe, zwei Zeitungen. In zwei Rahmen sind Ausgaben der Zeitung der italienischen Kommunisten „La Lotta continua" zu sehen: welcher Kampf wird hier zu Ende oder weitergeführt? Nur mühsam ist der mit Kreide auf die Tafeln geschriebene Satz lesbar, der dem ganzen den Namen gibt: „Zeige deine Wunde!" Was für eine unzeitgemäße Aufforderung! In einer Zeit des Entertainment und der Glücksversprechungen soll hier eine Wunde gezeigt werden? Wer ist das, der auf diesen Bahren gelegen hat oder liegen wird? Was ist das für ein Mensch – was sind das für zwei Menschen? Spiegelt sich hier wider einer im anderen, so wie Christus im aktuell Leidenden, der im Leid Aufschreiende in der Passion seines Gottes? Unter den Bahren stehen zwei Kisten, deren Deckel geöffnet sind und einen Blick auf den Inhalt freigeben. Es ist Fett, Fett als Materie des Lebens. In dem Fett liegt ein Thermometer, ein Glasröhrchen ragt he-raus und mündet in einem mit Gaze überspannten Einmachglas. Könnte das ganze Thema einer Apparatemedizin und von Körper und Seele eindringlicher zum Ausdruck gebracht werden als in diesem Motiv? Die Frage nach dem Menschen, nach Hoffnung und Würde stellt sich in einer Installation, deren Medium die Kombination vorgefundener Realität in einem Kontext ist, in dem es genauer und als symbolisches Zeichen gesehen wird. Die Verbindung zur Ethik stellt sich im Akt des reflektierenden Betrachtens, in der Auseinandersetzung mit den sich einstellenden Assoziationen ein.[20]

---

20 Zu dieser Arbeit vgl. Franz Joseph van der Grinten, „Zeige deine Wunde", in: Fr. Mennekes (Hrsg.), Franz Joseph van der Grinten zu Joseph Beuys, Köln 1993, S. 176 – 179.

In einem erweiterten Kunst- und Bildverständnis wird auch der Einsatz des eigenen Körpers zum Medium des Bildes, das nicht allein für die Beteiligten an dem Geschehen gedacht ist, sondern seine Artefakte als Fotografie und Video-Dokumentation in der Konzeption mit kalkuliert. Die Nähe zur Darstellenden Kunst ist bei solchen Aktionen oder Performances offensichtlich. Joseph Beuys hat eine ganze Reihe solcher wichtigen Aktionen durchgeführt. Andere Künstler sind ihm darin gefolgt. Die serbische Künstlerin Marina Abramovic zeigte 1997 auf der Biennale in Venedig eine erschütternde und schockierende Performance als Kommentar zum Krieg in Jugoslawien unter dem Titel „balcan baroque". Drei Tage saß sie inmitten eines Berges von tierischen Knochen. „Mit einer Bürste entfernt sie Fleisch- und Blutreste. Ein beißend süßlicher Geruch steigt auf. Ihr Singsang klagt an. In drei Wannen befindet sich Wasser. Vorne läuft ein Video, in welchem Abramovic mit weißem Ärztekittel ‚an old method of successfull killing rats in the Balkan which is the way to create a Wolf-rat' erläutert. Links und rechts an den Seitenwänden wohnen die Eltern der Künstlerin ihrem Tun als stille Zeugen bei. Urplötzlich zieht die Künstlerin die weiße Schürze aus und tanzt mit schwarzem Kleid zu serbischer Volksmusik. Die Mutter nimmt ihre zuvor demutsvoll gekreuzten Arme vors Gesicht."[21]

In der bedeutendsten Ausstellung für Gegenwartskunst, der Kasseler documenta, ist in den Jahren 1997 und 2002 die politische Dimension der Gegenwartskunst ausgelotet worden – sicherlich notwendigerweise unter Ausklammerung einer ganzen Reihe von Positionen, aber doch in einem überzeugenden Willen zur Prüfung der menschen- und gesellschaftsverändernden Möglichkeiten einer Kunst, die sich nicht mit der Dekoration einer ökonomisierten Welt begnügen will. Was von dem Gezeigten künstlerisch Bestand haben wird, wird der Zukunft überlassen bleiben. – Wir verlassen ein Feld der Kunst, das sich noch in vielen Richtungen beackern ließe und das sich in vielen einzelnen Theoriebildungen auffächert.

6. Schulung der Sensibilität

In dem vorigen Abschnitt war die Berührung von Ethik und Kunst offensichtlich. Es wäre jetzt sehr viel breiter insbesondere über die frü-

---

21 So: Paolo Bianchi, Inselhaftes Denken. Eine traditionsreiche Veranstaltung in einer Abschwungphase, in: Kunstforum 138 (1997) S. 367 – 483, hier S. 368.

he Moderne und ihre gesellschaftsutopischen Projekte auszuholen. Ich spreche nicht über künstlerische Konzepte des Protests und der Kritik wie sie Otto Dix aus Gera zur formal ganz eigenständigen und höchst wirkungsvollen Meisterschaft entwickelte, nicht über die zum Teil tragisch verfehlten Konzepte des „Neuen Menschen" durch die Kunst wie sie hier in Erfurt im Kontext einer wichtigen Ausstellung vor fünf Jahren vorgestellt wurden, nicht über die Utopien und Träume einer neuen Welt durch und in der engagierten Kunst, die soweit geht, keine Kunst mehr sein zu wollen, wie sie die Künstler in der ersten Hälfte des vorigen Jahrhunderts bewegt hat.[22]

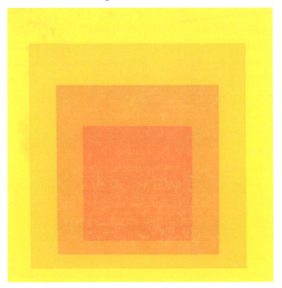

Abb. 11: Josef Albers, Homage to the Square, 101,5 x 101,5 cm

Ein radikales Gegenbeispiel zu der Inhaltlichkeit scheint eine Malerei wie die von Joseph Albers zu sein (Abb. 11).

Hat solche minimalistische Kunst auch irgend etwas mit Ethik zu tun? Ich denke, auf einen zweiten Blick sehr wohl. Albers hat sich mit der Relativität des Sehens beschäftigt. Das Sehen selbst wird zum The-

---

22 Vgl. den Katalog: Expressionismus in Thüringen, Facetten eines kulturellen Aufbruchs, hg. v. C. Nowak, K. U. Schierz, J. H. Ulbricht, Jena 1999; darin: „Der Neue Mensch" S. 177 – 216. Und zum Ganzen: Werner Hofmann, Die Kunst, die keine Kunst sein will, in: Moral und Kunst im Zeitalter der Globalisierung, hg. v. Karl Acham, = Zeitdiagnosen 2, Wien 2002, S. 21 – 34.

ma. Kippfiguren und geometrische Zeichnungen, die das räumliche Sehen irritieren, machen einen gewichtigen Teil seines Werkes aus. Zentral wurde für ihn die Feststellung der Relativität der Farbe, die in ungleichen Umgebungen ungleich wahrgenommen wird – aber auch von unterschiedlichen Rezipienten unterschiedlich gesehen wird. „Nur der Schein trügt nicht" war ein Motto dieses Künstlers.[23] Aus der Erkenntnis, dass alle Farbwahrnehmung Täuschung ist, ergibt sich für Albers die Forschung nach den wandelnden Wirkungen der Farben im Zusammenspiel und im räumlichen Sehen: liegt eine Farbfläche der späten und häufigen „Ehrungen des Quadrats" „hinter" oder „vor" der anderen? Wird hier eine Abfolge von Räumen imaginiert oder eine Überlagerung von Flächen? Die Wahrnehmung ist bei jedem Betrachter und zu jedem Zeitpunkt anders. Objektivität und Gewissheiten werden fraglich in der und durch die Anschauung. Mit diesem Brüchigwerden der Selbstsicherheit und der Relativität der Wahrnehmung wird eine Befragung erzielt, die Auswirkungen auf die Beurteilungskategorien bis in das Handeln hinein haben – bin ich allein so und wie sieht und fühlt der Andere?

Nur so viel zur Frage, ob auch in Kunstwerken eine Nähe zur Ethik liegen kann, die nicht einen Inhalt thematisieren, sondern das Sehen selbst. Hier, wie in der Begegnung mit Kunst überhaupt, erfahren wir zunächst Fremdheit, Befremden, eine Wahrnehmung von Alterität. Und „die ‚Andersheit', die in uns eintritt, macht uns anders", wie es der Literaturwissenschaftler George Steiner formuliert.[24] Was geschieht beim Sehen zudem allein in der Imagination des Betrachters? – Wie weit bestimmen Vorstellungen das, was man sieht: 1986 hat die französische Künstlerin Sophie Calle 23 Blindgeborene gefragt, was sie unter Schönheit verstehen und deren Antworten mit Porträtfotografien und Bildern zu den Antworten veröffentlicht.[25] Es handelt sich um eine weitere Radikalisierung der Frage nach der Subjektivität des Sehens selbst.

Am Schluss sollen zwei weitere Beispiele aus der Berliner Ausstellung „Warum!" stehen. Eines zeigt die Suche nach der unverstellten, radika-

23 Vgl. Jürgen Wißmann, Katalog: Josef Albers, hg. v. Landesmuseum Münster, Ausstellung Münster, Basel u. a., Recklinghausen 1968.
24 George Steiner, Von realer Gegenwart. Hat unser Sprechen Inhalt?, dt. München / Wien 1990, S. 248.
25 Vgl. Katalog: warum! Bilder diesseits und jenseits des Menschen, hg. v. M. Flügge u. Fr. Meschede, = Ausst. aus Anlass des 1. Ökumenischen Kirchentags, Berlin 2003, Stuttgart 2003, S. 74 – 83.

len visuellen Ehrlichkeit gegenüber dem menschlichen Körper, wie sie schon Albrecht Dürer und auch – wie gezeigt – Matthias Grünewald zum Thema gemacht haben. John Coplans, ein 84jähriger Künstler, der in New York lebt, hat 2002 eine Serie von Selbstporträts mit der Kamera gemacht (Abb. 12).

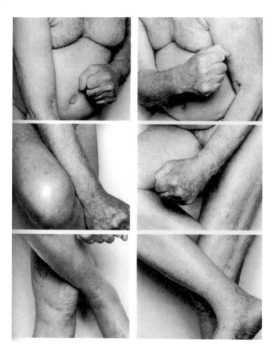

Abb. 12: John Coplans, ohne Titel. 188 x 84 cm (zwei von 22 Fotoarbeiten)

Er möchte durch die Fotos seines unverstellten, zeit- und heimatlosen, nackten Körpers die Frage nach der Identität stellen. Die Fotos des alten Mannes – in der Ausstellung überlebensgroß präsentiert – wirken auf den ersten Blick abstoßend und lassen auf einer zweiten Ebene die Frage nach dem Menschen zu, wie sie in der Kunst immer wieder gestellt worden ist. Gerade in einer Zeit des Kults der Schönheit und Gesundheit, der falschen und glatten Filmbilder wirft ein solcher Anblick zurück auf den realen, einzigartigen, unverwechselbaren Menschen in seiner vergänglichen Körperlichkeit. Die interpretierende Assoziation mag dann weiter führen – sicher aber hat sie in der Frage nach dem Menschsein eine ethische Dimension. Diese Fotografien schließen den Kreis zu dem Bild des Schmerzensmanns und dem Realismus des Bildes, der in ganz unterschiedlicher Weise zum Thema werden kann.

7. Engagierte Kunst durch Kontrast

Unterschiede im Menschenbild verdeutlicht schließlich eine Arbeit des englischen Künstlers Marc Wallinger, der 1999 aus kunstharzgebundenem Marmorstaub und Stacheldraht eine schlicht-ernste Männerfigur mit Lendentuch und Dornenkrone vorstellte, die 2001 im englischen

Abb. 13: Mark Wallinger
Ecce homo, 1999

Beitrag der Biennale von Venedig zu sehen war. Geschaffen wurde sie als Figur für einen leeren Sockel am Trafalgar-Square in London (Abb. 13), wo sie als Gegenpol zur Ehrensäule für den Admiral der Schlacht von Trafalgar gedacht war.

Leider hatte die Administration der Stadt London nicht den Mut zur dauerhaften Aufstellung dieser Figur, die eine wichtige Bedeutungsvariante durch den Ort ihrer Aufstellung gefunden hätte. Auf der Ehrensäule steht die pathetische Skulptur des „Helden", ihr gegenüber die Plastik Wallingers. Das alte Thema des „Ecce homo" aus der Passionsgeschichte, das „Seht welch ein Mensch" des Pilatus wird zum Pathos der Gewaltlosigkeit in Kontrastierung einer Art von Größe, die sich allein aus Macht und Gewalt speist. Die Figur Nelsons wird im Kontrast der zwei Skulpturen desavouiert.

Ganz ähnlich hatte auch Pablo Picasso auf das konventionell pathetische Kriegerdenkmal des Städtchens Vallauris in Südfrankreich in den fünfziger Jahren reagiert, dem er einen betont schlicht-ernsten „Mann mit Schaf" gegenüberstellte: das Denkmal eines zum Frieden entschlossenen Hirten als Antibild zum Krieger. Dass auch er damit eine zentrale Figur der christlichen, der europäischen Ikonographie abwandelt, das des Schaftträgers und „Guten Hirten" zeigt die andauernde Kraft einer Kunst, die sich mit der Frage nach dem Menschsein und dem richtigen Handeln über alle Jahrhunderte beschäftigt hat – auch dann, wenn dies nicht in programmatischen Inhalten plakativ demonstriert wird.

Es ist an uns als den potentiellen Betrachtern der Kunst, das zu sehen, bzw. das Sehen wieder einzuüben, um die wichtigen Bilder von denen des Massenkonsums und der Manipulation zu scheiden. In der Kunst liegt der ethische Beitrag vor allem inm der Schärfung der Sensibilität für das Humane; Ethik allerdings nicht im Sinne von Regeln und begrifflicher Reflexion – das bleibt Aufgabe von Philosophie und Theologie. Ethik kann die Folge eines Sehakts sein. Kunst sehen zu lernen, kann so verstanden zu einer Humanitätsschulung werden. Das Ergebnis der Begegnung mit solcher Kunst kann dann durchaus in der Selbsterkenntnis münden: „Du musst dein Leben ändern!"

Zu den Abbildungen

Abb. 10: (c) VG Bild-Kunst, Bonn 2004.
Abb. 11: (c) The Josef and Anni Albers Foundation/VG Bild-Kunst, Bonn 2004.

Winfried Franzen

Wurzeln, Status und Zukunft des Moralischen

„Ethik in der Krise" – das kann meinen, dass eine Disziplin in der Krise steckt. Ich beziehe es aber mehr noch auf einen als krisenhaft empfundenen Zustand, in dem wir, wie viele es jedenfalls empfinden, mit der Sache selbst sind: mit der ethisch-moralischen Dimension – insbesondere auch Zukunftsdimension – des Lebens und Zusammenlebens. Vielleicht ist es da sinnvoll, auch einmal grundsätzlichere Fragen zu stellen: danach, was das überhaupt ist – „das Moralische", welchen Status und welche Wurzeln es hat. Vorweg sei nur noch bemerkt, dass ich mit den hier dokumentierten Bemühungen – wie auch meinen sonstigen in diesen Dingen – nach einer Linie suche, die zwischen illusionärem Idealismus einerseits und desillusioniertem Defätismus andererseits liegt.[1]

---

1 Die Vortragsform wurde in manchem abgeschwächt, ansonsten aber beibehalten.

1. Zum Status des Moralischen

Definitionen haben meist nur begrenzte Relevanz, gleichwohl stelle ich eine an den Anfang. Sie stammt von dem namhaften amerikanischen Moralphilosophen Bernard Gert:

„Morality is an informal public system applying to all rational persons, governing behavior that affects others, and includes what are commonly known as the moral rules, ideals, and virtues and has the lessening of evil or harm as its goal."[2]

Mir kommt es hier vor allem auf den letzten Punkt an: „and has the lessening of evil or harm as its goal" - „dessen Zweck es ist, Übel und Leid zu vermindern". Eigentlich wird damit etwas Selbstverständliches zum Ausdruck gebracht. Trotzdem ist es nicht überflüssig, diesen Aspekt zu betonen - schließlich hat es immer wieder Tendenzen gegeben, das Moralische zu etwas Selbstzweckhaftem hoch zu stilisieren. Das kann aber leicht ins Gegenteil umkippen und die Moral dann in den Ruch des Moralinsauren bringen, welches - wie ihre Verächter dann argwöhnen – bloß dazu da sei, uns die Freude am Leben zu vermiesen. Das wäre natürlich ein fatales Missverständnis. Um dem von vorneherein das Wasser abzugraben, hat z.B. William Frankena, ein anderer amerikanischer Ethiker, nachdrücklich festgehalten: „Die Moral ist für den Menschen da, nicht der Mensch für die Moral."[3]

Vor einiger Zeit kam mir die Idee, dass man diesen Punkt auch durch Abwandlung eines bekannten Spruchs von Erich Kästner formulieren könnte. Der Spruch lautet: „Es gibt nichts Gutes, außer man tut es." Ich verstehe das als Eintreten für weniger Gesinnungs- und mehr Verantwortungsethik, weshalb sich übrigens der Sachse Kästner und der gebürtiger Thüringer Max Weber ganz gut verstanden hätten. Aber wie auch immer, ich schlage nun noch eine Variation vor. Sie lautet: Es gibt nichts Gutes, außer es *kommt* zugute. Damit ist gemeint: Moralisch gute Handlungen beziehen ihr Gutsein daraus, dass sie auch jemandem zugute *kommen*. Oder mit ein paar Modifikationen: Moralisch gute Handlungen beziehen ihr Gutsein zumindest indirekt oder in letzter Instanz, oft aber auch ganz direkt, daraus, dass sie - bzw. ihre Wirkungen – einzelnen Menschen bzw. ganzen Gemeinschaften auch zugute

---

2 Gert 1998, S. 13.
3 Frankena 1971, S. 141, vgl. schon S. 64.

kommen. Unter dem moralisch Guten ist hier natürlich auch und sogar in besonderem Maße das Unterlassen des Schlechten zu verstehen, und unter dem, was zugute kommen kann, auch dieses, dass den je von einer Handlung Betroffenen Schlechtes oder Schlimmes erspart bleibt. Auch sonst wäre, wollte man die Sache genauer fassen, noch vieles differenzierungsbedürftig, aber für die hiesigen Zwecke können wir es bei der angedeuteten Hauptstoßrichtung belassen.

Für den Einzelnen als Adressaten der Moral besteht das Moralische – um es erst wieder ganz summarisch zu sagen – vor allem darin, außer den je eigenen Interessen auch diejenigen von anderen zu berücksichtigen. In welchem Maße und mit welcher Reichweite, kann dabei zunächst offen bleiben. Jedenfalls gilt: Moralische Gesichtspunkte zu berücksichtigen – den 'moral point of view' einzunehmen – heißt: mindestens ein Stück weit zu akzeptieren, dass nicht nur die eigenen Interessen zählen.

Die Interessen anderer gelten zu lassen, das könnte man auch – im weitesten Sinne – als Altruismus bezeichnen. Zwar wird dieser Begriff häufig wesentlich stärker und emphatischer verwendet, nämlich im Sinne des selbstlosen, aufopferungsvollen Engagements für andere. Für die hiesigen Zwecke möchte ich aber – wesentlich weiter und schwächer – immer schon dann von Altruismus sprechen, wenn überhaupt, wie eingeschränkt oder bloß ansatzweise auch immer, ein Sensorium für die Belange anderer vorhanden ist, eingeschlossen einen – wiederum wenigstens rudimentären – Sinn für Fairness.

Ich meine nun, dass keine Moralbegründung umhin kommt, bei denjenigen, an die sie sich richtet, an einen solchen – wie ich es hier nennen möchte – Elementar- oder Ur-Altruismus zu appellieren. Bei diesem muss man unumgehbar ansetzen, hinter diese Voraussetzung kann man argumentativ – wohlgemerkt argumentativ – nicht nochmals zurück. Alle Begründungen und Rechtfertigungen haben, da sie nicht ins Unendliche fortgehen können, irgendwo eine Ende. D.h. irgendwann kommt man an einen Punkt, wo man von etwas Gebrauch machen oder auf etwas rekurrieren muss, das nicht seinerseits wieder bewiesen oder begründet werden kann. Dies hat wohl niemand so eindringlich dargetan wie Ludwig Wittgenstein.[4] Es ist freilich nicht so einfach, diese prinzipielle Begrenztheit jedes Begründungsanspruchs zu akzep-

---

4 Vgl. Wittgenstein 1984, Nr. 110, 192, 204, 378, 509.

tieren. Denn – so Wittgenstein: „Es ist schwer, am Anfang anzufangen. Und nicht zu versuchen, weiter zurückzugehen."[5]

Ich möchte hier noch auf einen anderen großen Philosophen zurückgreifen: auf David Hume, der im 18. Jahrhundert gelebt und, obwohl er Schotte war, mit tiefen Einsichten nicht gegeizt hat.[6] Bereits im außermoralischen Bereich, sagt Hume, ist es so, dass wir die Kette der Begründungen oder Rechtfertigungen nicht bis ins Unendliche fortführen können. Dass jemand Sport treibt, mag er damit begründen, dass er etwas für seine Gesundheit tun will, dies wiederum damit, dass Krankheit Schmerzen bedeutet, aber wenn er nun noch begründen sollte, was er gegen Schmerzen hat, würde er dies als unangemessen zurückweisen. Keine Schmerzen haben zu wollen, ist etwas, das nicht seinerseits noch gerechtfertigt werden müsste.[7]

Dies alles gilt nun auch für die moralische Sphäre. Auch hier muss man in *letzter* Instanz auf etwas rekurrieren, das seinerseits nicht nochmals per Argumentation einzuholen ist. Diese Grundgegebenheit ist nach Hume ein elementares Gespür, welches zwischen dem moralisch Guten und Schlechten unterscheidet. Da aber das Gute das ist, was dem Wohlergehen der Betroffenen dient, erweist sich als letzter Bezugspunkt für alle moralische Beurteilung: „a feeling for the happiness of mankind, and a resentment of their misery" – ein Sinn für menschliches Wohl und eine Abneigung, ein Unwille gegenüber menschlichem Leid.[8]

Nach Hume ist es nun weiterhin so, dass wir diese moralische oder altruistische Urmotivation, die wir bei allem Begründen voraussetzen müssen, im Großen und Ganzen auch voraussetzen können. Es handelt sich hier nämlich um etwas – so sagt er – „which nature has made universal in the whole species", um etwas, womit die Natur allgemein die ganze Spezies ausgestattet hat.[9] Wohlgemerkt, Hume tendierte – realistisch, wie er war – keineswegs dazu, den Menschen zu idealisieren. Selbstverständlich gehören zu unserer Natur auch die anderen Antriebe, diejenigen eben, die uns zur Verfolgung der je eigenen Interessen bestimmen. Wir sind von Natur aus primär Egoisten – nichts kla-

---

5 Ebd. Nr. 471.
6 Zum Folgenden ausführlicher: Franzen 2002.
7 Vgl. Hume 1975, Appendix I, Nr. V (engl. S. 293, dt. S. 224f.)
8 Ebd. App. I (engl. S. 286, dt. S. 216).
9 Ebd. Section I, engl. S. 172, dt. S. 91.

rer als das, wie sollten wir als Lebewesen denn anders existieren! In uns steckt aber auch ein gewisser Altruismus, und zwar, um es nochmals zu betonen, als etwas, das nicht durch Begründungen allererst erzeugt wird, sondern umgekehrt bei allem Begründen unhintergehbar vorausgesetzt werden muss.

2. Wurzeln der Moral – erster Aspekt: Evolutionäre Wurzeln?

Nachdem ich die Debatte über 'Moral und Evolution' seit mehr als einem Vierteljahrhundert verfolgt habe, ist für mich ziemlich klar, dass die Moral in der Tat evolutionäre Wurzeln *hat* – bzw. *auch evolutionäre* Wurzeln hat. Wer die wissenschaftliche Entwicklung der letzten anderthalb Jahrhunderte nicht ignorieren bzw. für anthropologisch irrelevant erklären will, wird sagen müssen: Viele der höheren, der spezifisch menschlichen Errungenschaften reichen mit ihren Wurzeln – oder sagen wir: mit manchen ihrer Wurzeln – tief in die evolutionäre Vergangenheit zurück.

Viele meiner philosophischen bzw. generell geisteswissenschaftlichen Kollegen, wie natürlich auch viele andere Leute, tun sich nach wie vor schwer mit dieser Sichtweise. Bei mir ist das – vielleicht nicht immer, aber immer öfter – nicht mehr der Fall, ein kräftiger naturalistischer Zug gehört zu meiner Sicht der Welt und des Menschen. Ich finde es daher auch nicht unter meiner philosophischen Würde, hier den bekannten Primatenforscher Frans de Waal zu zitieren. In einem Gespräch mit der Wochenzeitung DIE ZEIT meinte er:

„Es gibt Stufen der Moralität, und Affen haben viele dieser Stufen erreicht [...]. Die Bausteine der Moralität, psychologische Mechanismen wie Einfühlung, Gefühlsansteckung, Perspektivenübernahme und Verhaltensweisen wie Zusammenarbeit, Teilen und Trösten finden sich auch bei Menschenaffen. Und in diesen Bausteinen gibt es eine evolutionäre Kontinuität zu den Menschen."

DIE ZEIT fragte dann zurück: „Der Mensch hat sich die Moral also nicht im Kampf gegen seine Natur zugelegt?" De Waals Antwort: „Nein [...]. Moral ist natürlich, und sie hat eine emotionale Basis, ist nicht nur Sache des Verstandes. Empathie etwa ist zu schnell, um unter der Kontrolle des bewussten Nachdenkens zu stehen." Für de Waal ist freilich auch klar, dass es beim Menschen noch weitere Stufen der Moralität gibt; Affen haben viele Stufen erreicht, „aber nicht alle".[10] Davon wird im dritten Abschnitt noch zu reden sein.

Jedenfalls finden wir Humes Aussage bestätigt, dass die Moral in etwas wurzelt, „which nature has made universal in the whole species". Auf die Frage, *wie* die Natur das bewerkstelligt hat, konnte Hume sich noch keine Antwort erhoffen – die moderne Biologie gab es damals noch nicht. Soll das etwa heißen, dass wir heute – *mit* der modernen Biologie – die Antwort haben? So einfach ist das natürlich nicht. Immerhin gibt es aber eine Reihe von ernst zu nehmenden Erklärungsansätzen. Dazu zählt auch die vor einigen Jahrzehnten aufgekommene Soziobiologie, die das soziale Verhalten von Lebewesen mit dem Instrumentarium zu erklären versucht, welches die Synthese von Evolutionstheorie und moderner Genetik bereithält. Bezüglich des in vielfältigen Formen anzutreffenden tierischen Altruismus war es ja so, dass dessen Existenz dem älteren Darwinismus Schwierigkeiten machte oder sogar als evolutionäres Paradox erschien. Hier schlägt nun der soziobiologische Ansatz vor, die Erklärung auf der Ebene der Gene oder genetischen Programme zu suchen; für *diese, die Gene,* – so ganz grob die Pointe – ergeben sich unter bestimmten Bedingungen aus altruistischem Verhalten ihrer Träger im Endeffekt Erhaltungs- und Reproduktionsvorteile, und eben dadurch wird die Anlage zu altruistischem Verhalten etabliert und weitervererbt.

Gewiss, unabhängig davon, wie plausibel diese Sichtweise ist (worüber auch in der Biologie gestritten wird) – es bleibt natürlich auf jeden Fall die Frage, wieweit das alles auf den Menschen zu übertragen ist. Immerhin, falls es, mit Frans de Waal und übrigens vielen anderen Primatologen und Anthropologen, auch bei den 'Bausteinen' der Moral eine gewisse Kontinuität vom prähumanen Bereich zum Menschen hin gibt, würde auch hier, beim Menschen, die soziobiologische 'Tiefenerklärung' ins Spiel kommen. Allerdings möchte ich jetzt gar nicht auf diese Karte setzen, für mich ist vieles daran einfach offen und unentschieden.[11]

Jedoch könnte man die Frage stellen: Wenn diese – die soziobiologische Sicht – zuträfe, was wäre daran eigentlich so schlimm oder unangenehm? Viele empfinden das ja offenbar so. Einer der Gründe dafür

---

10 Alle Zitate bei Lenzen, 2003.

11 Vgl. stellvertretend für unzählige Beiträge aus den letzten Jahren - aus ganz unterschiedlichen Perspektiven: Fehr/Fischbacher 2003, Katz 2000, Tugendhat 2001.

dürfte die durch Richard Dawkins in die Welt gesetzte stark missverständnisanfällige Rede vom egoistischen Gen sein. Selbstverständlich ist diese Rede nicht wörtlich, sondern metaphorisch gemeint, aber dieser Metaphorik sind die Soziobiologen z. T. selbst aufgesessen. Insbesondere halte ich es für ganz kurzschlüssig zu sagen: *„Na, wenn unser Altruismus der Effekt von egoistischen Genen ist, dann sind wir ja bloß scheinbar altruistisch, dann ist das Ganze doch letztlich eingebildet und illusionär, denn in Wirklichkeit ist der Altruismus dann ja Egoismus."* Nein, so muss man das keineswegs sehen. Erstens können Gene selbst – rein begrifflich-kategorial – weder egoistisch noch altruistisch sein. Sie können – vielleicht, wenn an dem Ganzen etwas dran ist – Bestandteil der Infrastruktur sein, die das Phänomen des Altruismus trägt. Wenn dieses Phänomen eine solche Infrastruktur hat, bedeutet das aber zweitens keineswegs, dass es dadurch in Wirklichkeit gar nicht mehr dieses Phänomen ist. Nehmen wir eine Analogie. Mein Hunger hat eine reiche physiologische Infrastruktur, aber mir diese erklärend darzulegen, hat nicht den Effekt, dass der Hunger dadurch zum Nicht-Hunger würde, zu etwas in Wirklichkeit ganz anderem. Genauso wenig würde das Phänomen Altruismus dadurch, dass es in gewisser Weise auf eine zugrunde liegende Struktur zurückzuführen wäre, aufhören, Altruismus zu sein. Wohlgemerkt, das ist jetzt nicht als Sachargument für die Soziobiologie gemeint, sondern bloß als Frage, ob man vor Erklärungen dieses Typs wirklich so viel Horror haben muss. Vielleicht könnte man der Sache sogar einen gewissen augenzwinkernden Pfiff geben, indem man sagt: *„Sollen meine Gene ruhig egoistisch sein, Hauptsache, ich bin dadurch altruistisch!"* (Vielleicht ist das nicht ganz seriös, aber mir gefällt es.)

3. Wurzeln der Moral – zweiter Aspekt:

Von der dreifachen Aufhebung der Natur im Menschen

„Aufhebung" war ein wichtiger Begriff in Hegels dialektischer Sicht der Wirklichkeit und des Denkens. Dabei machte sich Hegel die Mehrdeutigkeit des deutschen Verbums „aufheben" zunutze: „aufheben" kann heißen „aufbewahren" (lat. conservare), es kann heißen „hochheben, emporheben" (sublevare), und es kann heißen: „außer Kraft setzen oder überwinden" (lat. tollere) – man denke etwa an die Aufhebung = Außerkraftsetzung einer Verordnung bzw. an die Aufhebung = Überwindung der Schwerkraft, z.B. im Trainingssimulator für Astronauten.

Hubert Markl, ehemaliger Präsident der Deutschen Forschungsgemeinschaft sowie der Max-Planck-Gesellschaft, hat nun die Idee gehabt, auch in Bezug auf die biologische Natur des Menschen von einer solchen dreifachen Aufhebung zu sprechen. Die biologische, evolutionär gewordene Natur ist im Menschen erstens aufbewahrt, da sie „als eine wesentliche Grundbefindlichkeit seines Seins erhalten bleibt". Sie ist zweitens emporgehoben, „da sie in dem Kulturwesen Mensch eine neue Verwirklichungsform des Lebendigen hervorgebracht hat". Und sie ist drittens in gewisser Weise auch überwunden, insofern sich der Mensch aus den natürlich-biologischen Determiniertheiten zumindest ein Stück weit emanzipiert hat.[12] Ich finde das als anthropologisches Grundraster sehr bedenkenswert.

Vieles davon lässt sich nun auch auf das Moralische übertragen. Selbiges hat eine prähuman-evolutionäre Vorgeschichte, welche in den Menschen hineinragt und in ihm aufbewahrt bleibt. Auf diese Weise hat die Moral ihren Anfangsschwung erhalten, und ohne den wäre weder etwas in Gang gekommen noch je etwas in Gang zu bringen. Andererseits jedoch bedurfte und bedarf es, damit daraus die spezifisch menschliche Moral wurde und jeweils wird, beträchtlicher weiterer Schwungkraft: zusätzlicher Elemente oder – mit dem Ausdruck von Frans de Waal – zusätzlicher Bausteine. Im Großen und Ganzen wird man sagen können, dass dieses Weitere und Zusätzliche durch die Vernunft hinzukommt. Allerdings ist die Sache nicht so einfach. Auch die Vernunft – die Fähigkeit zu rationalem Denken, zu höherer Begriffsbildung, zum logischen Schließen, zur Erkenntnis von Ursachen, zum Abwägen von Gründen usw. usf. – ist nicht einfach vom Himmel gefallen, sondern aus einem langen Entwicklungsprozess hervorgegangen. Und es gibt an ihr, an der menschlichen Ratio, viel Ambivalentes, Zweischneidiges. Zyniker tendieren sogar dazu, einseitig das Prekäre und Heikle wahrzunehmen. Man denke an den Berufszyniker Mephistopheles, der mit Blick auf den Menschen meinte: „Er nennt's Vernunft und braucht's allein, nur tierischer als jedes Tier zu sein." (*Faust* V. 285f.) An dieser Feststellung ist wahr, dass der Mensch seine höheren Fähigkeiten auch zum Schlimmen einsetzt – und es dort zu Exzes-

---

12 Markl 1991, S. 286.

sen bringt, die alles, was im subhumanen Bereich vorkommt, weit über-
steigen. Aber dass Vernunft – wie Mephisto hämisch meinte – „allein"
und „nur" auf solche Weise zum Einsatz kommt, lassen wir uns mitnichten einreden. Vielmehr ist es auch und gerade die Vernunft, durch
die das Moralische über die evolutionär gegebenen Ansätze hinaus auf
höhere Stufen gehoben wird (hegel-marklsche Aufhebung Nr. 2). Und
es ist die Vernunft, die dazu beiträgt, dass die Begrenztheiten, die jenen
evolutionär entstandenen Ansätzen eigen sind, zumindest ein Stück
weit überwindbar werden (Aufhebung Nr. 3). Zu beiden Aufhebungen
– der zweiten wie der dritten – noch einige Andeutungen.

Höhere Stufen erreicht das Moralische beim Menschen dadurch, dass
spontane Impulse zu stabilen Einstellungen und Prinzipien werden
können; dass selbige – vermittelst einer der wichtigsten menschlichen
Errungenschaften, der Sprache – einer argumentativen Form fähig sind
und dass dadurch Begründung und Abwägung möglich werden. Vernunft, die man geradezu als Fähigkeit zur Befreiung aus enger Augen-
blicks- und Situationsgebundenheit charakterisieren könnte, ermöglicht dadurch auch ein beträchtliches Maß an individueller Selbst-
distanzierung; dies wiederum fördert das Einnehmen eines unparteili-
chen Standpunktes und die Erweiterung von begrenzter Wechselseitig-
keit in Richtung auf stärkere Universalisierung. Dies sind alles Dinge,
die die Moraltheorie in den letzten Jahrhunderten – und z. T. schon in
der Antike – ausgiebig thematisiert hat. Weiter ausführen kann ich das
hier nicht.

Ein Aspekt sei aber noch erwähnt. Ich beziehe ihn z. T. von dem
1994 verstorbenen Göttinger Primatologen Christian Vogel (innerhalb
der evolutionären Anthropologie nicht nur einer der wichtigsten deutschen, sondern insgesamt einer ihrer reflektiertesten und besonnensten
Vertreter).[13] Auch Christian Vogel zufolge ist der natürliche Altruismus eine notwendige Bedingung für die Entwicklung der Moral, aber
für die spezifisch menschliche Moral ist er nicht nur nicht ausreichend,
sondern er steht ihr teilweise gerade entgegen. Dies vor allem deshalb,
weil alle Formen von *natürlichem* Altruismus zugleich scharf diskriminierend seien. „Diskriminierend" meint hier, dass jeweils geschieden
wird zwischen den Dazugehörigen und den Nicht-Dazugehörigen. *Natürlich*-altruistisches Verhalten nämlich wird von einem Lebewesen nur

---

13 Zum folgenden vgl. bei Vogel 2000, vor allem den Beitrag 7: Evolution und
   Moral, S. 135ff.

gegenüber denjenigen Mit-Lebewesen an den Tag gelegt, die in irgend-
einer Weise seinesgleichen sind, die seiner genetischen Gemeinschaft,
seinem Rudel, seiner Population oder welcher In-Group auch immer
angehören, während die Exemplare außerhalb dieser In-Group oft nur
als Konkurrenten oder sogar Feinde behandelt werden. Insoweit nun
der evolutionär entstandene natürliche Altruismus in die Dispositio-
nen auch des Menschen hineinreicht, tut es auch diese Tendenz zur
Diskriminierung; und eben deshalb, so Christian Vogel, bleibt dieser
bloß natürliche Altruismus als Grundlage für die menschliche Moral
ambivalent.

Dies ist ein subtiles Problem, welches ich aber vor allem zum Anlass
nehmen möchte für eine weitere Bemerkung zur Rolle der Vernunft.
In der gerade angedeuteten Situation, so könnte man sagen, hat die
Vernunft die Aufgabe, die Grenzen, an denen entlang besagte Diskriminierung jeweils stattfindet, durchlässig zu machen und den Anwen-
dungsbereich von moralischen und altruistischen Gesichtspunkten aus-
zudehnen. Den moralischen Anfangsschwung haben wir sozusagen
bereits von der Natur mitbekommen – in Form des Altruismus, den es
bereits in der Natur gibt. Dieser ist aber zugleich, in Form der Diskri-
minierungskomponente, durch etwas geprägt, das wenigstens ein Stück
weit überwunden werden muss. In gewisser Weise muss also *mit* der
natürlichen Moral – nämlich deren positiver Seite – gegen die natürliche Moral – nämlich deren negative Seite – angegangen werden. Für
diese Situation gibt es nun ein geradezu wunderbares Bild, nämlich das
des Gegen-den-Wind-Segelns, des Kreuzens. Der Göttinger Philosoph
Günther Patzig hat dieses Bild, das in anderem Zusammenhang schon
von dem Logiker und Mathematiker Gottlob Frege eingesetzt wurde,
auf das Moralproblem angewendet.[14] Beim seglerischen Kreuzen kann
man durch raffiniertes Wechseln der Fahrtrichtung und der Ausrich-
tung der Segel mithilfe des Windes gegen die Hauptwindrichtung se-
geln – oder kürzer: mit dem Wind gegen den Wind. Man überlistet
sozusagen die Natur, zu welcher der Wind ja zweifellos gehört. In ähnlicher Weise – so nun die Anwendung – können und müssen wir *mit*
dem natürlichen Altruismus gegen den *bloß* natürlichen Altruismus
angehen: *mit* dem natürlichen Altruismus, sofern er eben überhaupt
und immerhin schon Altruismus ist, und *gegen* den natürlichen Altruismus, sofern er – als *bloß* natürlicher – meist scharf diskriminierender

---

14 Vgl. Patzig 1994, besonders S. 138f.

Altruismus ist. Gewiss, jeder Vergleich hinkt an bestimmten Stellen, auch dieser, zu detailliert darf man die Analogie nicht ziehen wollen. Immerhin kommt aber noch ein zusätzlicher Punkt sehr schön hin. Man kann nämlich jetzt sagen: Die nötigen Manöver bei diesem Unternehmen – die muss eben die Vernunft ausführen, mit all den Bordmitteln, von denen oben andeutungsweise die Rede war. Dieser Teil der Analogie kommt im Übrigen auch deshalb gut hin, weil sich damit ein schönes altes Bild wieder einfindet: das Bild von der Vernunft als Steuermann.

4. Moralischer Fortschritt?

Den zuletzt angedeuteten Tenor – durch Vernunft gelangt das Moralische beim Menschen auf höhere Stufen – würde wohl mancher mit der Frage konfrontieren wollen: „Aber sieht es in der Realität nicht anders aus?" Darin steckt das Problem des moralischen Fortschritts oder eben, bei umgekehrter Wahrnehmung, die Beunruhigung, ob es nicht einen Niedergang der Moral gibt.[15]

Hier muss ich schlicht sagen: Ich sehe nicht, wie man in diesen Dingen zu halbwegs eindeutigen Beurteilungen kommen sollte. Jede Bestandsaufnahme bleibt hier zutiefst ambivalent. Einerseits vermag das Moralische beim Menschen in der Tat eine die evolutionäre, prähumane Vorgeschichte weit hinter sich lassende Qualität zu erreichen; und zwar sozusagen nicht nur auf dem Papier, sondern durchaus auch – individuell wie gemeinschaftlich – in vielfachen Formen des Guten, das – siehe Erich Kästner – wirklich getan und gelebt wird. Andererseits erklimmt der Mensch aber auch im Schlimmen und Schrecklichen einsame Höhen. Und ob es eine Tendenz, gar eine der Geschichte eingeschriebene, immanente Tendenz zur einen oder zur anderen Richtung gibt, zum allmählichen Überwiegen des Positiven oder aber des Negativen – wie gesagt, ich wüsste nicht, wie man darüber befinden könnte.

Kommen wir in diesem Zusammenhang einmal – im 200. Jahr nach seinem Tod – auf Immanuel Kant zu sprechen. Kant machte sich zwar über die zwiespältige Natur des Menschen keine Illusionen, setzte aber dennoch darauf, dass „das menschliche Geschlecht im beständigen

15 Das folgende z. T. schon in Franzen 2004.

Fortschreiten zum Besseren sei".[16] Wobei für Kant dieses Fortschreiten vor allem auf die Verwirklichung des Moralischen in der rechtlichen und politisch-staatlichen Sphäre zielte.

Fragen wir doch einmal ganz naiv: Was würde Kant heute dazu sagen? Heute – das heißt: wenn er diachron die letzten zwei Jahrhunderte und synchron die jetzigen Verhältnisse in den Blick nähme. Er wäre wohl in einiger Verlegenheit. Zwar kaum schlicht so, dass er erkennen müsste, von dem seinerzeit Postulierten sei wenig oder sogar nichts oder eher das Gegenteil eingetreten. Aber der Versuch einer Gesamtbilanz müsste ihn ratlos machen. Sicher könnte Kant mit Befriedigung konstatieren, dass der Stellenwert von Freiheit, Selbstbestimmung und Menschenwürde, von Rechtsstaatlichkeit, republikanischen Prinzipien und anderem mehr eindeutig und in großem Maße gestiegen ist. Indessen – für beträchtliche Teile der Menschheit gilt dies nach wie vor nicht. Man könnte einwerfen: „Noch nicht, aber ist die Tendenz nicht steigend?!" Auch hier divergieren die Einschätzungen. Die Globalisierung z.B. wird von manchen – etwa von Francis Fukuyama – so gedeutet, dass das bislang erst von einem Teil der Menschheit glücklich Erreichte sich nun auf deren Gesamtheit ausdehnt.[17] Es braucht kaum erwähnt zu werden, dass andere die Globalisierung mit viel gemischteren Gefühlen sehen. Des Weiteren scheinen die bereits etablierten Demokratien zwar ziemlich stabil zu sein, aber doch nicht so stabil, dass ein Rückfall in weniger demokratische oder nur noch pseudo- oder gar offen undemokratische Verhältnisse ausgeschlossen werden könnte.

Zentral ist auf jeden Fall auch die Frage, ob die Erde die globale Ausdehnung unserer Lebensform aushält. Hier könnte man allerdings sagen: Mag auch unser westliches Verbrauchsniveau nicht verallgemeinerbar sein, warum dann nicht wenigstens die freiheitlich-demokratisch-rechtsstaatliche Verfasstheit des Zusammenlebens? Nun, wir sind praktisch verurteilt zu hoffen, dass dies möglich ist, aber es gibt immerhin die Frage, ob Erfolgsgeheimnis und Akzeptanz der Demokratie nicht faktisch gerade stark an Wohlstand und Konsumniveau geknüpft sind.

Zum ewigen Frieden lautete der Titel der vielleicht wichtigsten kantschen Schrift zur politischen und Geschichtsphilosophie, erschienen 1795. Die darin entwickelte systematische Argumentation ist bis heute von höchstem Rang. Aber hat sich die Entfernung zu einem solchen Zustand dau-

---

16 Kant 1798, S. 351; vgl. Kant 1784.
17 Vgl. Fukuyama 2002, S. 180.

erhaften Friedens – und für Kant war das mit die wichtigste Komponente eines Fortschreitens zum Besseren – inzwischen verkleinert? Zeitweilig war diese Entfernung eher größer als je zuvor, und was in Sachen 'Krieg und Frieden' die Entwicklung seit der Mitte des 20. Jahrhunderts angeht, einschließlich des heutigen Stands, so würde eine Beurteilung wiederum eine hochgradig uneindeutige Gesamtbilanz ergeben.

Wohlgemerkt, ich sage „uneindeutig" und nicht etwa „negativ". Die vorstehenden Erwägungen, so wenig sie einem naiven Optimismus huldigen, wollen auch nicht einfach in Pessimismus machen. Vielmehr halte ich es hier mit Milan Kundera, der einmal in einem Interview sagte: „Ich bin zu skeptisch, um Pessimist zu sein."[18]

Wie auch immer, es hat aber etwas Richtiges und hin und wieder Angebrachtes, den ganzen Vorgang der Emanzipation des Menschen aus der Natur auch zu sehen als quasi-experimentelles Geschehnis, dessen Ausgang wir nicht kennen. Oder um es mit dem Raster von Hubert Markl zu sagen: Wieweit die Aufhebung der Natur im Menschen zu etwas Gelungenem wird, bleibt eine offene Frage.

Dass der Versuch oder Selbstversuch der Gattung Mensch, moralisch auf höhere Stufen zu gelangen, soviel Ambivalentes aufweist, hängt sicher, wie vieles in der Geschichte der Menschheit, auch mit der stetigen Beschleunigung zusammen, die der kulturellen oder zivilisatorischen Entwicklung eigen ist, insbesondere der Zunahme an Wissen und an neuen – erst im weiteren, dann auch im engeren Sinne – technischen Handlungsmöglichkeiten. Das zeitlich ungleich trägere Sicheinspielen neuer und vielleicht höherer Formen und Regeln innerhalb der moralischen Dimension des Zusammenlebens gerät dadurch sozusagen immer wieder ins Trudeln, kann im Tempo nicht mithalten, ist ständig vom Überrundetwerden bedroht. Dies alles hat sich in den vergangenen zwei bis drei Jahrhunderten und nochmals gewaltig in den letzten Jahrzehnten intensiviert, sodass viele von uns von Krisenbewusstsein durchdrungen sind.

Das ist des Öfteren durchaus auch meine Befindlichkeit. Freilich scheint Krisenhaftigkeit etwas zu sein, das grundsätzlich mit zur Verfasstheit des modernen Menschen oder sogar unserer Gattung insgesamt gehört. Deshalb gibt es auch Grenzen für eine oberflächlich moralisierende bzw. – wie Odo Marquard das mal genannt hat – rein tribunalisierende Haltung zu diesen Problemen. Ich möchte am Schluss

---

18 DIE ZEIT vom 7.12.1984, S. 66.

noch einen Aspekt betrachten, der sich solchem Tribunalisieren ziemlich deutlich entzieht. Eine beliebte Journalistenfrage in Interviews mit Zeitgenossen lautet: 'Was macht Ihnen für die Zukunft am meisten Sorge?' Mein Hauptkandidat für eine Antwort wäre z. Z.: Die größte Sorge ist, dass weite Teile unseres Lebens und Zusammenlebens einem nicht mehr handhabbaren Übermaß an Komplexität erliegen könnten. Das ist auf zahlreichen Feldern ein bedrängendes und ja auch viel beredetes Problem; man kann hier etwa an die schon sprichwörtliche Steuererklärung denken oder auch, falls man zur Uni Erfurt gehört, an die Prüfungsordnungen für den Bachelor-Studiengang.

Das Problem betrifft aber eben auch zentral den Bereich des Moralischen. Das gilt u. a. in zwei Richtungen. Moraltheoretisch kann man ja unterscheiden zwischen (a) den öfters so genannten kognitiven Fragen, die die normativen Inhalte und deren Erkenntnis oder Begründung betreffen, und (b) den motivationalen Fragen, also Fragen nach dem, was Menschen dazu bringt, den Normen gemäß zu handeln. Unter beiden Aspekten bringt die Zunahme an Komplexität auch zunehmende Bedrängnis in der moralischen Sphäre.

Zum Bereich der kognitiven Fragen – Aspekt (a) – gehört etwa, dass die Suche nach den angemessenen Regeln und Normen sich mit immer riesigeren Beständen an wissenschaftlichem Wissen und mit immer unabsehbareren technischen Handlungs- und Eingriffsmöglichkeiten auseinandersetzen muss. Oft ist es übrigens nicht einfach so, dass man von Grund auf neue Normen finden müsste. Die moralischen Elementarnormen werden durch die neuen Entwicklungen ja nicht hinfällig oder obsolet, aber ihre Spezifizierung bzw. Anwendung im Raum der neuen wissenschaftlichen und technischen Möglichkeiten wird immer verwickelter. Das Abwägen - Kernaufgabe aller normativen Anstrengung – hat immer zahlreichere Faktoren in immer vertrackteren Verschachtelungen zu berücksichtigen. Ich kann und muss dies hier nicht näher ausführen. Ein Durchhauen des gordischen Knotens – so sehr man sich das wünschen mag – gibt es sicher nicht. „Ethik *für* die Krise" – um den Titel der in diesem Band dokumentierten Ringvorlesung aufzugreifen – wird daher nicht einfach heißen können: 'um die Krise zu lösen', wohl dagegen, dass man sich ihr immer wieder neu stellen muss – der Krise als Normalfall.

Der andere Punkt – Aspekt (b) – betraf die motivationalen Seiten des Moralischen. Einige Teilaspekte davon kann man in die Frage fassen:

„Warum überhaupt moralisch sein?"[19] Dies wiederum soll, wie in der Fachliteratur meist üblich, verstanden werden als Frage nach den Gründen, die es auch außermoralisch als klug erscheinen lassen, moralisch zu sein bzw. moralisch zu handeln. Dazu hat der einflussreiche englische Ethiker Richard Hare – er starb im Jahre 2002 – eine originelle Überlegung angestellt: Angenommen, man würde sagen: „Wir richten die Erziehung unseres Kind ausschließlich daran aus, dass sein späteres Verhalten *seinen eigenen* Interessen nützt, egal was mit den Interessen anderer ist." Selbst dann, so Hare, würden wir dem Kind klugerweise das normale moralische Verhalten beibringen – eben weil ein solches Verhalten aufs Ganze gesehen für den späteren Erwachsenen selbst das Beste wäre. Denn zumindest mit *systematischem* Unmoralischsein geht es einem auf Dauer nicht besser, sondern schlechter, und die einfachste Methode, rechtschaffen zu erscheinen, ist in der Regel, rechtschaffen zu sein.[20] Wohlgemerkt, Richard Hare hält dies nicht für eine absolute Begründung, aber doch für eine plausible – und absolute Begründungen sind ohnehin nicht zu haben. Ich möchte das nun quasi in umgekehrter Richtung betrachten. Dabei kommt heraus: Zwar bemisst sich moralisch richtiges Handeln mitnichten danach, ob es sich für den Handelnden – wie man so sagt – auch auszahlt, aber andererseits würden Geltungskraft und Wirksamkeit des Moralischen in dem Maße untergraben, in dem der moralisch Handelnde tendenziell – wie man wiederum so sagt – der Dumme wäre. Dieser Zusammenhang, dieses Wechselverhältnis ergibt sich einfach daraus, dass das Moralische keine Sonderwelt ist, sondern mit den anderen Dimensionen menschlichen Tuns und Trachtens aufs engste verflochten.

Besagte Gefahr des Untergrabenwerdens bestand und besteht in gewisser Weise wohl immer, aber vielleicht wird sie durch die Komplexität und Unübersichtlichkeit der modernen Lebensverhältnisse verstärkt. Zu denen gehört etwa auch, dass in vielen Zusammenhängen Handelnde und Handlungsbetroffene einander weitgehend anonym bleiben, desgleichen, dass wir als Einzelne oft in zahlreiche Rollen aufgespalten sind und dadurch die wechselseitigen Verpflichtungs- und Berechtigungsverhältnisse vielfach gebrochen, uneindeutig oder gar widersprüchlich werden. Wohlgemerkt, davon sind sicher nur manche Teile unseres Handelns betroffen, aber vielleicht größer werdende. Ich

---

19 Vgl. dazu jetzt Bayertz 2003.
20 Vgl. Hare 1981, Abschnitte 11.3 und 11.4.

will auch nur andeuten: Durch solche und ähnliche Phänomene könnte sich der für die Wirksamkeit der Moral unerlässliche Zusammenhang, dass moralisches Handeln aufs Ganze gesehen auch für einen selbst gut ist und umgekehrt unmoralisches Handeln sich letztlich nicht auszahlt – dieser Zusammenhang, der ohnehin nicht ehern ist, aber doch zweifellos vorhanden, könnte sich lockern oder ein Stück weit gelockert haben.

Das Moralische „funktioniert" eben wohl am besten in Verhältnissen direkten Miteinanderzutunhabens, auch weil dort die positiv und negativ sanktionierenden Kräfte wirksamer ansetzen können. Zur zivilisatorischen Entwicklung gehört aber gerade auch das zunehmende Indirekterwerden der Verhältnisse. Das beinhaltet zwar auch, dass moralische Erfordernisse und Aufgaben z. T. auf Institutionen übergehen und es so zu mannigfachen auch moralischen Arbeitsteilungen kommt. Ja, moralischer Fortschritt könnte sogar teilweise aufgefasst werden als eine Entwicklung, in der solche Arbeitsteilung – zwischen Institutionen untereinander wie auch zwischen Institutionen und Individuen – in zunehmendem Maße gelingt. Aber eben – beim Blick auf die Realität, wie wir ihn vorhin kurz mit einem in die Gegenwart versetzten Kant geworfen haben, drängt sich vielleicht nicht der Eindruck auf, dass es mit diesem Gelingen schon zum Besten steht.

Jetzt fange ich aber nicht wieder von vorne an, sondern komme zum Schluss. Von Pessimismus und Optimismus war oben die Rede. Mich interessiert dieses Thema seit langem, deshalb habe ich dazu eine kleine Zitatensammlung. Daraus noch ein Satz von Albert Schweitzer, dessen Denken inzwischen auch von akademischen Philosophen ernst genommen wird. Mich hat bei der Lektüre seiner *Kulturphilosophie III*, die vor einigen Jahren aus dem Nachlass erschien, nicht zuletzt beeindruckt, wie viel Anerkennung er der Moralphilosophie David Humes zollt.[21] Das aber nur nebenbei. Schweitzer sagte einmal: „Auf die Frage, ob ich pessimistisch oder optimistisch sei, antworte ich, daß mein Erkennen pessimistisch und mein Wollen und Hoffen optimistisch ist."[22] Pessimistisch besagt hier wohl u. a.: nicht fähig und nicht willens, die Zwiespältigkeit des Menschen zu leugnen. „Optimistisch im Wollen" aber meint: entschlossen, sich dadurch nicht lähmen zu lassen.

---

21 Vgl. Schweitzer 1999/2000, z.B. Teil 1/2, S. 362; Teil 3/4, S. 247.
22 Schweitzer 1974, S. 249 (*Aus meinem Leben und Denken*, XXI: Epilog). Beim Auffinden dieses Belegs hat mir Claus Günzler geholfen.

Literatur

Bayertz, Kurt (Hrsg.): *Warum moralisch sein?* Paderborn, München, Wien, Zürich 2003.

Fehr, Ernst / Fischbacher, Urs: The nature of human altruism, in: *Nature* Vol. 425, 23. Oktober 2003, p. 785–791.

Frankena, William: *Analytische Ethik. Eine Einführung,* München 1971 und später [engl. 1963].

Franzen, Winfried (2002): „Verstand und Gefühl wirken bei fast allen moralischen Entscheidungen zusammen." (David Hume) Rationales und Nicht-Rationales in Moral und Moralerziehung – unter Rückgriff auf Hume und Schopenhauer, in: *Ethik und Religionsunterricht im Fächerkanon der öffentlichen Schule,* hg. von Eva Marsal, Frankfurt am Main 2002, S. 61-75.

– ders. (2004): Und die Moral in der Geschicht'? Stichworte zu Moral, Geschichte und Evolution, in: *Grenzen und Grenzüberschreitungen.* XIX. Deutscher Kongress für Philosophie, Bonn, 23. - 27. September 2002, hg. von W. Hogrebe, Berlin 2004, S. 592-603.

Fukuyama, Francis: *Das Ende des Menschen,* Stuttgart, München 2002.

Hare, Richard: *Moralisches Denken: seine Ebenen, seine Methode, sein Witz* [engl.1981], Frankfurt am Main 1992.

Gert, Bernard: *Morality. Its Nature and Justification,* New York, Oxford 1998.

Hume, David: *Enquiries Concerning Human Understanding and Concerning the Principles of Morals,* hg. von L.A. Selby-Bigge, third edition von P.H. Nidditch, Oxford 1975, reprint 1985 (dt.: *Eine Untersuchung über die Prinzipien der Moral,* Stuttgart 1984).

Kant, Immanuel (1784): *Idee zu einer allgemeinen Geschichte in weltbürgerlicher Absicht,* in: Kant 1966, S. 195-251.

– ders. (1795): *Zum ewigen Frieden. Ein philosophischer Entwurf,* in: Kant 1966, S. 195-251.

– ders. (1798): *Der Streit der Fakultäten,* in: Kant 1966, S. 265-393.

– ders. (1966): *Werke in sechs Bänden,* hg. von Wilhelm Weischedel, Bd. VI, *Schriften zur Anthropologie, Geschichtsphilosophie, Politik und Pädsagogik,* Darmstadt 1966.

Katz, Leonard. D. (Hrsg.): *Evolutionary Origins of Morality. Cross-Disciplinary Perspectives,* Thorverton (UK), Bowling Green (USA) 2000.

Lenzen, Manuela: *Der Engel im Affen. Frans de Waal findet Bausteine der Moral auch bei unseren Verwandten,* in: DIE ZEIT vom 17.12.2003.

Markl, Hubert: *Natur als Kulturaufgabe.* Über die Beziehung des Menschen zur lebendigen Natur, München 1991.

Patzig, Günther: Verhaltensforschung und Ethik, in: G.P.: *Gesammelte Schriften,* Bd. I: Grundlagen der Ethik, Göttingen 1994, S. 127-139.

Schweitzer, Albert: *Gesammelte Werke in fünf Bänden,* Bd. 1, München o.J. [1974].

– ders.: *Die Weltanschauung der Ehrfurcht vor dem Leben. Kulturphilosophie III,* hg. von C. Günzler und J. Zürcher, München, [2 Bände:] Erster und zweiter Teil 1999, Dritter und vierter Teil 2000.

Tugendhat, Ernst: Moral in evolutionstheoretischer Sicht [2000], in: E.T.: *Aufsätze 1992-2000,* Frankfurt am Main 2001.

Vogel, Christian: *Anthropologische Spuren. Zur Natur des Menschen,* hg. von Volker Sommer, Stuttgart, Leipzig 2000.

Wittgenstein, Ludwig: *Über Gewissheit.* In: *Werkausgabe in 8 Bänden,* Bd. 8, Frankfurt am Main 1984.

Foto: privat

Dietmar Mieth

Bio-Ethik als Krisenlöser oder Krisenmacher?
Entwicklungen und Positionen im Widerstreit

1. Strittige Konzepte der Wertorientierung

Auf dem Katholikentag in Ulm im Juni 2004 wurden einleitend zu den Hauptvorträgen über Menschenwürde Bilder gezeigt.

- Professor Dietrich aus Lübeck erläutert in einer Sendung des SWR seine These, dass die Präimplantationsdiagnostik im Reagenzglas vor dem Mutterleib ein Fortschritt gegenüber der Pränataldiagnostik sei.
- Professor Peter Singer erläutert in einer Schweizer Informationssendung seine These zur Früheuthanasie bei schwerem Leiden und auf Wunsch der Eltern.

- Ein Pfleger macht in einer Informationssendung (BR) darauf aufmerksam, dass die Selbstbestimmung bei fortschreitender Vernachlässigung eine Illusion ist.

Dies sind Elemente der öffentlichen Debatte, die man ergänzen könnte. Ein Beispiel für eine solche Ergänzung wäre die Debatte über die Verwertung von Embryonen für Stammzellen, in welcher das Schicksal überzähliger Embryonen mit kommenden Erfindungen auf dem Gebiet der therapeutischen Eingriffe verglichen wird.

Ein weiteres Beispiel ist die Debatte um das UNO-Verbot des Menschenklonens: soll dies umfassend verboten werden oder soll die Embryonen-Phase *in vitro* ausgeklammert sein?

Schließlich stellen sich die Fragen nach neuen Gentests und ihrer rechtlichen Implementierung in den Bereichen Prädiktive (vorhersagende) Medizin, Versicherung und Lebensgestaltung in Arbeit und Beruf sowie in den persönlichen Beziehungen.

Auf all diese Fragen kann der vorliegende Beitrag nicht im Detail eingehen. Es sind aber Fragen, die neben anderen medizin-ethischen Grenzfragen und neben nicht-medizinischen gen-ethischen Fragen in den Bereich der so genannten Bio-Ethik fallen. Da hier oft auch rechtlicher Handlungsbedarf entsteht, umfasst der Ausdruck Bioethik oft auch das „Biorecht" („biolaw") und die Biopolitik. Die Enquete-Kommission des Deutschen Bundestages „Ethik und Recht in der modernen Medizin" sowie der von der Exekutive eingesetzte „Nationale Ethikrat" betreiben in diesem Sinne Bioethik. Dies zeigt aber auch, dass es sich dabei um ein interdisziplinäres und ein interessengeprägtes Thema zugleich handelt: Ethiker im fachlichen Sinne sind gar nicht so zahlreich beteiligt.

Um das Thema unter einen gemeinsamen Nenner, der in Deutschland besonders häufig bemüht wird, zu bringen, möchte ich auf die Diskussion über das Kriterium der Menschenwürde im Kontext der Bioethik eingehen, sodann auf die europäischen Prozeduren, welche eine nationale Bioethik ein Stück weit präfigurieren.

1.2. Das Fundament der Menschenwürde

Mit der Würde des Menschen verbinden wir das Gebot, den Menschen nicht total zu instrumentalisieren, seine Selbstzwecklichkeit und in diesem Sinne seine Unverfügbarkeit angemessen zu respektieren. Dieses Gebot beruht, wie man mit Immanuel Kant, einem Philosophen des christlich–säkularen Kontinuums, zu sagen pflegt, auf einem „absoluten Wert", der also die anderen Werte befragen, begründen und ordnen soll.

In der „Allgemeinen Erklärung der Menschenrechte" von 1948 heißt es in der Präambel:

„Da die Anerkennung der angeborenen Würde und der gleichen und unveräußerlichen Rechte aller Mitglieder der Gemeinschaft der Menschen die Grundlage von Freiheit, Gerechtigkeit und Frieden in der Welt bildet..." Und dann in Art. 7: „Die Würde des Menschen ist zu achten und zu schützen."

Man muss deutlich dreierlei sehen: erstens, die Würde ist damit gegeben, dass der Mensch Mitglied der Menschheit ist – mehr wird nicht verlangt; zweitens, die Anerkennung der Würde ist die Basis aller Rechte – sie sind daraus abgeleitet; drittens, die Würde ist nicht nur zu achten, sondern auch zu schützen, d.h. man muss ihrer Verletzung zuvorkommen. Das aber bedeutet auch: je schwächer, umso schutzbedürftiger. Der Starke schützt sich weitgehend selbst. Bei den Schwachen ist Würdeschutz besonders gefragt.

Manche kehren heute die Reihenfolge, auf die es ankommt, um: erst kommt das Recht des einzelnen, der seine „Würde" reklamiert, dann kommt die Würde der Schwachen. Diese Ausleger interpretieren die Würde in der deutschen Verfassung durch die Rechtssetzungen, die wir in Interessenskonflikten als Kompromisse gefunden haben. Eigentlich muss es jedoch umgekehrt sein: die Rechtsetzung und Rechtsfolgen müssen vom Begriff der Würde her kontrolliert werden. Die Versuche, den Würdebegriff in der deutschen Verfassung durch das zu interpretieren, was wir daraus rechtpolitisch gemacht haben (Herdegen, Dreier, Hufen, Ministerin Zypries u.a.) kann daher nur in die Irre gehen. Man versucht das, was man mit Hilfe der Würde überprüfen und bewerten sollte, umgekehrt zur Prüfung und Bewertung der Würde zu benutzen. Dann aber ist die Würde kein absoluter Wert mehr, und ihr Inbegriff, „die Achtung der Menschheit in jedem Menschen" (Immanuel Kant) geht verloren.

Woran liegt es, dass angesichts der Bioethik und Biopolitik der Zentralsatz der Menschenrechte und der deutschen Verfassung so ins Zwielicht gerät? Dazu einige Anmerkungen:

Oft sprechen wir von „Würde", wenn wir nicht diesen Zentralbegriff, sondern einzelne Rechte meinen, die wir daraus ableiten. Der Mensch soll den anderen Menschen menschenwürdig behandeln. Dagegen gibt es himmelschreiende Verbrechen: Missbrauch und Versklavung von Frauen und Kindern, Folter, Verelendung durch Ausbeutung, Massenmord und Ähnliches, das uns heute täglich in den Medien erreicht. Hier wird „Würde" zu einem Wort der absoluten Kontrasterfahrung mit der Erniedrigung und Unterdrückung des Menschen. Damit wir aber die Erniedrigung und Unterdrückung unmittelbar empfinden, müssen wir Menschen sehen, die schon in ihrer Lebensgeschichte sichtbar sind. Das zu sehen, ist wichtig und ist das erste – aber müssen wir nicht auch sehen, was wir nicht sehen? Welche Bilder machen wir uns von der Würde?

Wenn wir im spontanen Alltagsverständnis von Würde sprechen, dann haben wir Bilder der Ansehnlichkeit und der Belastungsarmut vor Augen. Dies hängt damit zusammen, dass wir entsprechend dem Attribut „würdig" Vorstellungen davon entfalten, welche Qualitäten dazu erforderlich sind. Dies entspricht einer alten Tradition, wonach Würde viel mit „Ehren" zu tun hat (oder lateinisch: *dignitas* mit *honor*). Man spricht ja auch gern von Würdenträgern. Das sind diejenigen, die Ehrungen empfangen haben. Wenn man davon ausgeht, dass „Ehre" noch im 19. Jahrhundert ein wesentliches Wort für männliche Satisfaktionsfähigkeit und weibliche Unberührtheit war, dann wird einem bewusst, dass diese Ehre oder Würde Ausdruck einer vergangenen „Klassengesellschaft" gewesen ist. Seitdem die Klassen zumindest ideologisch verschwunden sind, kann man eher von der Würde als vom „Ansehen" sprechen, das ich vor anderen und vor mir selbst gewinnen kann. Je mehr Ansehen, desto mehr Würde. Wenn aber Ansehen z.B. mit Bildern der Jugendlichkeit, der Funktionstüchtigkeit und der Belastungsarmut verbunden ist, dann kann von einem „unwürdigen" Leben in dem Sinne gesprochen werden, dass das Leben des Menschen, alt, leidend, unansehnlich und schwer belastet geworden ist. Wenn dann in diesem Sinne kein „menschenwürdiges Leben" mehr möglich scheint, spricht man von der Sehnsucht nach einem menschenwürdigen Sterben. Diese Sehnsucht entsteht aber nur im Horizont eines bestimmten, verkürzten, an Ansehnlichkeit und Fehlen von Leid gebundenen Würdebegriff.

Eine zweite Vorstellung von Würde bindet sich an Freiheit und Handlungsfähigkeit als Inbegriff der moralischen Konzentrationsfähigkeit des Menschen. Es ist klar, dass unsere Vorstellungen von Freiheit und Handlungsfähigkeit an ein Bewusstsein des Menschen gebunden sind, das sich artikulieren und seine Wünsche bekunden kann. Nun sind wir nicht immer bewusst und wir artikulieren uns nicht immer Ziel führend. Also muss man in dieses Würdeverständnis auch Zustände einschließen, die „davor", „dazwischen" oder „danach" liegen. Der auf bewusste Wahrnehmung der Freiheit konzentrierte Mensch ist gleichsam ein Mensch, der von der Spitze des Eisberges her verstanden wird. Alles, was aber mit dieser Spitze in unlösbarem Kontakt und in Einheit mit ihr ist, „erbt" gleichsam von dieser Spitze auch die Würde. Der Mensch ist frei und deshalb Würdeträger, ist also eine Spitzenaussage über die Möglichkeit des Menschseins, nicht schlicht über seine Realität. Diese Spitzenmöglichkeit färbt aber so auf die Realität des Menschen ab, dass auch defizitäre Zustände des Menschen darunter fallen. Freilich versuchen manche Ethiker (wie Peter Singer, aber auch viele andere), das Kriterium des Bewusstseins so stark zu machen, dass es ausschließlich wird. Damit fallen bestimmte Zustände des Menschen – frühe Entwicklungsstadien, Koma- und demente Zustände – nicht mehr unter den Würdebegriff, der uns den Menschen, in welchem Zustand auch immer, zu achten und zu schützen anhält.

Das ist eine Bewusstseinsfalle der Würde, ebenso schlimm wie die empirische Falle. Gilt in der empirischen Falle nur die „Würde", die wir sehen, so gilt in der Bewusstseinsfalle nur als Würdenträger, wer mitreden kann. Will man die Bewusstseinsfalle der Würde vermeiden, dann muss man die Würde mit der bloßen Existenz des Menschen, mit seinem Dasein ohne jede Bewertung, wie weit er ist, in welchem Zustand er ist und wie gut er ist, verbinden. Ein Mensch ist Würdenträger, weil er an der „Würde der Menschheit" teilhat. Freiheit und Handlungsfähigkeit sind wohl Spitzenaussagen über den Menschen. Aber, wenn wir ehrlich sind, sind sie ohnehin kein Dauerzustand. Zum Baum gehört nicht nur der Wipfel, sondern jedes Blatt, auch wenn es leicht herabfällt. Diese Würdevorstellung ist in ihrer Anwendung deutlich restriktiver, vor allem in Fragen des Lebensschutzes am Anfang und am Ende des menschlichen Lebens. Sie kann freilich mit der zweiten Würdevorstellung insofern zusammenfallen, als diese nicht eine ausschließende Grenze für die Würde im Bewusstsein zieht, sondern ebenfalls die Potentialität für dieses Bewusstsein gelten lässt. Sie kann sich von der zweiten Würdevorstellung insofern unterscheiden, als diese mit Abstufungen der Würde, also mit der Abstufung eines absoluten Wertes, rechnet. Das ist freilich ein Widerspruch in sich, denn: kann man einen absoluten Wert teilweise besitzen? Ich halte das nicht für möglich, da es sich widerspricht.

Freilich können die Rechte, die wir aus der Würde ableiten, im Konfliktfall miteinander abgewogen werden. Und dabei kann sich eine Auseinandersetzung darüber ergeben, ob alle Rechte aller einzelnen in gleicher Weise unter allen verschiedenen Umständen unterschiedslos geltend gemacht werden können. Diese Frage wird unsere Gesellschaft gewiss noch intensiv weiter beschäftigen. Denn da es ein Prinzip der Gerechtigkeit ist, Gleiches gleich und Ungleiches ungleich zu behandeln, kann nicht einfach alles gleich gestellt werden, weil es unter die Menschenwürde fällt. Auf der anderen Seite ist aber darauf zu achten, dass dieses Argument nicht dort zur wohlfeilen Verminderung von Rechten führt, wo Menschen unausweichlich auf sie angewiesen sind. Ohne das Lebensrecht kann niemand existieren. Das Leben ist vielleicht nicht das höchste der Güter, aber es ist das dringlichste, weil kein Gut ohne es existieren und verwirklicht werden kann.

Die drohende Verletzung des Würdeschutzes hat nicht nur ihren Grund in unterschiedlichen Vorstellungen, sondern auch in einem großen Druck, der auf dem Schutz der Schwachen liegt. Dieser Druck ist durch den Reichtum der Macht- und Wirtschaftsmittel bedingt, die auf weitere Expansion drängen, oft anonym in der Form der kalten Rendite, hinter welchen das warme Schicksal der Menschen verblasst. Umgekehrt wird dieser Druck immer stärker in Mittelknappheit für die soziale Integrierung der Schwachen umgesetzt. Die Brücke zwischen arm und reich, Macht und Ohnmacht, Selbstbestimmten und Fremdbestimmten bricht in unserer Gesellschaft ein, während es noch nicht gelungen ist, sie über Demokratie und Sozialstaat zu exportieren. Statt Exportmeister im Sozialstaat werden wir Importmeister im Wirtschaftsstaat. Das ist keine Beschuldigung der Wirtschaft, sondern eine reine Feststellung, dass sie, da sie sich selbst und ihre Macht nicht kontrollieren kann, der Politik und ihren schwindenden Spielräumen eine Kontrolle zumutet, die sie ihr zugleich Stück für Stück abnimmt. Man braucht nur den, wie es scheint, steuerfreien Verkaufserfolg von Aventis, die 55 Milliarden Euro, mit dem Staatshaushalt von Baden-Württemberg zu vergleichen, um zu wissen, wo heute die Macht liegt.

1.2. Bioethische und biopolitische Entwicklungen als Gefährdungen des Würdeschutzes?

Daraus entstehen dramatische Entwicklungen. Wird die Knappheit der öffentlich verfügbaren Ressourcen erstens zur Knappheit des politischen Handlungsspielraumes, zweitens zur Knappheit der Allokation von Lebensschutz und Gerechtigkeit, dann werden immer mehr Lebensmöglichkeiten privatisiert und dies im Namen von Freiheit und Selbstbestimmung, die sozusagen das knappste Gut der Schwachen darstellen

Besonders prägnant hat dies Peter Singer in einem Interview im Spiegel (2002) zum Ausdruck gebracht. Er hält es für gerechtfertigt, demente Alte zu pflegen, solange dies im Zeichen der wirtschaftlichen Prosperität ein moralisch motivierter Akt der Fürsorge ist. Aber diese Fürsorge sei nicht mehr moralisch geboten, wenn dafür die Mittel abhanden kommen. Sie müsse dann den einzelnen Entscheidungen überlassen bleiben.

Auf dieser Welle schwimmen dann uneingeschränkte, aber unter Knappheitsbedingungen zustande gekommene Patientenverfügungen für den Behandlungsverzicht. Die jüngsten Stellungnahmen der Kommission zu Patientenverfügungen des BMJ und der Ethikkommission des Landes Rheinland-Pfalz machen deutlich, dass man zwar die Einschlägigkeit und Deutlichkeit der Patientenverfügungen für Behandlungsverzicht prüfen will, aber so gut wie keine Reichweiten-Begrenzung ins Auge fasst (etwa Todesnähe wie in dem Formular der Christlichen Patientenverfügung oder zumindest einen absehbaren Zeitraum für das Sterben oder etwa auch die Abhängigkeit der Wirksamkeit von der Eingriffstiefe und Belastung durch die Maßnahme, die vorgenommen werden soll).

Inzwischen werden auch so genannte gruppennützige, in Wirklichkeit aber fremdnützige klinische Versuche an Nichtzustimmungsfähigen ermöglicht. Die deutsche AMG-Novelle, die auf einer EU-Direktive über „Good Clinical Practice", diese wiederum auf Elementen der „Europäischen Menschenrechtskonvention zur Biomedizin" fußt, sieht für klinische Versuche an Kindern die Legitimation durch Gruppen-nützigkeit vor, obwohl die Enquete-Kommission des Bundestages, deren Anregungen sich ansonsten positiv für das Gesetz auswirkten, dieses Legitimationskriterium ablehnt. Denn der Gruppennutzen gilt entweder für jeden und jede in der Gruppe – dann braucht man ihn nicht als Kriterium, weil er mit Eigennutz zusammenfällt, oder er meint den Nutzen einer Mehrheit in der Gruppe, dann aber ist er ein utilitaristisches Argument: Gemeinnutz vor Menschenrechten. Obwohl ich der AMG-Novelle und ihrer sehr restriktiven Ermöglichung von klinischen Versuchen an Kindern zustimme, finde ich dieses Legitimationskriterium gefährlich. Es könnte, obwohl dies bisher keineswegs intendiert ist, die Tür zu klinischen Versuchen an dementen Personen öffnen.

Schließlich ist der Abbau von Lebensrechten zu befürchten, unter dem Vorrang von Entscheidungen derer, die ihre Interessen artikulieren können. Oder im Falle des fälschlicher Weise „therapeutisch" genannten Forschungsklonens *in vitro* unter dem Vorrang der von der Forschung unter dem irreführenden Titel „Ethos des Heilens" instrumentalisierten Interessen zukünftiger Kranker (denn den lebenden Kranken ist hier ja noch nichts zu versprechen, wenn die Forschung ca. 15 Jahre vorsieht). „Töten gegen Leiden"? Ist das ein Thema der Zukunft? Viel hängt davon ab, wie wir in Zukunft mit unvermeidbarem Leiden des Menschen umgehen wollen.

Die Singer-Debatte der 80er Jahre gezeigt, dass es eine starke Einfühlung in den Wert des Lebens gibt, von Anfang an und bis zum letzten Atemzug. Aber der Siegeszug einer als Selbstbestimmung missverstandenen Autonomie (das Wort bedeutet philosophisch eigentlich: Fähigkeit zur Selbstverpflichtung!) hat sich inzwischen die rechtlichen Entwicklungen am Anfang und Ende des Lebens als „Liberalisierungen" auf die Fahnen geschrieben. Die Einschränkungen des §218 werden dabei oft übersehen oder überspielt. So wird übersehen, dass eine PID nicht einfach eine Vorverlagerung wäre, sondern eine geplante Disposition eines Menschenlebens zur verwerfenden Selektion, ganz zu schweigen von den in Europa bereits etablierten Folgen, von der Eizellspende bis zum „social sexing", der Geschlechtsplanung der Kinder (bereits fast 3% der PID-Fälle in Europa).

So wie Peter Singer bei der Früheuthanasie von den Eltern und „ihren" Ärzten gesprochen hat, die entscheiden müssten, so wird immer mehr die Wende vom Paternalismus zur Patientenautonomie, die ich auch begrüße, überzogen, so dass der "Wille" die „Fürsorge" ersetzt. Ist aber die Gefahr der Fürsorge der Paternalismus, ist die Gefahr der Selbstbestimmung ihre Instrumentalisierung durch sozialen oder ökonomischen Druck. Denn Autonomie ist ein Ideal, in der Realität stellt sich die Frage: welchen Bindungen folge ich und wie frei bin ich von ihnen? Was ist meine Entscheidung? Wer berät mich richtig?

Diese Frage nach Beratung wird um so kräftiger gestellt, je mehr es um Gentests geht, die ja nur prozentuale Wahrscheinlichkeiten benennen können, ohne ein festes Verhältnis von Ursache und Wirkung zu bestimmen. Ihre Implementierung als Angebot führt zu weit reichenden biorechtlichen und biopolitischen Folgerungen: nach der Etablierung unabhängiger Beratungs-Professionalität (das kostet mehr Geld!), nach dem Nichtwissensrecht einerseits und der Aufklärungspflicht gegenüber privaten Versicherungen u.a.m.

Ferner ist der Abbau eines Lebensbegriffs zu befürchten, der sich unter dem Leitbild der Lebenswissenschaften zu „belebter Materie" wandelt, wie dies in der europäischen BioPatentierungs-Richtlinie erfolgt ist. Indem der Unterschied zwischen nicht geschaffenem Leben und menschlicher Manipulation von Materie eingeebnet wird, kann es dann auch Sachpatente auf Krebsmäuse und menschliche Embryonen geben, falls dies nicht der öffentliche Widerspruch wirksam verhindert.

Aber es geht nicht nur um Lebensrechte und um das Recht des Lebens am Anfang und Ende, es geht auch um das Leben in eingeschränkten Formen, um das Recht des gleichberechtigten Lebens mit Krankheit und Behinderung. An der schwierigen Integrierung von Behinderten in die öffentlichen Bildungsgänge lässt sich ablesen, dass auch dort, wo gut gemeinte gesetzliche Förderungen versprochen werden, diese sich an der harten Realität der ökonomischen Allokation aufreiben. Behindertenklassen müssen kleiner sein, deshalb braucht man mehr Klassenzüge und mehr Lehrer, und das kostet mehr, und daran scheitert dann die Sache.

1. 3. Was ist zu ändern, was kann sich ändern?

Dies alles kann sich ändern, wenn die Politik sich vom ökonomischen Diktat und von Bevormundung im Namen von Wissenschaft und Technik befreit. Dies kann sie aber im Falle des global wirkenden ökonomischen Druckes paradoxerweise nur tun, indem sie dem Diktat weiter folgt, als das dieses befiehlt. Dadurch hofft sie, Spielraum zu bekommen. Zu beeinflussen ist dies nur, wenn Bürger und Bürgerinnen, Christen und Christinnen mit allen Menschen guten Willens die ohnmächtige Politik zumindest vorübergehend ersetzen. Was wir brauchen, ist ein Reichtum an Perspektiven im Kampf um Achtung und Schutz der unantastbaren Menschenwürde. Der Ruf nach dem religiösen Menschen als Ressource der Werte war noch nie so stark wie heute. Wenn die Politik die Strukturen nicht erhalten kann, müssen Menschen sie gemeinsam aufbauen: Bürgerinitiativen, christliche Gemeinden und individuelles Engagement sind hier gefragt. Freilich muss darauf geachtet werden, dass man der Politik dabei nicht den Druck nimmt.

„Jede Verletzung der Würde ist eine Verletzung Gottes" (Puebla). Wir müssen lernen, Gott im konkreten Menschen zu sehen. Denn er hat diesen Ort durch die Schöpfung des Menschen und durch die Menschwerdung bezogen. Wer darum an der verletzten Würde des Menschen vorüber geht, der geht an Gott vorüber und macht ihn sich selber so schwach, dass er ihn nicht mehr wahrnimmt und verliert. Manche reisen dann dorthin, wo Menschen Gott im konkreten Menschen sehen. Sie borgen sich deren Gotteserfahrung aus. Diese Erfahrung bräuchte aber „keine Stunde alt" (Robert Musil) zu sein, wenn wir Gott in jedem konkreten Menschen sehen lernten. Dann gehen wir an keiner Würde, die zu achten und zu schützen ist, vorbei.

2. Europäische Ethik-Prozeduren oder: Werte in Entscheidungsprozessen von Gremien

2.1. Europäische Vernetzung von Ethikzentren und Ethikforschung

Es gibt in Europa Ethikzentren unterschiedlichen Typs und unterschiedlicher Finanzierung. Gemeinsam ist den Ethikzentren oder Ethikinstituten die Konzentration auf Ethik-Forschung im interdisziplinären Rahmen und in Zusammenarbeit mit Technikfolgenabschätzung. Dazu kommen je nachdem Aufgaben in der Weiterbildung und in der Lehre. Politikberatung und Expertisen werden fallweise erfragt. Forschung unterliegt der Öffentlichkeit und ist, unter der Voraussetzung ihrer Freiheit und Unabhängigkeit, informations- und rechenschaftspflichtig. Dies gilt auch für Ethik-Forschung. Ethik wird hier als Reflexionstheorie der Moral verstanden. Diese Ethikzentren sind europäisch miteinander vernetzt. Es gibt ein Netzwerk für medizin-ethische Zentren (EACME), ferner das „European Ethics Network" (Leuven, Belgien) und die Forschungsgesellschaft „Societas Ethica", schließlich auch eine Vernetzung der Dokumentationsaufgaben für bioethische Literatur. (Federführung: Das Deutsche Referenzzentrum „Ethik in den Wissenschaften", DRZE Bonn, weitere deutsche Beteiligung: die Elitezezentren in Tübingen und Göttingen).

2.2. Europäische Ethik-Beratung und ihre Instrumente

Beratergruppen (advisory comittees) sind Gremien, an denen ethikrelevante Kompetenz zusammengezogen wird, die unter Partizipation betroffener Gruppen und der Öffentlichkeit Vorschläge über Gesichtspunkte unterbreiten, die zu beachten sind (points to consider), und Empfehlungen für Handlungen, Regulierungen und institutionelle Bedürfnisse an die politische Legislative und Exekutive richten. Auf europäischer Ebene gibt es im Europarat (dem Europa der 45 Nationen) den Lenkungsausschuss für Bioethik (CdBI), der die Menschenrechtskonvention zur Biomedizin (1997) und weitere vier Zusatzprotokolle erarbeitet hat. Die Konvention ist etwa von der Hälfte der Länder unterzeichnet und von einem Drittel ratifiziert. Sie wird ab 2005 unter Vorbereitung durch den Lenkungsausschuss novelliert. Der Lenkungsausschuss wird von den europäischen Ländern mit Experten (in Deutschland unter Federführung des Justizministeriums) beschickt.

In der Europäischen Union gibt es eine wechselnde Vielfalt von Experten-Kommissionen, die sich mit Ethik in Einzelfragen beschäftigen, zuletzt z.B. die Expertenkommission für Gentests und genetisches Screening (mit einem stark wirtschaftlichen Einschlag, der das Ergebnis von 25 Empfehlungen, 2004, kennzeichnet). Seit 1992, damals von Jacques Delors eingesetzt, gibt es eine berufene, nicht beschickte Ethik-Beratergruppe „Ethik in den Wissenschaften und in den neuen Technologien" der Europäischen Kommission (EGE), die sich zu vielen wesentlichen Fragen der Biotechnik und Informationstechnik geäußert hat und zudem beansprucht, die Zusammenarbeit der nationalen Ethikräte in der EU zu koordinieren. (Dies entspricht dem Koordinierungsauftrag der EU.)

2.3. Beispiele: praktische Ethik und Beratung

Der Diskursethiker Matthias Kettner hat einmal die Frage gestellt, ob es „Resonanzen angewandter Ethik im politischen System" gebe. Man kann die Frage umdrehen: Gibt es Resonanzen des politischen Systems in der angewandten Ethik? Solche Resonanzen gibt es über die Bedarfsregulierung. Auch wenn eine Beratergruppe, wie z.B. die EGE, sich ihre Themen auch selber stellen kann, hat doch die politische Nachfrage Vorrang in der Themenauswahl und in der Themenbrisanz. Welches Thema auch immer Gegenstand der Beratung wird, es hat zugleich seine politisch sensible Stelle, um welche Auseinandersetzungen so geführt werden, dass unterschiedliche ethische Einsichten nicht mehr in einen rein <u>wissenschaftlichen,</u> sondern in einen <u>strategischen</u> Diskurs geraten.

Bei einer Stellungnahme zur Gentherapie (EGE 1994) entwickelt sich z.B. die Keimbahnzellentherapie zu einem solchen neuralgischen Punkt. Die Empfehlung, sie „derzeit" („at the present time") zu unterlassen, ist ein Formelkompromiss, weil das Dossier über die Gründe und den Zeitfaktor jederzeit wieder eröffnet werden kann. Zwei Diskurse haben sich hier überkreuzt: der Diskurs, der die abstrakte Zulässigkeit oder Unzulässigkeit („as such", „in itself", „in principle") der Keimbahnzellentherapie in den Vordergrund stellt, und der Diskurs, der Keimbahntherapie in einem derart kontextlosen und sicherheitstechnisch abgesättigten Zustand nicht für realistisch hält. Votiert man für die abstrakte Zulässigkeit, wird die Sicherheitsfrage zu einer relativen Frage: wären Sie nicht auch dafür, wenn die Keimbahntherapie sicher und reversibel wäre? Man kann sich fragen, ob es für eine Politikberatung nicht zuträglicher wäre, beide Diskurse mit ihren argumentativen Alternativen darzustellen. Wenn dies nicht geschieht, liegt es am strategischen Moment. Daraus erhellt, dass in einer ethischen Politikberatung politische Naivität nicht am Platze ist. Wissenschaftliche Rationalität der Ethik verlangt hier rationale Kontrolle der strategischen Implikationen.

Ähnliches ist im Hinblick auf ethische Prinzipien zu beobachten, insofern sie vielseitig anwendbar sind. Ein Problem kann darin bestehen, sie einfach, ohne graduelle Unterscheidung (z.B. zwischen Menschenwürde und Wohl zukünftiger Kranker), nebeneinander zu stellen und dann Abwägungen von Vorteilen und Nachteilen mit einer Waage vorzunehmen, welche nur gleiche Gewichte kennt.

Das in der europäischen Diskussion und darüber hinaus (z.B. bei der UNESCO) gern gebrauchte Axiom des „equal access", des gleichen Zugangs zu den technischen Gütern, das der Verteilungsgerechtigkeit entsprechen soll, wird gern so gehandhabt, dass eine behauptete Zulässigkeit erst als Rechtsanspruch, dann als Beteiligungspflicht (an Forschung, Technik und Ökonomie) ausgeweitet wird. Das ist die strategische Unterhöhlung eines Prinzips, dessen ethische Bedeutung immer erst im jeweiligen politischen Kontext genau geklärt werden muss.

Bei der Frage der Patentierung von Lebewesen und Teilen des menschlichen Körpers („legal protection of biotechnology invention") tendiert der politische Wille um der Sicherung und Expansion des Wirtschaftsstandorts willen zur weit reichenden Patentierung. Dabei ist es einsichtig, dass Erkenntnisse von Prozessen, die als solche nicht bereits in der Natur vorkommen und die wirtschaftlich verwertbare Ergebnisse erbringen, einerseits geschützt und andererseits veröffentlicht werden sollen. Dazu wäre die Patentierung ein Erfolg versprechendes Mittel. Auf der anderen Seite aber muss die Patentierung in Analogie zu anorganischen Erkenntnis als „Erfindung" und nicht als „Entdeckung" markiert sein, und dies führt zu *prima vista* unpassenden Konstellationen: ist z.B. der Wissenschaftler Erfinder eines transgenen Tieres oder gar sein „Schöpfer"? Können identische Zellkulturen und Gewebe, die sowohl im menschlichen Körper vorkommen als auch in der Retorte exprimiert werden, im ersten Fall als nichtpatentierbar, nichtkommerzialisierbar eingestuft werden, im zweiten aber als patentierbar? Die Vorschläge für eine kohärente Unterscheidung mit dem gewünschten normativen Ergebnis machen oft den Eindruck gewundener Subtilitäten.

2.4. Trendmeldungen: was steuert den Diskurs?

Im folgenden möchte ich einige Trends, die sich in der Beratungspraxis beobachten lassen, markieren, wohl wissend, dass u. U. ein einziger Trend wirksamer sein kann als eine Handvoll anderer.

a) Die Methode des „principle based pragmatism" versucht oft eine vorverständnis- und kontextunkritische Bestimmung von „goods" und „harms" bzw. „risks" und „benefits". Eine solche vorverständnisunkritische Bestimmung ist z.B. die Bestimmung des menschlichen Genoms als „Patrimonium" der Menschheit, ohne zu beachten, dass ein „Schutzgut" und ein „kollektives Schutzgut" wohl zu unterscheiden sind. Unter diesen ideologieanfälligen Pragmatismus fällt auch die schon erwähnte additive Reihung von ethischen Kriterien, unter denen dann „abzuwägen" sei.

b) Damit verbunden ist oft ein unausgesprochener Kollektivutilitarismus, der die Vorteile von Mehrheiten gegen die Nachteile von Minderheiten abwägt (John Rawls Gerechtigkeitstheorie von 1971 richtet sich primär gegen die Kollektivierung von Nutzen) „Gruppennützigkeit" als Kriterium der Legitimation von klinischen Versuchen an Nichtzustimmungsfähigen gerät in dieses Fahrewasser.

c) Die internationale Ethikdebatte ist von den Basisbewegungen „pro choice" *versus* „pro life" mitbestimmt, wobei in manchen Argumenten „pro choice" (Vorrang für Selbstbestimmung) auch dann überwiegt, wenn die Entscheidung den Träger eines moralischen Status mit einschließt, der selbst nicht wählen kann oder darf.

d) Die Expertenebene und die öffentliche Partizipationsebene wirken oft wie eine Zweiklassengesellschaft: die Kompetenz bestimmt die Weise der Partizipation der Betroffenen. Dabei bleibt offen, was im ethischen Sinne eigentlich „Kompetenz" wäre. Ich hielte es z.B. für richtig, die Vertretungen geschäftsunfähiger Personen die Paragraphen über Versuchsprotokolle mitformulieren zu lassen, weil sie hier eine Kompetenz einzubringen haben.

e) Auf europäischer Ebene wirkt ein Druck zur Integrierung, da diese als nicht mehr hinterfragbare Voraussetzung fungiert. Diese Integrierung wirkt auch durch Sprachreduktion (englisch, französisch). Deutsche gewöhnen sich an einen Zustand, den romanische Länder, Skandinavien und Benelux schon länger ertragen: English or perish! Ein deutscher Experte/eine Expertin können oft bei kurzen Fristen nicht beauftragt werden, wenn sie Expertisen nicht unmittelbar und schnell auf Englisch (wahlweise Französisch!) einliefern. Das Original von Beratungsdokumenten (meist Englisch, aber auch Französisch kommt vor) wirkt sich auf die Rezeption aus (Presse!). Aber entscheidender ist, dass sprachlich-sachliche Rezeptionsprobleme entstehen. Ein Beispiel: ein englisches Original der EGE spricht von „free choice". Ein Journalist übernimmt den englischen Text und übersetzt als „freie Wahl". Gemeint ist aber eher „freie Entscheidung", weil ethisch „choice" im Englischen und „choix" im Französischen andere (positivere) Konnotationen haben (eher Verantwortung als Willkür). Die deutsche Rezeption gerät so u. U. auf die falsche Bahn, wenn nicht rechtzeitig ein von einem Ethik-Experten überprüfter deutscher Text vorliegt.

g) Eine Deregulierungsstrategie ist der Kampf gegen Bürokratisierung, beliebt, weil jeder in dieser Hinsicht seine Wunden pflegt. Aber man muss beides auseinander halten können: eine striktere Regulierung kann unter Umständen bürokratisch einfacher sein. Entscheidend ist, ob eine Regulierung ethisch erforderlich ist oder nicht.

h) Hans-Martin Sass hat schon 1986 gegenüber einer defensiven (d.h. behindernden) Forschungsethik eine „offensive" verlangt. Seine Thesen lauten:

- Wissenschaftliche und technische Fortschritte und deren Anwendung sind die Bedingung der Möglichkeit von Ethik, weil sie Wahlmöglichkeiten zwischen Optionen erlauben, die es früher nicht gab.
- Die defensive Ethik [..] ist ethisch bedenklich und durch eine offensive Ethik zu ersetzen, die [...] Verantwortungsfähigkeit und Risikomündigkeit der Bürger stärkt.
- Staatliche Reglementierung neuer Techniken ist ethisch bedenklich.
- Der Verzicht auf den Einsatz technisch möglicher Manipulation [..] ist ethisch ebenso verwerflich wie der Einsatz technischer Möglichkeiten zu anerkannt unmoralischen Zwecken; das gilt ohne Einschränkung auch für Gen- und Reproduktionstechnik.
- Der Zug des technischen Fortschritts hat keinen moralischen Rückwärtsgang. Es geht immer nur vorwärts [..]." [1]

Dies kann man als das Evangelium vieler Beratungen in ethisch exponierten Fragen betrachten. Dabei wird dann vieles, was u. U. und unter Auflagen ethisch erlaubt sein könnte, im Verbund mit der kulturellen Selbstverständlichkeit des Fortschritts zur moralischen Pflicht. Angesichts einer solchen Pflicht erscheint Hans Jonas' „Hermeneutik der Furcht" als eine Einstellung, die Angst macht, Angst vor der Angst.

i) Ethische Politikberatung kommt ohne kluge Abwägung und ohne Kompromissbereitschaft (Kompromiss = Teilverwirklichung gegenläufiger Intentionen) nicht aus. Aber die Steuerung des Kompromisses darf nicht die Akzeptanz sein, vielmehr sind praktische Kompromisse im Hinblick auf die angelegten ethischen Kriterien zu verantworten.

2.5. Sind Verbesserungen möglich?

Trotz dieser Vorgaben ist Unabhängigkeit in der ethischen Beratung möglich. Freilich muss klar sein, dass Unabhängigkeit nicht darin besteht, dass Einflüsse und Gefälle bis hin zu Druck- und Trickmitteln <u>abwesend</u> sind, sondern darin, diese Einflüsse wahrzunehmen und sich zu ihnen moralisch zu verhalten. Die unabhängige Ethikberatung setzt ein Ethos voraus, das unter Belastungen identisch bleibt, d.h. das - im Sinne einer Bemerkung von Jürgen Habermas - unter Stressbedingungen in der Lage bleibt, seinen Maximen zu folgen.

Neben diesem Anspruch an die Qualität des einzelnen Beraters, der Beraterin, ist die Kontrolle durch den öffentlichen Diskurs die wichtigste Forderung für eine Verbesserung. Die Haupt- Protokolle von Normkontrollverfahren und von Beratergruppen sollten ebenso zugänglich sein wie die Forschungsprojekte von Ethikzentren. Ein Muster für die Öffentlichkeitsarbeit eines Ethikforschungszentrums ist das Hastings-Center in New York, das seine Fallbesprechungen immer im Beisein von Presse durchführt. Die so genannten Konsensuskonferenzen unter den Betroffenen und Beteiligten sind ebenfalls ein interessantes Modell. Advokatorische Diskurse wie Bürgerkonferenzen müssen auf jeden Fall unterstützt und eingerichtet werden, da sich nicht alle in gleicher Weise und mit gleicher Wirkung artikulieren können. Für Beratungsgruppen sind Basisstrukturen zu fordern, welche die Mitarbeit ihrerseits wieder auf einen Diskurs stellen, in welchem Kompetenz und Partizipation gleich wichtig sind (soviel Partizipation wie möglich, soviel Kompetenz wie nötig).

In Ethikzentren ist die Distanz des Alltags zur öffentlichen Breite wegen der Forschungsaufträge größer als in Beratergruppen, oder es wäre nachzuvollziehen, wenn es so wäre. Dennoch haben sie eine Rolle

---

1 Methoden ethischer Güterabwägung, in: Braun u.a., S. 109.

im öffentlichen Diskurs, denn Ethikberatung kann es nicht ohne Ethikforschung geben. Hier spielt das Konzept der interdisziplinären Zusammenarbeit eine große, advokatorische und stellvertretende Rolle. Dieses Konzept verlangt sehr viel von den Beteiligten, Engagement einerseits, Toleranz andererseits. Für das Engagement auf dieser Seite sollten anderswo Erleichterungen geschaffen werden, ein bisher unübliches Verfahren.

Forschungspraxis und Beraterpraxis sollten in der Ethik wie in der Technikfolgenabschätzung nahe beieinander liegen. Der Beraterberuf ohne Forschungskontakt erzeugt bloß ein Multifunktionärswesen. Umgekehrt braucht auch die Ethikforschung die Öffentlichkeit als Herausforderung, als Indikator von Fragen, die Argumentationspotential eröffnen, als Test für Antworten, die oft mit den Methoden der Reduktion und Isolierung von Kontexten gefunden werden müssen. Die Wissenschaftler verschiedener Disziplinen, die philosophischen und theologischen Ethiker und Ethikerinnen, die in der angewandten europäischen Ethik zusammenarbeiten, sind keine Bewohner des Elfenbeinturmes. Ob aber ihre langfristigen Projekte jene „Nachhaltigkeit" der Werte bewirken, die heute ein Maßstab des humanen Fortschritts ist, muss offen bleiben.

Literatur

Baumgartner, Christoph / Mieth, Dietmar (Hrsg.) (2004), Patente am Leben, Paderborn.

Böckenförde, Ernst-Wolfgang, Bleibt die Menschenwürde unantastbar? Referat an dem Workshop des IMEW und der Heinrich-Böll-Stiftung, 11.6.2004 (vgl. ders. Die Menschenwürde war unantastbar, in FAZ, Nov.2003).

Braun, Volkmar / Mieth, Dietmar / Steigleder, Klaus (Hrsg.) (1987), Ethische und rechtliche Fragen der Gentechnologie und der Reproduktionsmedizin. München.

Düwell, Marcus / Mieth, Dietmar (Hrsg.) (2. Aufl. 2000), Ethik in der Humangenetik. Tübingen.

- ders. / Steigleder, Klaus (Hrsg.) (2003), Einführung in die Bioethik. Frankfurt a.M.

Honnefelder, Ludger u.a. (Hrsg.) (2003), Das genetische Wissen und die Zukunft des Menschen, Berlin-New York.

- ders. /Lanzerath, Dirk, (Hrsg.) (2004), Klonen in biomedizinischer Forschung und Reproduktion. Bonn.

Mieth, Dietmar (2002), Was wollen wir können? Ethik im Zeitalter der Biotechnik. Freiburg i.Br.

– ders. (Hrsg.) (2000), Ethik und Wissenschaft in Europa. Die gesellschaftliche, rechtliche und philosophische Debatte, Freiburg / München.

Regina Ammicht-Quinn

können, sollen, wollen, dürfen, müssen:

Ein nicht nur grammatischer Versuch über Sexualität und Ethik

(1) Kindertragödien

Telly ist 15 oder 16 Jahre alt, ein schmaler, nicht zu großer Jugendlicher mit einem unfertigen, aber unkindlichen glatten Gesicht. Und es ist Sommer in Manhattan, Hochsommer. Er, Telly ist sein Name, braucht nicht – wie die anderen in seiner Clique – Alkohol oder Drogen, um den Sommer überleben zu können, um dabei zu sein, dazu zu gehören, um zu wissen, wer er ist, um sich spüren zu können. Er hat seine eigene Droge: Sex. Dabei ist es keineswegs beliebiger, unüberlegter Sex. „Mein Hobby ist Jungfrauenaufreißen", sagt er: „An das erste Mal erinnern sie sich ihr Leben lang." Ganz junge Mädchen sind es, die er 'aufreißt'. Aber es sind keineswegs Vergewaltigungen, jedenfalls nicht im üblichen, rein physischen Sinn des Wortes. Mit Zärtlichkeit, Versprechungen und Verheißungen überredet er sie zum Koitus. Er tut es mit einer Besessenheit, die auch als Verliebtheit gelten könnte, es vielleicht auch ist, aber nur solange dauert, bis der Sieg errungen ist, bis das Mädchen nachgegeben hat. Der Koitus selbst hat dann mit dem Mädchen oder den vorangegangenen Verheißungen schon kaum mehr etwas zu tun.

Wir, als Zuschauer, sind erleichtert darüber, dass all das nicht Wirklichkeit ist – sondern nur ein Film. Wir werden zu Zeugen einer eigentümlichen und explosiven Gefühlsmischung: Wir sehen die Jagd, die Eroberung, die Macht – und gleichzeitig eine unstillbare Sehnsucht nach dem Nicht-Vergessen-Werden, nach Einmaligkeit, nach Unsterblichkeit; und daneben geht es, ganz rational, darum, gesund zu bleiben, darum, als sexuell aktiver Jugendlicher im Zeitalter von AIDS zu überleben.

Die bittere Ironie des Films: Telly, der Protagonist, ist – ohne es zu wissen – HIV-positiv.

„Kids" heißt der erste Film des renommierten US-amerikanischen Fotografen Larry Clark. Drehbuchautor ist der zu dem Zeitpunkt neunzehnjährige Harmony Korine, die Schauspieler sind Kids aus der New Yorker Skateboard-Szene. „Der Film ist Wirklichkeit", sagt Larry Clark.[1]

Der Zusammenhang von Sexualität und Moral in dieser Geschichte scheint sich aufgelöst zu haben; irgendwo, irgendwann ist die Moral verloren gegangen, von ihr ist im Film keine Rede mehr. Von Liebe ist noch die Rede, vor allem die Mädchen sprechen noch von ihr, wenn auch nur vorsichtig, andeutungsweise. *Magst Du mich denn auch wirklich?* ist die halb hoffnungsvolle, halb zweifelnde Frage, die unmittelbar vor der Einwilligung zum Koitus steht. Der Geschlechtsverkehr wird so in den Augen der Mädchen zum Liebesbeweis; nur ist dann von Liebe im ‚Liebes-Akt' nichts mehr zu spüren. So ist die Liebe im Kontext des Films ein Phänomen, auf das man sich bezieht, ohne dass es erscheint – Liebe als Phantom. Aber auch die Sexualität, die der Film zeigt, ist eher Mittel als Zweck; letztendliches Ziel ist die Lust an Selbstbestätigung, an Erfolg, an Macht. Eine Lust, die, im Kontext des Filmes, ganz nüchtern, ganz real den Tod bringt. Eine Bestandsaufnahme unserer Zeit?

---

1 Clark 9.6.1995.

Um diese Frage zu klären, gehen wir zunächst einmal zurück – von den ‚Kids‘ aus gesehen genau hundert Jahre, zu anderen Kids.

„Der liebe Gott behüte dich und segne dich! – Ich werde dir gelegentlich eine Handbreit Volants unten ansetzen." Wendla ist vierzehn, das Kinderkleid ist zu kurz geworden, und die Lösung in Form der nötigen und züchtigen Handbreit Stoff beendet das Gespräch mit der Mutter.[2] Wendla wollte wissen, „wie das alles zugeht", wie Kinder auf die Welt kommen, und die Mutter antwortet nach längerem Sträuben und Zweifeln:

„Um ein Kind zu bekommen – muss man den Mann – mit dem man verheiratet ist … *lieben – lieben* sag ich dir – wie man nur einen Mann lieben kann! Man muss ihn so sehr *von ganzem Herzen* lieben, wie – wie sich's nicht sagen lässt! Man muss ihn *lieben*, Wendla, wie du in deinen Jahren noch gar nicht lieben kannst … Jetzt weißt du's."[3]

Frank Wedekinds „Frühlings Erwachen", das den Untertitel „Eine Kindertragödie" trägt, ist in den 90er Jahren des 19. Jahrhunderts entstanden, hundert Jahre vor Clarks Film. Es ist die Geschichte der Kinder, der Heranwachsenden, die in der Welt der Erwachsenen an der Moral der Erwachsenen zugrunde gehen: allen voran die Geschichte Wendlas, die an einer Abtreibung stirbt und bis zuletzt nicht weiß, wie sie schwanger geworden ist, da sie doch keinen Mann „geliebt" hat. Die Problematik der Sexualität – deren Verschweigen und Verteufeln – ist damit für Wedekind die Sinnspitze einer Frage nach dem Menschsein, dem Menschenbild und nach der Ordnung, in die dieses Menschenbild eingefügt werden soll – wenn nötig, gewaltsam. Diese gesellschaftliche Ordnung ist in Wedekinds Kindertragödie stabil, weil sie einen Garanten hat: Gott. Für die Kinder aber, für diejenigen, in denen Neues beginnen könnte, wird das historisch-gesellschaftliche Bündnis zwischen Gottesbild und bürgerlicher Autorität destruktiv. Die von den Kindern geforderten Haltungen sind Gehorsam und Anpassung, die Konsequenz: der Tod.

Heute, ein Jahrhundert später, erscheint uns Wedekinds Text gleichzeitig fremd und vertraut. Wir, die heutige Elterngeneration, haben in

---

2 Wedekind 1971, S. 31.
3 Ebd.

unserer eigenen Kindheit vielleicht noch die Ausläufer dieses von Wedekind beschriebenen Bündnisses von bürgerlicher Autorität und Gottesbild kennen gelernt, das Gehorsam und Anpassung einforderte.
Gleichzeitig entlassen wir unsere Kinder in eine Welt, in der die Werte
des Selbstseins und der Selbstverwirklichung bis zur Absurdität gestei-
gert sind. Die Frage stellt sich aber, ob Wedekind nicht im Angesicht
seiner Jahrhundertwende hellsichtig einen Problemkomplex vorgezeich-
net hat, der im Angesicht unserer Jahrhundert- und Jahrtausendwende
erneut bedeutend wird. Denn in ganz unterschiedlicher und zum Teil
gegensätzlicher Weise zeigt sich auch und gerade heute Sexualität als
Krisenpunkt – als Krisenpunkt des persönlichen Lebens, in dem eine
sexuelle Identität nicht mehr nur als vorgegebene akzeptiert und adap-
tiert, sondern entworfen werden muss, als Krisenpunkt des gesellschaftlichen Lebens, das Sexualität als Ware entdeckt und mit der Semantik
des Sports verbunden hat und als Krisenpunkt des religiösen Lebens,
das im Hinblick auf Sexualität belastet ist – belastet durch den Versuch
der Ausgrenzung sexueller Erfahrung aus dem religiösen Bereich und
damit verbunden der Eingrenzung von Sexualität auf einzelne erlaubte
Sexualakte.

Zwischen Wendla und Telly und der Geschichte ihrer jeweiligen Tra-
gödien entfaltet sich die Geschichte von Sexualität und Moral der letzten hundert Jahre. Die Sexualität in Wedekinds Tragödie erscheint in
der Rhetorik der Liebe, in Larry Clarks Film erscheint sie in der Rhetorik des Erfolgs. Obwohl beide Sprachspiele für uns nach wie vor in den
Kontext von Sexualität gehören, kommt heute ein weiterer Aspekt hin-
zu: Spaß. Ist die Spaßsexualität das Erbe der Spaßgesellschaft, die vielleicht am 11. September 2001 endete? Leisten sich unsere westlichen
Gesellschaften, die vor immensen sozialen und politischen Herausforderungen stehen, die Spaßsexualität als moralfreien Raum?

Es scheint so, als hätten Ethik und Moral der Sexualität heute, im
Kontext von Konsum, Leistung und Spaß, noch zwei Möglichkeiten:
den mehr oder minder militanten nostalgischen Rückgriff auf eine feste Ordnung – oder die Selbstauflösung.

(2) Lust und Tod: Sexualität in der christlichen Geschichte

Beide Kinder-Geschichten zeigen eine klare Verbindung von Lust und
Tod – einmal provoziert durch eine Situation mit einer überwältigen-

den Sexualmoral, einmal provoziert durch eine Situation abwesender Sexualmoral. Das zwingt uns dazu, die ethische Frage zu stellen: Wie könnte Sexualität ‚richtig' sein? Gleichzeitig hat diese Verbindung von Lust und Tod – und dem werden wir nun zunächst nachgehen – Anklänge an eine bestimmte christliche Tradition.

Um das Jahr 220 n. Chr. beschäftigt sich der Kirchenvater und frühchristliche Schriftsteller Tertullian in seinen beiden „Büchern an seine Frau" mit dem Problem, dass seine Frau nach seinem Tode ein weiteres Mal heiraten könnte. Sein rigoroses Verbot einer solchen zweiten Ehe hat, wie er betont, keine persönlichen, sondern pastorale Gründe. Denn die Ehe als Geschlechtsgemeinschaft ist zwar nicht verboten, aber deren Erlaubnis sei „nur nothgedrungen gewährt": „Was aber die Noth gewährt, das entwertet sie auch."[4] Diese Notwendigkeit der Ehe macht ihren dubiosen Charakter aus: „Nichts wird darum gut, weil es nicht schlecht ist ...".[5] Die Aufforderung an seine Ehefrau ist darum eindeutig:

> „Darum wollen wir die Gelegenheit der Enthaltsamkeit, sobald sie sich darbietet, nach Kräften lieben, uns damit befreunden, so daß wir, was wir in der Ehe nicht vermocht haben, in der Witwenschaft erreichen. Man muß die Gelegenheit ergreifen, welche uns dessen entledigt, was die Nothwendigkeit uns empfiehlt."[6]

Wie eine solche notwendige Ehe gelebt und ein solcher Brief rezipiert worden sein mögen, wissen wir nicht. Mehr als 1600 Jahre später hören wir aber ein fernes Echo dieser beiden Briefe bei Nietzsche, der konstatiert, dass das Christentum dem Eros Gift zu trinken gab: „Er starb zwar nicht daran, aber er entartete zum Laster."[7] So spannt sich der Bogen von Tertullian zu Nietzsche und rückt beide in eine anachronistische gegenseitige Nähe. Nietzsche wird zum Echo Tertullians, indem er dessen Argument übernimmt, aber die Bewertung umkehrt. Nicht im Kampf gegen das Laster findet für ihn das Christentum seine Identität, sondern in der Erzeugung dieses Lasters, das zu bekämpfen es vorgibt.

---

4 Tertullian, 1871, S. 379–410, S. 386.

5 Ebd. S. 387.

6 Ebd.; vgl. ders., Über die Aufforderung zur Keuschheit. BKV I, 1912, S. 325-426; vgl. ders., 1915, S. 375–472.

7 Nietzsche 1966, S. 639.

Diese lange Geschichte einer repressiven religiös fundierten Sexualmoral hat überraschenderweise keine überzeugende Basis in den biblischen Schriften.

Exegetische Studien der Schöpfungsgeschichte haben immer wieder betont, dass im jüdisch-christlichen Horizont die Zweigeschlechtlichkeit des Menschen von Anfang an besteht und nicht erst Folge der Ursünde ist.[8] Das Hohelied wird dann zum Spiegel der Genesiserzählung, zu einem Spiegel, in dem der Garten offen, nicht geschlossen ist, der Apfelbaum die Funktion eines neuen Lebensbaumes bekommt und das Begehren des Menschen nicht zur Verdammnis führt.[9]

Im Neuen Testament ist viel von Liebe die Rede und wenig von Sexualität. Abgesehen von Jesu Wort über die Ehescheidung gibt er keine Auskunft über seine Haltung zur Sexualmoral: Es gibt kein Herrenwort über oder gegen Homosexualität, Masturbation, Prostitution, vorehelichen Geschlechtsverkehr usw. Was in den Texten deutlich wird, ist Jesu Distanz zur Lebensform Ehe[10], eine zeit-untypische Unbefangenheit im Umgang mit Frauen, auch mit sündigen und unreinen Frauen; genauso eine Unbefangenheit gegenüber jüdischen rituellen Reinheitsgeboten, die sich nicht nur auf hygienische Faktoren beziehen, sondern die auch den sexuellen – vor allem den weiblich-sexuellen – vom religiösen Bereich abgrenzen. Zentral ist die biblische Haltung zur Körperlichkeit des Menschen, die den Körper nicht mit Misstrauen betrachtet, sondern als Ort der Heilszusage Gottes. Die Analyse der Bereiche von Körperlichkeit und Reinheit scheint bibeltheologisch am weitreichendsten zu sein für die Frage nach Sexualität.[11]

Der Befund ist knapp, aber durchaus nicht negativ. Was ist geschehen, dass Tertullian weniger als 150 Jahre später von der negativen und sündigen Notwendigkeit der Sexualität reden kann?

Vieles ist geschehen. Zum einen ist das erwartete Ende der Welt immer weiter ausgeblieben; die existentiellen Haltungen, die ihren Sinn aus der Hochspannung der ,letzten Tage' beziehen, sind über die Jahrzehnte hinweg zu Gesetzen geworden. Zum anderen nimmt das, was wir heute den ,Zeitgeist' nennen, Einfluss auf das sich konstituierende Christentum. Das römische Recht und die römische Medizin in den

---

8 Westermann 1974, S. 318; vgl. Bachl 1989, S. 28ff.
9 Walton 1994, S. 31–41. Hossfeld 1990, S. 11–26.
10 Vgl. Countryman 1990.
11 Vgl. Ammicht Quinn ³2004 (a).

ersten christlichen Jahrhunderten, genauso wie die römische und griechische Hoch- und Popularphilosophie, allen voran die Stoa: alle sind sich einig in ihrer Distanz zum Leiblichen und ihrer moralischen Abwertung der Sexualität. Und zum dritten wird seit dem Ende des dritten Jahrhunderts der Sündenfall - neben und nach der Kreuzigung Christi das tragische Ereignis im religiösen Bewusstsein - theologisch als sexuelles oder mit Sexualität verbundenes Ereignis gedeutet.

Der Kirchenvater Origenes, ein Zeitgenosse Tertullians, 254 gestorben, meint, dass im Paradies die Menschen als Engelwesen existierten – ohne menschlichen Leib. Erst durch den Sündenfall geht die Gnade der Unsterblichkeit verloren, und neben Krankheit und Tod ist so das sexuelle Verlangen – die Notwendigkeit des sterblichen Menschen, sich fortzupflanzen – eine Folge der Ursünde. Das sexuelle Begehren ist eine Strafe Gottes, die die Eltern bei der Zeugung als Erbsünde an die Kinder weitergeben. Die Aktivierung der Sexualität ist nur dann sündenfrei, so Augustinus, wenn sie der Zeugung von Nachkommen dient. Dann, und nur dann, darf die mit dem Geschlechtsakt verbundene Lustempfindung hingenommen werden.[26]

Die Bußbücher des Mittelalters kennen ausführliche Zeiten, in denen der Geschlechtsverkehr zwischen Eheleuten verboten war: je 40 Tage vor Weihnachten und Ostern, während des Herbstfastens, in allen Nächten von Samstag auf Sonntag, drei Nächte vor Kommunionempfang. Diese Regelungen sind mehr als nur eine Form von Geburtenregelung: Sie sind der Versuch, den Bereich der Religion und den Bereich des Geschlechtlichen voneinander zu trennen - oder nur negativ miteinander zu verbinden.

Und der Kapuzinerpater Martin von Cochem, 1712 gestorben, empfiehlt den Bräuten ein bestimmtes Gebet vor ihrem Hochzeitstag:

„Ich weiß, dass ich in einen sehr schweren Stand trete, darin ich viel leiden und große Gefahren werde ausstehen müssen ... Du mein Gott weißt, dass ich nicht aus Geilheit, sondern vielmehr aus Notwendigkeit in diesen Stand trete, damit ich nämlich der Schwachheit meiner Natur zu Hilfe komme und auch die zeitliche Nahrung in diesem Stand erwerbe ... O Christe Jesu! der du dem Ehestand zu Ehren auf die Hochzeit zu Cana gegangen und allda Wasser in Wein verwandelt hast, würdige dich auf unsere Hochzeit zu kommen und das Wasser der Trübseligkeit unseres Ehestandes in den Wein der Fröhlichkeit zu verwandeln."[12]

---

12 Martin von Cochem 1991, S. 80.

Nietzsche zu widersprechen scheint gar nicht so einfach zu sein. Die Konsequenz dieser Geschichte ist eine sich allmählich herausbildende traditionelle ordnende Sexualmoral, die seit der Aufklärung nicht nur religiös, sondern auch bürgerlich geprägt ist und funktioniert. Die Notwendigkeit der Kontrolle potentiell gefährlicher „Triebe" ist eine gleichermaßen soziale wie religiöse Aufgabe, die, wie Wedekind zeigt, durchaus gefährlicher sein kann als die gefährlichen „Triebe" selbst. Für das 20. Jahrhundert erscheint die Befreiung der Sexualität aus dieser umfassenden und repressiven Kontrollmoral damit durchaus als moralische Notwendigkeit. Die Frage stellt sich nur, ob diese moralische Notwendigkeit zwangsläufig in die Befreiung der Sexualität von Moral überhaupt mündet. Heute sehen wir auf der einen Seite des Diskurses Verbot, Restriktion, Sünde, Tod – auf der anderen Seite Liebe, Spaß, Erlebnis, Glück, Sinn – und immer wieder Tod. Wie kann heute im Angesicht der Geschichte und der Gegenwart überhaupt noch moralisch über Sexualität geredet werden?

Es ist die katholische Kirche, die diesen Diskurs gegen alle Widerstände aufrechterhält. Was hat sie zu sagen?

Die vieldiskutierte und vielgescholtene Enzyklika *Humanae vitae* hat neben ihrer Ablehnung der künstlichen Empfängnisverhütung einen kaum wahrgenommenen, aber immens wichtigen Schritt in der Ehetheologie getan: Zum ersten Mal wird hier in einem kirchlichen Dokument ausdrücklich der Vorrang der gegenseitigen Liebe der Ehepartner vor dem einst absolut primären Ehezweck der Fortpflanzung genannt.

Die lehramtliche Moraltheologie zu Sexualität und Liebe (die Begriffe sind symptomatisch unscharf) geht von der Grundtatsache aus, dass der Mensch ein Ebenbild Gottes ist.

> „Darum ist die Liebe seine ‚grundlegende und naturgemäße Berufung'. Es gibt zwei besondere Weisen, diese Berufung zur Liebe in die Tat des Lebens umzusetzen: Die eine ist die liebende Verbindung mit Christus durch die geheimnisvolle Ehelosigkeit ‚um des Himmelsreiches willen', die andere die bräutliche Liebe."[13]

Diese Liebe hat nun drei Merkmale: sie ist ganzheitlich, endgültig und fruchtbar. Der Geschlechtsverkehr ist äußeres Zeichen der Liebe. Vorehelichem Geschlechtsverkehr beispielsweise fehlt nun die Endgül-

---

13 Laun 1991, S. 80.

tigkeit, außerehelichem Geschlechtsverkehr die Ganzheitlichkeit, Geschlechtsverkehr, der nicht auf Zeugung und Empfängnis ausgerichtet ist, die Fruchtbarkeit. Hier, so heißt es, ‚lügt' die sexuelle Geste und ist deshalb Sünde.

Kein tertullianischer Unterton ist bei dieser Interpretation lehramtlicher Sexualmoral herauszuhören. Sie verdient Beachtung - und sie verdient es, befragt zu werden - auch nach dem Kontext der Texte: Wie passen sie in unsere Welt? Dass die Diskrepanzen längst aufgebrochen sind, ist uns allen deutlich. Können und sollen die Diskrepanzen überwunden werden?

(3) Sex and the City: Die heutige Lebenswelt

Unsere Lebenswelt, beschleunigt, gefährdet, globalisiert, ist dadurch gekennzeichnet, dass die biografischen Strukturen zerbrechen. Wo früher das Leben in einigermaßen klaren, überschaubaren Bahnen verlief, wo die Herkunftsfamilie, der Herkunftsort und das Geschlecht häufig schon einen Lebensplan festlegten, herrscht heute Unüberschaubarkeit und Unsicherheit. Die Herkunft ist kein Schicksal mehr, sondern eröffnet Wahlmöglichkeiten; der Beruf ist kein Schicksal mehr, sondern - so groß die Not der Arbeitslosigkeit auch immer ist - in der Regel Wahl; Kinder sind kein Schicksal mehr, sondern Wahl; nicht einmal Kinderlosigkeit erscheint mehr als Schicksal, sondern - im Zuge der vielfältigen medizinischen Möglichkeiten, die man nutzen kann oder nicht – als Wahl. Das heißt: Das, was vorige Generationen als Schicksal verstanden und zu tragen wussten, kommt heute als moralische Frage auf uns zu: als Anfrage an unser Handeln. Aus der Normalbiografie ist die Wahlbiografie[14] geworden, und die Zeiten, in denen mit konstanten Strukturen der Lebenswelt gerechnet werden kann, werden immer kürzer.

Beziehungsstrukturen sind direkt und massiv von diesem Wandel berührt. Bis weit in die Moderne hinein war die Ehe eine Institution, die auf einer gemeinsamen 'Sache' basierte – Haus, Hof, Handwerk, Kinder. Diese gemeinsame Sache ist heute verschwunden, und an deren Stelle ist ein *Gefühl* getreten. Mit einem Gefühl als Grundlage und

---

14 Vgl. Beck/Beck-Gernsheim 1990, S. 13.

dem gleichzeitigen Ausdünnen einschränkender, aber auch stabilisierender Faktoren – Großfamilie, Kirche, Staat – wird die Ehe zerbrechlich. Gleichzeitig wird sie re-romantisiert als Gegenwelt – als Ort von Nicht-Markt, Nicht-Stress, von Sinn und Heil.[15] Die „Traumhochzeit" als Fernsehshow ist hier nur eines der Indizien. In dem Riss, der aufbricht zwischen dem realen Scheitern und der idealen Überhöhung etablieren sich eine Vielzahl neuer Organisationsformen des Zusammenlebens von Männern und Frauen auch als Organisationsformen des Sexuallebens. Am bedeutendsten scheint hier die so genannte 'serielle Monogamie' zu sein, in der Männer und Frauen 'um der Liebe willen' immer wieder neue sexuelle Partnerschaften eingehen, nachdem die alte Partnerschaft mit dem Schwinden des Gefühls ihre innere Berechtigung verloren zu haben scheint. Diese Organisationsform der 'seriellen Monogamie' selbst ist kein extremes Randphänomen, sondern ein Phänomen der Mitte. Sie befindet sich in der Mitte zwischen dem nicht nur kirchlichen, sondern auch spätbürgerlichen Anspruch, Sexualität ausschließlich ehebezogen und die Ehe auf Dauer zu leben – und einer sexualisierten Öffentlichkeit, für die Sexualität zu einer Ware unter anderen geworden ist.

Wedekinds Wendla ist tot; Larry Clarks Telly vielleicht auch. Stürzen die heutigen Jugendlichen in ähnliche ‚Kindertragödien'?

Jugendliche müssen in der heutigen Situation der Enttraditionalisierung eine eigene sexuelle Identität und einen eigenen sexuellen Lebensentwurf entwickeln und stoßen dabei auf Probleme. Sie sind Erben und Erbinnen dessen, was wir im Nachhinein die „sexuelle Revolution" nennen, eine Entwicklung, die Sexualität immer stärker nicht an den ‚richtigen' Strukturen, sondern an den ‚richtigen' Gefühlen und der ‚richtigen' Technik ausrichtete und die zur Folge hatte, dass das moralische Sprechen über Sexualität immer leiser wurde. Heute hat sich nun das Bild weiter verschoben. Soziologen beobachten eine zunehmende Re-Romantisierung der Jugendsexualität; Treue wird wieder ein hoher Wert - bei immer kürzerer Dauer der Partnerschaften, so dass 'serielle Monogamien' entstehen. Gleichzeitig sind die Ver-Öffentlichungen und Ver-Äußerungen von Sexualität grober und extremer geworden. Auf der einen Seite gehören das Outing der Sado-Maso- oder der bisexuellen Szene schon in die Nachmittags-Talk-Shows der privaten Fernsehsender. Am anderen Ende des Spektrums manifestiert

15 Vgl. ebd. S. 20ff; 22ff.

sich die Gegenreaktion, beispielsweise in den Gruppen Jugendlicher, die öffentlich Keuschheit bis zur Hochzeit geloben. Und dazwischen? Für den 'ganz normalen' menschlichen und sexuellen Reifungsprozess Jugendlicher steht nicht mehr primär sexuelle Befreiung im Vordergrund, sondern – immer noch – Unsicherheit und Angst: die Angst, dem Werbe-Bild von Sexualität nicht zu genügen; die Angst, vorwiegend für Jungen, nicht cool, stark und potent genug zu sein; die Angst, vorwiegend für Mädchen, nicht schön und schlank genug zu sein und zwischen den beiden negativ besetzten und äußerst lebendigen Bildern der ‚Jungfrau' und der ‚Hure' kein eigenes Bild entwickeln zu können. Und die Angst, für beide, mit der nötigen Neuordnung der Geschlechterverhältnisse überfordert zu sein. Hier reift - immer noch sehr langsam - das Bewusstsein, dass die sexuelle Erfahrungswelt für Jungen und Mädchen, Männer und Frauen sehr unterschiedlich ist: das Bewusstsein, dass Sexualität für Mädchen und Frauen immer ein sehr intensiver physischer und psychischer Prozess ist, dass koitaler Sex für Mädchen und Frauen nicht automatisch lustvoll ist, dass gemeinsame Lust erlernt werden muss und dass koitaler Sex Schwangerschaft bedeuten kann. Parallel zu dieser Entwicklung wird in den Untersuchungen aber immer noch deutlich, dass praktisch jedes Mädchen Erfahrungen mit Grenzüberschreitungen macht, mit Übergriffen sexuellen Charakters, die die Integrität ihres Körpers verletzen, die aber - vom Kindergarten an – so 'normal', so sehr an der Tagesordnung sind, dass sie als allgemeine – männliche – Verhaltensmuster nach wie vor akzeptiert werden.[16]

(4) Was soll ich tun? oder: Wie soll ich sein?

Die repressive Kontrolle von Sexualität scheint heute – zumindest auf einer Ebene und in den liberalen Gesellschaften des Westens – weitgehend aus dem Bereich der Sexualität verschwunden zu sein. Stattdessen hat sich die popular culture den Leitspruch der Filterzigarettenindustrie zu Eigen gemacht: *Genuss ohne Reue.*[17] Sexuelle Beziehungen, so der Sexualwissenschaftler Volkmar Sigusch, imitieren den gesellschaftlichen Tauschakt mit der Konsequenz, dass Sexualität zum Nutzobjekt verkommt und benutzt werden kann.

---

16 Vgl. Heiliger 13.11.1993.
17 Vgl. Sigusch 1989, S. 58.

Ist damit ein letztes Urteil über die Moral im Zusammenhang mit Sexualität gesprochen? Muss endlich und endgültig eine lange unglückliche Beziehung zwischen Sexualität und Moral geschieden werden, ohne Absicht oder Notwendigkeit der Versöhnung?

Dagegen spricht, dass Sexualität menschliches Handeln ist und die öffentliche Scheidung von Sexualität und Moral höchstens zu einer neuen, versteckten und damit schwierig zu lösenden unterschwelligen Beziehungskrise führt. Die Alternative entweder des Rückgriffs auf repressive Moral oder der Selbstauflösung von Moral im Kontext der Sexualität muss selbst aufgelöst werden. Die Voraussetzung für die Möglichkeit eines dritten Wegs aber ist, dass der sexualethische Diskurs sich grundlegend verändert.

Der **erste** Schritt dieser Veränderung ist ein *Prozess der Sprachfindung*. Zwischen der klinisch-neutralen Sprache der Mediziner und Juristen und der vulgären Sprache, die auch Sprache der Pornoproduzenten sein könnte, muss der sexualethische Diskurs eine angemessene Sprache finden, vielleicht auch erfinden.

Der **zweite** Schritt ist die *Veränderung der moralischen Leitfragen*. Praktischer und analytischer Ausgangspunkt des veränderten sexualethischen Diskurses sind die zerbrochenen Lebensstrukturen, die Lebensläufe, die nicht mehr in vorgezeichneten Bahnen verlaufen. Die alte moralische Leitfrage heißt: *Was gilt? Was soll ich tun?* Diese Leitfrage setzt eine feste Ordnung voraus. Im Angesicht der zerbrechenden Ordnungen verändert sie sich und wird zu der neuen Leitfrage Wie soll ich sein? Was kann ich tun? Diese neue Formulierung der Frage zielt weniger auf das Erreichen eines sittlichen Optimum, sondern auf die Ermöglichung der sittlichen Person. Das bleibt nicht ohne Einfluss auf die Grammatik des sexualethischen Diskurses:

Der sexualethische Diskurs löst sich aus der primären und absoluten grammatischen Ordnung der Modalverben. Denn die Moral, die sich in Modalverben – *können, sollen, wollen, dürfen, müssen* – ausdrückt, verursacht bei allen Lösungen, die sie anbietet, notwendige Kollisionen, seien es Kollisionen zwischen dem Wollen und dem Dürfen, dem Wollen und dem Sollen oder Müssen oder auch zwischen dem Sollen und dem Können. Diese Kollisionen mögen häufig unvermeidlich sein. Bilden sie aber den unverrückbaren Rahmen des sexualmoralischen Handelns, dann ist das Unglück vorprogrammiert – das Unglück Wend-

---

18 Vgl. dazu: Mieth 1989, S. 167-199.

las, das Unglück all der „aufgerissenen" Mädchen in Clarks Film, das Unglück all jener, für die der imperfekte Körper als Hindernis für Sexualität, Erfüllung, Sinn erscheint.

Dieses Herauslösen aus der absoluten grammatischen Ordnung der Modalverben bedeutet nun nicht, dass das Sollen im moralischen Sprechen über Sexualität vollständig seinen Ort und seine Legitimation verliert. Das Sollen wird vielmehr konzentriert, reduziert – und damit intensiviert. Für die Sexualität gelten die Normen, die das Miteinander von Menschen insgesamt regeln: das *Verbot von Gewalt* – auch als Verbot gegen sich selbst gerichteter Gewalt und Ausbeutung – und das *Gebot der Achtung des Personseins und der Würde* des anderen Menschen – auch als Gebot der Achtung des eigenen Personseins. Genau hier ist das Sollen angesiedelt, groß, deutlich und unhintergehbar.

Zugleich ist das Sollen reduziert, weil eine Sexualethik, die als reine Sollensethik – etwa im Modell der Kantischen Pflichtmoral – ausformuliert ist, sich im Angesicht der gegenwärtigen Lebenswelten immer mehr und letztlich fast ausschließlich auf Vermeidungsimperative konzentriert. Eine Sexualethik aber, deren Kommunikationsform auf Vermeidungsimperative reduziert ist, erreicht diejenigen nicht, für die sie da sein will: die künftige Generation. Sie endet in jener staubigen Ecke, in der alles andere liegt, was sich junge Menschen – deren Bedarf nach Gespräch immens ist – keineswegs sagen lassen wollen. Darüber hinaus ist sie einer theologischen Deutung des Phänomens Sexualität als Teil der guten Schöpfung unangemessen. Eine im aristotelisch-thomanischen Sinn als Strebensethik formulierte Sexualethik muss damit das grundlegende Sollen ergänzen; sie thematisiert das Gesamt der Lebensführung, unterschiedliche, auch konkurrierende Vorstellungen des geglückten, guten, gelingenden Lebens. Die Einübung von Haltungen steht hier im Zentrum ethischer Sexualpädagogik, nicht das Aufsagen von Pflichten.

Basierend auf diesem konzentrierten reduzierten, aber absolut verbindlichen Sollen wird eine Strebensethik das Glück und Unglück, das Heil und Unheil gegenwärtiger Lebensentwürfe wahrnehmen und erkennen. Dies ist keine vorschnelle Kapitulation vor einem modischen Zeitgeist, sondern eine Möglichkeit, den Sinn christlicher Traditionen für andere erneut sinnvoll zu machen, zugleich die Identität und die Relevanz christlichen Sprechens über Sexualität zu bewahren.

Die Orientierungsmodelle gelingenden Lebens (Mieth), die hier formuliert werden können, bringen die Grundanliegen traditioneller kirchlicher Moraltheologie in einem anderen grammatischen Kontext neu zur Sprache. Sexualität kann dort gelingen, so hieße eines dieser Orientierungsmodelle, wo sie *ganzheitlich* gelebt wird, wo sie nicht abgespalten wird in Teilbereiche des Menschseins, des Rollenrepertoirs. Sexualität kann dort gelingen, wo *Endgültigkeit* zu ihr gehört, wo sie nicht vorläufig gelebt wird – solange, bis die Einsamkeit vorbei ist, solange, bis der Job im Ausland kommt, solange bis ein Besserer oder eine Bessere vorbeikommt. Und Sexualität kann dort gelingen, wo sie *fruchtbar* ist – im eigentlichen Sinn und Glück eines Lebens mit Kindern, aber auch im übertragenen Sinn; Sexualität ist dort fruchtbar, wo sie nicht eigensüchtig ist, wo sie Menschen nicht gegen die Welt abschottet, sondern wo die Energie der Liebesbeziehung fruchtbar gemacht wird für die Welt.

Damit verändert sich notwendig das theologisch-ethische Sprechen über Sexualität: Es wird bescheidener und anspruchsvoller zugleich. Bescheidener, weil es den Anspruch zurücknimmt, ein komplexes und komplettes Regelsystem zu entwerfen, bei dessen Akzeptanz und Einhaltung das Leben eines Menschen 'richtig' wird; und es wird anspruchsvoller, indem es die grundsätzliche Ermöglichung moralischer Identität zu seinem Thema macht und sich die Aufgabe stellt, den Zusammenhang von moralischer und sexueller Identität immer neu herzustellen und aufrecht zu erhalten.

Diese Orientierungsmodelle gelingenden Lebens sind nicht abstrakt. Sie sind darauf angewiesen, den *Kontext* einer Frage mit zu sehen, das *Sich-Einfühlen* in die Ängste und Hoffnungen, Sorgen und Freuden der Betroffenen zu erproben.

Zu diesem Kontext gehören heute, in diesem beginnenden Jahrhundert, auch die Stimme des Skateboard-Casanovas Telly, die Stimmen der Mädchen, denen er Glück verheißt und den Tod bringt. Dazu gehört die Stimme von Wendlas Mutter in Wedekinds Kindertragödie, die nur von Liebe, aber nicht von Lust reden kann. Und dazu gehören unsere eigenen Stimmen. Wenn wir diese Stimmen hören, haben wir die Chance, zweierlei zu verstehen:

Wir können zum einen verstehen, dass dort, wo die Person nicht (mehr) im Zentrum des Handeln, gerade auch des sexuellen Handelns steht, Intimität sehr schnell Isolation produziert, Lust Einsamkeit erzeugt - ein Bündnis, das sich leicht steigert zum Bündnis von Lust und Unglück und letztlich zum Bündnis von Lust und Tod.

Und wir können zum anderen verstehen, dass dann – nehmen wir Telly als Beispiel - gerade nicht Lust um der Lust willen, Sexualität um ihrer selbst willen stattfindet. Lust ist hier, um Freud sozusagen auf den Kopf zu stellen, eine Ersatzbefriedigung. Lust dient dazu, die Unsicherheit und Todesangst zu bekämpfen, Sehnsucht nach Zuwendung und Hoffnung auf Einmaligkeit zu befriedigen. Wenn wir dies verstehen, dann wird uns eine Aufgabe etwas deutlicher: die Aufgabe, um uns - gerade auch in der Kirche - eine Welt zu schaffen, in der Ängste geäußert und besänftigt, Bedürfnisse zugelassen und befriedigt werden, in der den Menschen - nicht nur den Jugendlichen - so viel Achtung, Bestätigung, Liebe zuteil wird, dass deren Mangel nicht in einer einsamen und gewaltsamen Sexualität ausagiert werden muss. So und nur so könnte ein Raum entstehen, in der Lust sich in Liebe und Liebe sich in Lust entfalten kann. Dieser Raum könnte und sollte als christlicher Raum identifizierbar sein: Wenn die Grundstruktur des Christentums das Angenommensein des Menschen durch Gott ist, ist das Annehmen anderer die grundlegende christliche Haltung.

Was und wie aber ist eine solche Sexualität, die unter den Bedingungen postmoderner Lebenswelten gut *und* lebbar ist? Diese Frage lässt sich am ehesten negativ einkreisen:

* Sexualität ist keine Ware, die innerhalb eines kapitalistischen Mehrwertsystems zum Kauf, zur Belohnung, zum Tausch eingesetzt werden kann, auch nicht zum Tausch gegen Zuwendung, Zärtlichkeit, Aufmerksamkeit, Freundschaft oder Liebe. Hier wird Sexualität zum Falschgeld.
  Sexualität ist keine Ware, sondern ein Geschenk.
* Sexualität ist kein Machtmittel und lässt sich nicht durch Macht erzwingen. Ihre schlimmste Perversion ist so die sexuelle Ausbeutung und Unterdrückung Abhängiger, sei es zu Hause in der Familie, sei es in der Ferne als Sex-Tourismus.
  Sexualität ist kein Machtmittel, sondern eine Macht.
* Sexualität ist keine Sportart, sosehr sich die Semantik des sexuellen Diskurses inzwischen der des Sports angeglichen hat. So verbindet sich Sexualität mit Körperaktivismus und Jugendlichkeit, mit Leistung, Training und einem fairen Verhalten dem Partner gegenüber.[19]

---

19 Vgl. dazu Luhmann [4]1984, S. 203f.

Der Sportgeist in der Sexualität und Sexualität als Sportgeist erscheint aber als „Surrogat für die Gleichheit"[20] und als verlockende, aber irreführende Möglichkeit, die Probleme auf der Oberfläche – der Körperoberfläche – zu lösen.

Sexualität ist keine Sportart, sondern ein Mysterium.

Indem Sexualität – unter anderem — als Mysterium erscheint, als nie ganz zu erfassende und nie vollständig zu unterwerfende Macht, als Bereich, innerhalb dessen das Ekstatische, die Grenzüberschreitung und das Tabu ihren Ort haben, wird wieder etwas von dem deutlich, was anderen Religionen und Kulturen geläufig war: Die Nähe von Sexualität und Religion. Diese Nähe geht über wechselseitige Diffamierung und den Versuch, sich wechselseitig auszuschließen, über die gute alte Feindschaft hinaus. Denkbar wäre eine Zeit, in der Sexualität und Religion wie auch Lust und Liebe sich nicht und nie ausschließen, sondern sich gegenseitig erschließen; sich gegenseitig erschließen, und dabei auch die betroffenen Menschen. Und Tertullian – er möge endlich und in Frieden ruhen.

---

20 Sichtermann 1991, S. 102-113; S. 111.

Literatur

Ammicht Quinn, Regina, Körper – Religion – Sexualität. Theologische Reflexionen zur Ethik der Geschlechter, Mainz ³2004 (a).

- dies., Das Paradigma Sexualität. In: Concilium 1(1999), S. 47-52.

- dies., Konkretion: Sexualität. In: Praktische Theologie. Ein Handbuch Bd. 2, hrsg. v. Herbert Haslinger, Ottmar Fuchs u.a., Matthias Grünewald-Verlag, 2000 (b).

- dies., Körper und Sexualität. In: Arbeitsbuch Feministische Theologie, hrsg. v. Irene Leicht u.a., Gütersloh 2003, S. 231-237.

- dies./Tamez, Elsa (Hrsg.), Körper und Religion. Themenheft Concilium 2(2002).

Angerer, Marie-Luise (Hrsg.), The Body of Gender. Körper - Geschlechter - Identitäten, Wien 1995.

Bachl, Gottfried, Der beschädigte Eros. Frau und Mann im Christentum, Freiburg 1989.

Bartholomäus, Wolfgang, DerDieDas Andere geht mich an: Sexualität für Erziehung ethisch denken - in der Spur Emmanuel Lévinas', Frankfurt/M. u.a. 2002.

Beck, Ulrich/Beck-Gernsheim, Elisabeth, Das ganz normale Chaos der Liebe, Frankfurt/M. 1990.

Brown, Joanne Carlson/Bohn, Carole R. (Hrsg.), Christianity, Patriarchy, and Abuse. A Feminist Critique, Cleveland/Ohio 1989.

Brown, Peter, The Body and Society. Men, Women and Sexual Renunciation in Early Christianity, New York 1988.

Clark, Larry, Interview mit Katja Nicodemus. In: Die Woche, 9.6.1995.

Countryman, L. William, Dirt, Greed, and Sex. Sexual Ethics in the New Testament and Their Implications for Today, Philadelphia 1999.

Fausto-Sterling, Anne, Sexing the Body. Gender Politics and the Construction of Sexuality, New York/NY 2000.

Haag, Herbert/Elliger, Katharina, Zur Liebe befreit. Sexualität in der Bibel und heute, Düsseldorf 1999.

Heiliger, Anita, Sexuelle Leitbilder und Erfahrungen Jugendlicher. Vortrag auf der Tagung „Jugend, Sexualität und Kirche", Weingarten, 13.11.1993.

Hossfeld, Frank Lothar, Leib und Geschlechtlichkeit. Aspekte einer biblischen Anthropologie. In: Peter Hünermann (Hrsg.), Lehramt und Sexualmoral, Düsseldorf 1990.

Isherwood, Lisa, (Hrsg.), The Good News of the Body. Sexual Theology and Feminism, New York/NY 2000.

Kaiser, Helga (red.): Liebe und Eros zur Zeit der Bibel. Welt und Umwelt der Bibel Nr. 21, Jg. 6, Stuttgart 2001.

Laqueur, Thomas, Auf den Leib geschrieben. Die Inszenierung der Geschlechter von der Antike bis Freud, Frankfurt/M./New York 1992.

Laun, Andreas, Liebe, Ehe, Sexualität - Durchbruch im 20. Jahrhundert. In: Ders., Aktuelle Probleme der Moraltheologie, Freiburg/Basel/Wien 1991.

List, Elisabeth, Die Präsenz des Anderen. Theorie und Geschlechterpolitik, Frankfurt/M. 1993.

Lüthi, Kurt, Christliche Sexualethik : Traditionen, Optionen, Alternativen, Wien 2001.

Luhmann, Niklas, Liebe als Passion. Zur Codierung von Intimität, Frankfurt/M. ⁴1984, S. 203f.

Martin von Cochem, Goldener Himmel-Schlüssel, oder sehr kräftiges, nützliches und trostreiches Gebet-Buch zur Erlösung der lieben Seelen des Feg-Feuers ... Zum besonderen Gebrauch des andächtigen Weiber-Geschlechts, Augsburg 1804; zit. nach Denzler, Georg, Die Verbotene Lust. 2000 Jahre christliche Sexualmoral, München ³1991, S. 80.

Mieth, Dietmar, Christliche Sexualethik. In: Wilhelm Ernst (Hrsg.), Grundlagen und Probleme der heutigen Moraltheologie, Leipzig 1990, S. 247-269.

- ders., Christliche Anthropologie und Ethik der Geschlechter angesichts der Herausforderung gegenwärtiger Erfahrung und zeitgenössischen Denkens. In: Schneider, Theodor (Hrsg.), Mann und Frau - Grundproblem theologischer Anthropologie, Freiburg/Basel/Wien 1989.

Moltmann-Wendel, Elisabeth, Wenn Gott und Körper sich begegnen. Feministische Perspektiven zur Leiblichkeit, Gütersloh 1989.

- dies., Mein Körper bin ich. Neue Wege zur Leiblichkeit, Gütersloh 1994.

Nietzsche, Friedrich, Jenseits von Gut und Böse, IV (Sprüche und Zwischenspiele), n. 168. In: Ders.: Werke in drei Bänden, hrsg. v. Schlechta, K., Bd. 2, München 1966.

Parrinder, Edward Geoffrey, Sexualität in den Religionen der Welt, Düsseldorf 2004.

Rohde-Dachser, Christa, Expedition in den dunklen Kontinent. Weiblichkeit im Diskurs der Psychoanalyse, Frankfurt/M. 1997.

Schenk, Herrad, Frauen und Sexualität. Ein historisches Lesebuch, München 1995.

Schroer, Silvia/Staubli, Thomas, Die Körpersymbolik der Bibel, Darmstadt 1998.

Sichtermann, Barbara, Verschiedenheit und Gleichheit der Geschlechter. In: Dies., Weiblichkeit. Zur Politik des Privaten, Neuausgabe Berlin 1991.

Sigusch, Volkmar/Dannecker, Martin/Reiche, Reimut (Hrsg.): Sexualität und Gesellschaft, Frankfurt/M./New York 2000.

Sigusch, Volkmar, Kritik der disziplinierten Sexualität, Frankfurt/New York 1989.

Tertullian, Die zwei Bücher an seine Frau. BKV I, 1871.

- ders., Über die Aufforderung zur Keuschheit. BKV I, 1912. (Neuausgabe: Tertullian: De exhortatione castitatis/Ermahnung zur Keuschheit. Hrsg. v. Friedrich, Hans-Veit [Beiträge zur Altertumskunde 2], Stuttgart 1990.)

- ders., Über die Ehrbarkeit. BKV I, 1915.

Theweleit, Klaus, Männerphantasien. Bd. 1: Frauen, Fluten, Körper, Geschichte; Bd. 2: Männerkörper - Zur Psychoanalyse des weißen Terrors, Reinbek b. Hamburg 1987.

Timmermanns, Stefan (Hrsg.), Sexualpädagogik weiter denken: postmoderne Entgrenzungen und pädagogische Orientierungsversuche, Weinheim/München 2004.

Walker Bynum, Caroline, Fragmentierung und Erlösung. Geschlecht und Körper im Glauben des Mittelalters, Frankfurt/M. 1996.

Walton, Heather, Theology of Desire. In: Theology & Sexuality. The Journal of the Institute for the Research of Christianity and Sexuality 1(1994).

Wedekind, Frank, Frühlings Erwachen. Eine Kindertragödie (1891), Stuttgart 1971.

Westermann, Claus, Genesis. 1. Teilband (Biblischer Kommentar Altes Testament 1/1), Neukirchen-Vluyn 1974.

Foto: Heintze (TLZ)

Karin Richter / Burkhard Fuhs

Wirkung von Gewalt in Medien auf Kinder – eine Frage zwischen Medienethik und Pädagogik

Die Frage nach der Wirkung von Gewaltdarstellung in den Medien ist so alt wie die Medien selbst – und da wir in diesem Kontext auch die Printmedien in Betracht ziehen, wird die historische Dimension dieser Frage erkennbar:

Von Menschen verursachte Gewalt in Form von Krieg, Bruder-, Gatten- oder Kindermord, Mord aus Eifersucht, Habgier oder Hass, Vergewaltigung, Verfolgung oder Vertreibung, der Zweikampf unter Männern oder die Hinrichtung von Schuldigen sowie Unschuldigen sind Themen, die sich immer wieder in der Literatur finden. Gewalt gehört ohne Zweifel zum menschlichen Leben und zur menschlichen Kultur, und nicht selten wurde die Historie einer Gesellschaft an Hand ihrer gewaltsamen Auseinandersetzungen, ihrer Siege und Niederlagen erzählt. Gewalt und Aggression erscheint vielen als eine anthropologische Konstante des menschlichen Daseins: der Mensch als des Menschen Wolf, der Mensch, dessen Geschichte mit dem Brudermord von Kain an Abel beginnt, der Mensch als eine Spezies, die sich im Kampf ums Überleben nicht scheut, auch die eigenen Artgenossen umzubringen. Die Haut der Zivilisation – so eine Position – ist äußerst dünn, wenige Tage Hunger und Angst genügten, um die Bestie im Menschen zum Vorschein zu bringen. Gewalt ist so nie nur biologisches Schicksal, sondern immer auch ein kulturelles Phänomen. Das gilt für die Formen der Gewalt, die sich mit der Technisierung, der Entwicklung der Waffen und der Gesellschaften verändert haben, das gilt aber auch für die Legitimation der Gewalt. So ist die Gewaltenteilung und die demokratische Legitimation eine wichtige Errungenschaft von Demokratien.

In dem Maße, wie Gewalt zum menschlichen Leben dazu gehört, und in dem Maße, wie sie in jeder Zeit kulturell gestaltet wird, ist Gewalt immer auch Bestandteil menschlicher Kunst, als einer Form der Gestaltung und Bewältigung des Lebens. Gewalt ist so auch Thema im uralten menschlichen Kulturgut. Gerade die Märchen und Mythen werden von diesem Thema geradezu determiniert.

Wenn wir also über Gewalt in den Medien reden und in einen Dialog über die Wirkung von Gewaltdarstellungen auf Kinder treten wollen, müssen wir uns darüber klar sein, dass wir uns in einer historischen Zeit bewegen, in der die Formen und Begründungen von Gewalt grundlegend diskutiert werden. Dabei sind es vor allem die Angebote, die Gewalt als etwas Legitimes und Gerechtes darstellen, die für Kinder und Jugendliche von besonderem Interesse sind. Dies mag daran liegen, dass etwa Filme, die vor Gewalt warnen, vor allem die Opfer und damit die Schwachen und Leidenden in den Blick nehmen, während Filme, die Gewalt etwa über Notwehr und ungesühntes Unrecht rechtfertigen, den Kindern und Jugendlichen ermöglichen, sich mit einem starken Helden zu identifizieren.

Damit eröffnet sich auch die Frage, was das Faszinierende an Gewaltdarstellungen ist bzw. inwiefern der Mensch verschiedene Medien nutzt, um sich mit Gewalt auseinander zu setzen.

In der heutigen Diskussion stellen sich manche Fragen allerdings schärfer: Welche Funktion hat die zum Teil überdimensionierte Betonung von Gewalt im aktuellen Medienangebot? In welchem Kontext erscheint diese Darstellung? Wie stellt sich die Beziehung zwischen Freiheit und Verantwortung in Bezug auf Gewaltdarstellungen in den Medien dar? In welcher Weise ist die Gewaltdarstellung in den Medien in Verbindung zu den Werten einer Gemeinschaft zu sehen und was heißt in diesem Kontext pädagogischer Impetus?

Eine äußerst kontroverse Debatte über Gewaltdarstellung erfolgte in Verbindung und in Auseinandersetzung mit der Serie „Power Rangers" in den neunziger Jahren.

Die Kritik vieler Erwachsener – gerade auch vieler besorgter Eltern und Pädagogen – führte dazu, dass Fachleute Gutachten erstellten, um die Bedenklichkeit oder Unbedenklichkeit dieser Serie zu analysieren und zu begründen. In einem interessanten Sammelband (Herausgeber: Dieter Czaja) wurden die Positionen dazu unter dem Titel „Kinder brauchen Helden" (1997) publiziert. Dabei stand im Zentrum der meisten Beiträge die Frage danach, inwieweit die fiktiven Gewaltdarstellungen im Fernsehen zu realen Wirkungen im kindlichen Alltag führen.

Wir möchten die Argumentationslinien einzelner Beiträge als Ausgangspunkt nehmen, um unsere Position dazu in Bezug zu setzen und möglichst deutlich zu konturieren.

Die bekannte Journalistin Barbara Sichtermann stellt in den Mittelpunkt ihres Beitrages das Plädoyer für die Selbstentscheidung des Kindes bei der Mediennutzung, ohne einschränkende Eingriffe Erwachsener. Die Medienpädagogik müsse – so ihre Position – „gar nicht so viel Hirnschmalz auf die Programmkritik [..] verwenden, denn für Kinder gilt in besonderer Weise [..], dass jede Sendung in jedem Hirn anders ankommt" (Sichtermann in Czaja 1997, S. 14). Auf Grund der Unbestimmtheit der Botschaften fiktiver Darstellungen solle man Kinder sehen lassen, was sie wollen. Erst Kinder würden etwas aus diesen Botschaften machen – und wichtig sei, dass Kinder sich auf diese Weise selbst ergötzen (vgl. ebd., S. 15).

Ein Bekenntnis zu dieser Position bedeutet natürlich Entlastung für den Erwachsenen, zumal für den ‚geplagten Pädagogen', der für alles verantwortlich gemacht werden soll. Es stellt sich allerdings die Frage, ob sich eine Gemeinschaft auf diese Weise selbst aus ihrer Verantwortung für die Vermittlung von Werten und von Sinngebung gegenüber den Heranwachsenden entlässt – und damit zugleich dieses Gemeinwesen in seiner Existenz gefährdet.

Die Freiheit der Medien kann aus unserer Sicht nicht bedeuten, dass ihnen keine Grenzen gesetzt sind, gerade was die Darstellung von Gewalt anbelangt. Wie überhaupt Freiheit nur dann einen Gewinn für den Einzelnen und eine Gemeinschaft bedeutet, wenn sie sich mit Verantwortung verbindet.

In dem genannten Sammelband wird zu Recht darauf verwiesen, dass unser Wissen über kindliche Mediennutzung und Medienaneignung äußerst dürftig ist und auch deshalb Aussagen zur Wirkung von fiktiver Gewalt auf Gewaltbereitschaft im kindlichen oder jugendlichen Handeln problematisch sind. Genauso problematisch erscheinen allerdings einzelne Ansichten, die in Verbindung mit dem schrecklichen Ereignis im Gutenberg-Gymnasium Erfurt laut wurden und die darauf hinaus liefen, dass es sich bei dem Täter eben um einen gesellschaftlichen Außenseiter handelte, und dass eine Gemeinschaft nie vor derartigem abnormen Verhalten geschützt sei. Damit drängt sich die Frage auf: Was tut eine Gesellschaft, um derartige Gefahren zu minimieren? Verdrängt sie das Problem, verweist sie auf ihre Nichtzuständigkeit, delegiert sie die Schuldfrage, übt sie sich in einer Vogel-Strauß-Politik oder gefällt sie sich in der gleichnishaften Variante der drei Affen, die nichts hören, nichts sehen, nichts sagen – und demzufolge auch nichts tun müssen? Feststehende Fakten dieses Ereignisses sind — aus unserer Sicht – immerhin folgende: die isolierte Situation eines jungen Menschen – fehlende interpersonale Kommunikation in Familie und anderen Räumen – die Nutzung von Medien mit Gewaltpotential – der freie Zugang und Umgang mit Waffen. Damit ist der Wirkungskontext natürlich nicht zu beantworten, zumal in der sozialen Kommunikation eine additive Reihung von Tatbeständen kein vorausbestimmbares Ergebnis bedeuten kann.

Der bekannte Medienwissenschaftler Stefan Aufenanger kritisiert in seiner Wortmeldung zum Thema Fernsehen und Gewaltdarstellungen, dass jeder, der sich in diesem Rahmen äußert, den theoretischen Hintergrund und die empirischen Daten auswählt, die seine Position stützen, dass aber die medienethische Perspektive selten ins Kalkül gezogen wird. Er plädiert im Kontext der Debatte um die „Power Rangers" und ähnliche Serien dafür, sich nicht einfach auf empirische Ergebnisse zu konzentrieren, sondern sich davon leiten zu lassen, dass die Gesellschaft eine Verantwortung für ihre Kinder und die Aufrechterhaltung einer allgemeinen Moral trage.

Auch wir verstehen den Begriff Moral im weiten Sinne des Wortes und meinen, dass dieser in seiner menschheitlichen, sinnstiftenden Dimension weitaus stärker öffentliche Debatten und noch mehr tatsächliches Handeln prägen muss.

Insofern greift manche Debatte um den Jugendmedienschutz zu kurz, wenn sie sich darauf beschränkt, nach nachgewiesenen negativen Wirkungen zu fragen. Aufenanger äußert den interessanten Gedanken, inwiefern mit einer ganzen Reihe von Medienangeboten nicht Formen von struktureller Gewalt – im Sinne der Behinderung von Entwicklungsmöglichkeiten – verbunden sind. Auf der Grundlage von Kohlbergs Theorie der Entwicklung des moralischen Bewusstseins argumentiert Aufenanger gegen derartige Medienangebote.

Man könnte auch sagen, dass sich leichtfertige Experimente mit Heranwachsenden verbieten sollten. Die gegenwärtige Fülle von Gewalt verherrlichenden Computerspielen müsste ein Signal sein, das zum Handeln drängt. In ähnlicher Weise argumentiert auch Hartmut M. Griese in der genannten Publikation, indem er eine Ethik der Medienforschung anmahnt und eine Lösung nicht in weiterer Mediennutzungsforschungen sieht, sondern eine Forschungs- und Ideologiekritik als drängende Forschungsaufgabe begreift. Seiner Auffassung ist uneingeschränkt zuzustimmen, dass eine Gewaltdarstellung generell abzulehnen ist, die darauf hinausläuft, zu einer „Verherrlichung und Legitimierung von Gewalt als legitimes Mittel zur Lösung von Konflikten" zu führen.

Das bedeutet zugleich, dass es nicht darum gehen kann, jegliche fiktive Gewaltdarstellung abzulehnen. Der Kinderkanal hatte sich in seiner Gründungszeit mit dem Slogan „gewaltfrei" in eine schwierige Situation manövriert, die dazu führte – wie die damalige Programmdirektorin Diana Schulte-Kellinghaus berichtete –, dass bereits beim Auftauchen eines Hais in einer Serie erregte Anrufe von Müttern eingingen, die die Umsetzung des Slogans ‚gewaltfrei' gefährdet sahen.

Übrigens sollte man sich durchaus daran erinnern, dass ein wichtiger Hintergrund für die Gründung des Kinderkanals die Zunahme von Gewaltdarstellungen in den kommerziellen Fernsehprogrammen war und von der Mediennutzungsforschung darauf aufmerksam gemacht wurde, dass gerade junge Zuschauer diese Sendungen wahrnahmen.

Die Existenz des Menschen ist von Anbeginn mit Gewalt verbunden, und diese spiegelt sich auch von Anbeginn in fiktiven Welten wider. Es ist deshalb zu fragen nach dem existentiellen Hintergrund von Gewaltdarstellungen und nach deren Einbettung in kommunikative Zusammenhänge.

Was fasziniert uns alle eigentlich an ‚normalen' Gewaltdarstellungen – wenn wir zum Beispiel an Kriminalfälle in Literatur, Fernsehen und Film denken?

Interessant ist es, in diesem Kontext einen Blick auf das Märchen zu werfen, das in vielen Fällen ohne Gewaltakte nicht auskommt – und deshalb bei einer Betrachtung des Themas „Gewaltdarstellung in den Medien" nicht ausgeblendet werden kann. Übrigens rückte auch im politischen Diskurs nach der Zerschlagung des deutschen Faschismus durch die Alliierten die Frage nach dem Zusammenhang von fiktiver Gewaltdarstellung und Wirkung auf Heranwachsende im Sinne einer Entwicklung von Gewaltbereitschaft kurzzeitig in den Fokus: Bei einem Nachdenken über das Literaturangebot für Kinder und Jugendliche wurden vor allem von englischer Seite Bedenken gegen die Grimmschen Märchen laut. Man glaubte erkennen zu können, dass keine andere Nation derartige grausame Märchen zu ihrem Kulturgut zählt wie die deutsche und schlussfolgerte, dass Menschen, die in ihrer Kindheit mit einer solcherart geprägten Literatur aufwachsen, gleichsam zu einer Gewaltbereitschaft erzogen werden.

Lutz Röhrich hat dagegen in seinem Aufsatz zur „Grausamkeit in deutschen Märchen" herausgearbeitet, dass die Märchen selbst Gewalt weder verherrlichen noch ausmalen. Gewalt im deutschen Märchen wird wie alles knapp und ohne Ausschmückungen benannt, und erst in der Imagination der Leser und Zuhörer entstehen die Bilder (vgl. Röhrich 1955). Dies bedeutet, dass Erwachsene, die eine andere Erfahrung mit Gewalt haben und mehr Bilder von Gewalt gesehen haben als Kinder, die Märchen anders wahrnehmen als diese. Allerdings stellt sich hier sogleich die Frage, wie es mit Verfilmungen von Märchen ist, wo ja nicht der Leser die einfache Sprache in Gewaltbilder umsetzt, sondern das Medium selbst Bilder der Grausamkeit anbietet. Und wir alle wissen, dass man ein Bild, das man einmal gesehen hat, nicht wieder ungesehen machen kann. Wie die Märchen der Brüder Grimm gelesen werden, ist stark kulturabhängig. Von der britischen Kritik war schon die Rede. Schaut man sich an, wie die Märchen in den unterschiedlichen Ländern rezipiert wurden, zeigen sich große Unterschiede. Sabine Wienker-Piepho hat eine Anzahl von Grimm-Aufnahmen in unterschiedlichen Ländern gegeneinander gestellt und kommt zu typischen Abweichungen vom Original (vgl. Wienker-Piepko 1997). So werden die Grimmschen Märchen in England eher ins ‚Ulkige' gewendet, in Österreich wurde nicht die Grausamkeit, sondern der Aberglaube in den Texten kritisch diskutiert, in Holland galten sie als zu unvernünftig, in Ungarn war allen Anschein nach die Grausamkeit kein Thema – nur um einige Impressionen zu nennen. Die Märchen wurden also in unterschiedlichen Kulturen sehr unterschiedlich aufgenommen, wobei die Gewalt nicht durchgängig problematisch erschien. Auch vor diesem Hintergrund lässt sich die Argumentation, die Märchen könnten sogar für die „Konzentrationslager des Zweiten Weltkriegs mitverantwortlich gemacht werden" (Wienker-Pipho 1997, S. 205), nicht nachvollziehen, zumal bereits ihre Postulate fragwürdig sind, denn auch slawische und orientalische Märchen weisen ein gehöriges Gewaltpotential auf.

Dennoch stellt sich natürlich die Frage nach den möglichen Hintergründen für die Zeichnung gewaltsamer Akte in Märchen und Mythen, nach deren Einbettung in die fiktive Welt sowie deren Wirkung auf junge Leser. Gerade bezogen auf das Märchen ist eine solche Betrachtungsweise wichtig und erhellend zugleich. In den bei Lehramtsstudenten zumeist beliebten Märchenseminaren ist nicht selten eine Distanz gegenüber Märchenparodien oder auch einigen Märchenverfilmungen zu beobachten. Sie wird von den Studierenden damit begründet, dass sie sich ihre Märchenwelt erhalten wollen und dass sie gerade die ‚heile Atmosphäre' des Volksmärchens schätzen. Der Blick in verschiedene Märchen wie „Hänsel und Gretel", „Brüderchen und Schwesterchen" oder auch „Aschenputtel" – verbunden mit der Analyse der dort präsentierten Familiensituation – führt dann zumeist zu einer Verwunderung bei den Studierenden. Natürlich erinnern sie alle diese Elemente des Märchens, und dennoch ist ihre Erinnerung von dem Eindruck von einer glücklichen Welt geprägt. Dabei lebt das Märchen ja von einer Notsituation als Ausgangspunkt der Handlung, in der sich nicht selten die Familie als Ort lebensgefährlicher Bedrohung für Kinder darstellt; und es sind zumeist die Mutterfiguren, von denen diese Bedrohung ausgeht. Das Verschwinden oder die Tötung der Mutter bringt für die Kinder die Erlösung; der Vater ist dagegen oft eine eher schwache Figur: er nimmt die Bedrohung, die von der Mutter/ Stiefmutter gegenüber seinem Kind ausgeht, gar nicht wahr. Ohnehin ist der Mann im Märchen in kritischen Situationen meist „gerade außer Haus" (übrigens, um Gewaltakten, wie der Jagd und dem Krieg, nachzugehen), um dann allerdings im letzten Moment zurückzukehren und sich als Held feiern zu lassen.

All das ist den meisten Studierenden in ihrer Märchenerinnerung nie bewusst geworden. Das heißt zugleich, das so genannte heile Ende des Märchens verdeckt die familiäre Misere und die mit ihr verbundenen Gewaltakte. Somit liefern gerade die Gewaltdarstellung des Märchens und ihre Wirkung auf kindliche Gemüter einen Beweis dafür, wie wenig linear fiktive Darstellung und deren Wirkung verlaufen.

Eine große Untersuchung zur kindlichen Märchenrezeption, die in den achtziger und neunziger Jahren durch die Berliner Theaterpädagogin Kristin Wardetzky erfolgte und die in ihrer empirischen Anlage beispielgebend ist, hat unsere Kenntnis des kindlichen Umgangs mit Märchen vervielfacht (vgl. Wardetzky 1992). Wardetzy ließ Grundschüler eigene Märchen nach vorgegebenen Märchenanfängen, die aber nicht direkt auf ein Märchen deuteten, schreiben. Die kindlichen Fabulate zeigen gerade im Umgang mit Gewalt eine geschlechtsspezifische Ausprägung. Während die Mädchen zumeist den Typus vom verlassenen, einsamen Kind als Ausgangspunkt wählten, entschieden sich die Jungen vornehmlich für den Typus des Drachentötermärchens und schickten ihre Helden in Abenteuer, in dessen Verbindung sie den Gegner vernichteten. Dabei interessierten sich die Jungen weniger für den Preis der guten Tat; das heißt, die Hochzeit mit der Prinzessin war für sie von geringer Bedeutung. Vielmehr ließen sie ihre Helden schnell wieder in das nächste Abenteuer – sprich in die nächste kämpferische Auseinandersetzung – ziehen.

Die Mädchen, die sich ebenfalls für den Typus des Drachentötermärchens entschieden hatten, gestalteten ihre Fabulate völlig anders. Hier ziehen die Helden nicht des Kampfes wegen aus, sondern wegen des versprochenen Preises: Die Hochzeit mit der Prinzessin ist das entscheidende Agens des Erzählens. Und der Gegner wird auch nicht physisch vernichtet; der Konflikt wird eher ‚heruntergehandelt', denn eigentlich ist der Gegner gar nicht böse, sondern nur mit einem bösen Zauber belegt. Deshalb verwenden die Mädchen auch nicht wie die Jungen die Waffe, um den Gegner zu töten, sondern sie berühren den Gegner mit der Waffe und entzaubern ihn.

An dieser Stelle ist ein kurzer Einschub zur Frage von Gewalt und Männlichkeit erhellend: Die Kindheitsforschung der letzten Jahrzehnte hat hier deutlich gemacht, dass das Gewaltthema in den Medien auch Geschlechterthema ist (vgl. Becker u.a. 1987, S. 198ff.). Auch die Pädagogik hat in vielfacher Hinsicht auf die Probleme traditioneller Männlichkeitsvorstellungen in modernen Gesellschaften verwiesen, überkommene Bilder, die immer noch die männliche Geschlechtsidentität durch Gewaltbereitschaft, Konkurrenz und einem Dominanzverhalten gegenüber Frauen herstellen (vgl. u.a. Enders-Dragässer 1995). Im Kampf gegen solche tradierten Männlichkeitsvorstellungen kam in den letzten zwanzig Jahren der Kritik an den Medien und insbesondere an den medialen Heldenbildern eine besondere Rolle zu. Dort, wo Helden synonym gesetzt werden mit Kämpfern, die sich über Krieg, Opfer, Ehre, Tapferkeit und Gewalt definieren, stehen sie vielfach für eine Männlichkeit, die es zu überwinden gilt (vgl. Doderer 1986). Sylvester Stallone in seinen Rambofilmen oder Arnold Schwarzenegger als schwertkämpfender Barbar Conan sind solche äußerst erfolgreichen Medien-Helden, an denen sich in den letzten Jahren die Diskussion um die männlichen Leitbilder in unserer Gesellschaft entzündet hat.

Männliche Helden in den Medien werden von der Kulturwissenschaftlerin Katschnig-Fasch als direkte Leitbilder verstanden. Es sind die Medien-Helden, die wichtige Orientierungsmarken in der Sozialisation geben; an ihnen lernen schon die kleinen Jungen, wie Männer in unserer Gesellschaft sein müssen: nämlich gewalttätig und dominant.

Wie reagieren nun die Männer auf die Kritik an den tradierten Männlichkeitsbildern? Walter Erhart und Britta Hermann, die eine wichtige Aufsatzsammlung zur neueren Männerforschung herausgegeben haben (vgl. Erhart/Hermann 1997), machen zwei unterschiedliche Strömungen aus, die seit einiger Zeit die Reaktion der Männer auf die Kritik der Frauen bestimmen. Die eine Position steht dem herrschenden Bild des starken Mannes kritisch gegenüber und fordert von den Männern eine Verweigerung von traditioneller Männlichkeit (vgl. Müller-Schwefe 1979). Auf der anderen Seite lässt sich seit den neunziger Jahren eine Gegenbewegung gegen diese neue Männlichkeit ausmachen.

Erhart und Hermann sehen in diesen gegensätzlichen Positionen, der Verweigerung von Männlichkeit und dem – wie es heißt – Zurückschlagen der Männer, ein deutliches Zeichen dafür, dass Männlichkeit seit den siebziger Jahren radikal in Frage gestellt worden ist und die Männer in ihrer Geschlechtsidentität tief greifenden Irritationen und Verunsicherungen ausgesetzt sind.

Allerdings werden in den letzten Jahren auch Zweifel an solchen bipolaren Geschlechtsbildern, die die Gewalt eindeutig den Männern zuordnen, laut. Je mehr Frauen in Führungspositionen kommen und sich auch in Männerfeldern wie dem Militär etablieren, desto mehr hören wir auch von Frauen, die zu Gewalt bereit sind. Jüngstes Beispiel ist hier der Folterskandal im Irak. Gewalt ist eben nicht biologisch den Männern zu zuordnen, sondern ebenso Ausdruck sozialer Konstruktionen wie das Geschlecht auch.

Zurück zum Märchen bedeutet dies, dass wir weit davon entfernt sind, daraus auf generell friedliche weibliche Konfliktlösungsstrategien zu schließen und die Gewalt an männliche Wesen zu binden. Aber interessant für die Frage der Wirkung von Gewalt und des Umgangs mit ihr durch Kinder ist diese Untersuchung ohne Zweifel.

Damit ist natürlich noch nicht beantwortet, warum das Märchen ein so großes Gewaltpotential aufweist, wenn man etwa an das beabsichtigte Töten von Kindern oder die menschenfresserischen Gelüste der Stief- und Schwiegermütter sowie an die drastischen Bestrafungen der Täter denkt.

Existentielle Grundkonstellationen, auch Ängste werden im Märchen thematisiert. Es leuchtet ein, in der Bedrohung der Kindfiguren durch die Mütter eher die Angst vor dem Ablöseprozess aus dem schützenden familiären Raum zu sehen als eine Widerspiegelung der häufigen Existenz von Stiefmüttern und deren distanzierte oder Gefahren bergende Haltung gegenüber den Kindern. Die Darstellung von Gewalt gegenüber dem Märchenhelden oder der Märchenheldin sowie das Ausmalen grausamer Strafen für die Figuren aus der Sphäre des Bösen deutet auf die Widerspiegelung des Gewalt- und Aggressionspotentials des einzelnen menschlichen Individuums, das sich in den verschiedenen Formen der sozialen Kommunikation entäußert.

Die Darstellung von Gewalt könnte auch darauf deuten, das in der fiktiven Gewaltdarstellung eine Form gesehen wird, des Phänomens ‚Gewalt‘ habhaft zu werden und es durch den künstlerischen Gestaltungsakt zu bändigen. Das bedeutet, in ihr gleichsam den Versuch zu sehen, die dunkle Seite des Menschen zu beherrschen, indem man sie ‚zur Sprache bringt‘.

Bei einer Betrachtung der Gewalt im Märchen könnte man sogar zu einem Plädoyer für die elektronischen Medien gelangen, denn die jüngste Märchen-Serie „SimsalaGrimm" schwächt die Gewaltdarstellung durch Ironisierung, Verfremdung und Übertreibung geradezu ab (auch wenn sie insgesamt mit einer Verflachung und Banalisierung der Märchenhandlung einhergeht).

Ein Blick in die neuen Medien – insbesondere in das aktuelle Fernsehangebot, in die Welt der Computerspiele und einzelner Szenarien auf CD-ROM -, offenbart allerdings, dass es an der Zeit ist, sich mit großer Ernsthaftigkeit den ethischen und moralischen Aspekten der Produktion und Verbreitung dieser Medien in ihrer beachtlichen gesellschaftspolitischen Dimension zu stellen. Verantwortung für die heranwachsende Generation verpflichtet direkt dazu, dieses Problem in seiner Komplexität zu erfassen und sich nicht in kleinen empirischen Studien zu verlieren, um dann doch nachweisen oder zumindest behaupten zu können, dass die *Bedenken* gegenüber *bedenklichen* Erscheinungen der Medienentwicklung Ausdruck einer antiquierten Bewahrpädagogik seien.

Kinder und Jugendliche erleben alltäglich, dass Gewalt zur vermeintlichen Lösung von Konflikten eingesetzt wird: Sie erleben nach wie vor eine Welt, in der der Krieg als legitimes Mittel der Konfliktlösung erscheint. Sie erfahren von Auseinandersetzungen zwischen Politikern, wo im Kampf um die Macht nicht jedes, aber doch viele (zu viele) Mittel als geeignet vorgeführt werden; und sie begegnen leider auch im engen familiären Rahmen oft keiner friedlichen Sphäre.

Die Medien sind nicht nur Spiegelbild des Zustands einer Gesellschaft, sondern sie wetteifern nicht selten – in ihrem Kampf um die Quote – darum, den anderen Sender an Geschmacklosigkeit und Menschenverachtung, an Entblößung primitiver Gewalt zu übertreffen. Wer sich einmal am Nachmittag die Talkshows ansieht und sich nicht sofort angewidert abwendet, sondern beobachtet, auf welchem Niveau und mit welchem Gewaltpotential, mit welcher pervertierten Kommunikation Privates ‚zu Markte getragen wird', dem bleibt der Lobpreis der Freiheit der Medien ‚im Halse stecken'. Dann dürfte auch das jüngst geäußerte Plädoyer der von Privatsendern getragenen Freiwilligen Selbstkontrolle zu einem gelasseneren Umgang mit den „Ekel-Shows" als fragwürdig erscheinen. Anlässlich des zehnjährigen Bestehens der Prüfstelle betonte deren Geschäftsführer, Joachim von Gottberg, dass man damit leben müsse, „dass die Medien immer mal wieder austesten, wie weit sie gehen können". Und mit Blick auf die Zielgruppe der Kinder behauptet er, dass Kinder solch kritisch bewertete Sendungen brauchten, um – so wörtlich – „wenigstens medial auf die Kacke zu hauen", wenn sie schon zu Hause kaum rebellieren könnten. Die Aussage war einer Zeitungsnotiz im Frühjahr zu entnehmen. Die Sprache ist verräterisch und wir meinen, dass solche Positionen aus ethischen Gründen nicht zu teilen sind. Das hat aus unserer Sicht nichts mit Bewahrpädagogik gemein, sondern trifft sich mit der Verantwortung für unsere Gesellschaft, die sich derartiger Angriffe auf die Qualität ihrer Kultur zu erwehren hat.

Warum muten wir Derartiges Kindern zu? Warum begrenzen wir das nicht dadurch, dass wir uns als mündige Bürger zu Wort melden? Warum bleiben wir sprachlos, wenn verantwortliche Politiker bezogen auf die Gewaltdarstellungen in den Medien sich dahingehend äußern, dass man die Freiheit der Medien nicht einer Zensur opfern dürfe und mit dem Totschlagargument „Das kenne man ja aus gewissen Zeiten" jegliche weitere Diskussion zum Schweigen bringen?

Ein weiteres Argument, das sich ebenso gut zu eignen scheint, wenn es um Verantwortung einer Gesellschaft geht, ist der Verweis auf die Pflicht der Eltern. Die Argumentationsstrategie erfolgt dann in einer Weise, dass wegen der Freiheit der Medien diese deshalb alles anbieten können und es die Pflicht der Eltern sei, kontrollierend und begrenzend einzuschreiten. Auch wir plädieren in diesem Kontext dafür, dass Eltern ihrer Pflicht nachkommen - doch warum muss eine Gesellschaft überhaupt Gewaltdarstellungen und menschenunwürdige Geschmacklosigkeiten zulassen?

Es gibt Indizien dafür, dass jene Formen der Präsentation von Gewalt in den Medien - und hier sind Computerspiele mit einzubeziehen – nicht als Reaktion auf kindliche Bedürfnisse erfolgen, sondern dass hier ein Geschäft im Mittelpunkt steht, das im Sinne eines Merchandising wirkt. In derartigen Kontexten wird dann tatsächlich, um den eingangs skizzierten Gedanken von Barbara Sichting wieder aufzunehmen, wenig Hirnschmalz darauf verwendet, über die Entwicklung kindlicher Persönlichkeiten und deren Gefährdungen nachzudenken. Kindliche Bedürfnisse zu bedienen und zu befriedigen, bedeutet keinesfalls ein „Fischen in seichten Gewässern" oder ein Anbieten primitiver, Gewalt verherrlichender Action-Szenarien. Dass Kinder oft anspruchsvollere und vielschichtigere Bedürfnisse haben als Erwachsene meinen, offenbart sich gerade in der „Harry Potter"-Rezeption. Nachdem das Ende der kindlichen Leselust und die kindliche Flucht in Fernsehen und literarische Kurzformen postuliert wurde, dokumentierten Kinder das Gegenteil. Und es gibt Anzeichen dafür, dass das Merchandising-Programm rund um „Harry Potter", das die Unterhaltungsindustrie entworfen hat, weniger funktioniert als die Rezeption des literarischen Originals. Auch die oft einfallslose Reaktion der Medien – und da schließen wir die Thüringer Blätter nicht aus – auf das so genannte „Harry Potter"-Phänomen widerspiegelt das geringe Wissen um kindliche Bedürfnisstrukturen.

Insofern ist es von enormer Wichtigkeit, die heutige Kinderkultur genauer zu betrachten, aus der Sicht der Kindheitsforschung die sich in den letzten Jahrzehnten vollzogenen Wandlungen zu beschreiben und dabei die Frage des kindlichen Umgangs mit Gewalt in den verschiedenen Medien in den Mittelpunkt zu stellen.

Was aber bedeutet es, wenn die heutige Kinderkultur genauer in den Blick genommen werden soll? Ausgangspunkt unserer Überlegungen ist die These, dass sich die heutige Erwachsenengesellschaft zu wenig um die Belange der Kinder sorgt. Es reicht nicht, darauf zu vertrauen, dass die Kinder von selbst und eigenverantwortlich aus dem heutigen Medienangebot jene Bilder, Filme und Geschichten auswählen, die für ihre Entwicklung am förderlichsten sind und die gleichzeitig jene Werte stärken, auf deren Basis unsere demokratische Gesellschaft sich gründet. Und selbst wenn man darauf vertrauen würde – wie dies eine Reihe von Medienpädagogen propagieren –, dass die Kinder, wenn man sie ungehindert an die Fernbedienung ließe, sich „richtig" entscheiden würden, bleibt es pädagogisch fragwürdig, ob wir die Medienangebote für Kinder allein den kommerziellen Marktgesetzen überlassen sollten. Eine Gesellschaft, die trotz knapper Kassen viele Bereiche der (zumeist erwachsenen) Kultur öffentlich fördert – und hier meinen wir nicht nur Fernsehen, Radio, Oper, Theater oder Museum, sondern auch viele kleine Initiativen – eine Gesellschaft also, die in einem langen historischen Prozess zu der Überzeugung gekommen ist, dass nicht alle ihre Werte vom Gesetz des Kaufens und Verkaufens getragen werden können, muss sich auch der Frage stellen, wie Kindern kindgerechte Angebote gemacht werden können. In diesem Zusammenhang stellt sich weiterführend das Problem, wie Kinder gemäß ihren Fähigkeiten und Bedürfnissen an der Welt der Erwachsenen, in die sie hineinwachsen, beteiligt werden können, wie ihnen gemäß der UN-Kinderrechtskonvention eine möglichst breite Partizipation an allen gesellschaftlichen Bereichen ermöglicht werden kann.

Fragt man danach, wie Kinder mit Gewalt in Medien umgehen, so zeigen etwa die Ergebnisse von Helga Theunert (vgl. Theunert 1987), dass viele Kinder nur solche Sendungen sehen, die sie auch verarbeiten können. Andere Sendungen finden sie langweilig oder zu gewalttätig, und sie wenden sich vom Fernsehen ab. Allerdings gilt dies nicht für alle Kinder; es gibt eine kleine Gruppe von ‚Problemkindern', die systematisch Gewalt in Filmen suchen, obwohl sie die Gewalt nicht gut verarbeiten können. Die Forderung, die Kinder an die Fernbedienung zu lassen, erscheint vor diesem Hintergrund sehr problematisch. Zwar können viele Kinder mit dem Fernsehen gut umgehen (und Kinder schauen nur halb so viel Fernsehen wie Erwachsene), aber Kinder brauchen immer wieder das Gespräch und die Unterstützung der Erwachsenen, um sich in der Medienwelt zu orientieren.

Das betrifft nicht zuletzt auch den Umgang mit den in den Medien präsentierten Heldenbildern. Da derartige Bilder in den Kindermedien immer noch sehr erfolgreich sind, erweist es sich aus erziehungswissenschaftlicher Sicht als notwendig, nach der Bedeutung von Helden für die Sozialisation zu fragen. Eine genauere Analyse der medialen Heldenbilder zeigt, dass diese keineswegs so leicht zu verstehen sind, wie es auf den ersten Blick den Anschein hat. Auch mit einer pauschalen Verurteilung wird man den Medien-Helden nicht gerecht. Schon 1986 wehrte sich Klaus Doderer bei seiner Untersuchung der neuen Helden in der Kinder- und Jugendliteratur gegen eine Trivialisierung des Helden-Begriffs und fordert anstelle einer einseitigen Kritik an den Helden eine eingehendere empirische Beschäftigung, ein feineres Hinhören und ein besseres Lesen (vgl. Doderer 1986).

In der Tat offenbart eine gründliche Medienanalyse beispielsweise eine Vielzahl unterschiedlicher Heldenfiguren und -typen. Gerade in den letzten Jahren sind in den Kindermedien neben die starken Helden auch andere Figuren getreten, die Schwächen aufweisen und Fehler eingestehen. Auch auf dieser Ebene wird deutlich, wie wichtig es ist, das Verhältnis zwischen Kinderkultur und Erwachsenenkultur zu erfassen und der Frage der Kommunikation zwischen beiden „Systemen" nachzugehen. Kinder offenbaren in ihrer Sprache, in ihrem Spiel, in ihrem Austausch über Medien Codes, die für Erwachsene schwer entschlüsselbar sind - und es aus der Sicht der Kinder wohl auch sein sollen. Andererseits wünschen Kinder – wie bereits unsere Studie zur Lesemotivation erkennen lässt – eine Kommunikation mit Erwachsenen (vgl. Richter 2002). Das bedeutet, dass sich Erwachsene gerade in den großen Fragen dieser Welt – und dazu zählt die Gewaltfrage ohne Zweifel – Kindern öffnen müssen.

Welche Angebote unterbreiten Erwachsene in diesem Kontext? Stellen sie sich dabei auch selbst diese Fragen und analysieren kritisch eigenes Verhalten, um sich auf dieser Ebene Kindern im partnerschaftlichen Dialog zu nähern?

Wenn wir beklagen, dass Kinder sich Spielen zuneigen, in denen ein Wettbewerb um das Töten in fiktiven Welten stattfindet, fragen wir dann auch danach, wer, warum und mit wessen Legitimation derartige Spiele ‚in die Welt schickt'? Beruhigen sich nicht Erwachsene selbst damit, dass es sich nur um virtuelle Welten handelt und das Fiktive des Vorgangs betont werde und das Blut schließlich nicht rot sei, sondern grün – oder manchmal sogar kein Blut fließe? Das heißt, nicht Kinder erfinden diese Spiele und verdienen mit ihnen Geld!

Wir sind weit davon entfernt, derartige Erscheinungen zu dramatisieren, wir verweisen nur auf die Doppelmoral in ihrer Betrachtung.

Wenn Gewalt unter anthropologischen Aspekten untrennbar mit dem Menschsein verbunden ist, dann stellt sich dennoch die Frage, welche Formen des Umgangs mit ihr in der jeweiligen Kultur gefunden werden.

Auch in diesem Kontext möchten wir – um den Bogen zu unserem Ausgangspunkt zu schließen – auf uralte Geschichten, nämlich auf die Mythen und deren Aneignung zu verschiedenen Zeiten und Epochen, verweisen.

Einer der bedeutsamsten deutschen Erzähler des 20. Jahrhunderts, Franz Fühmann, hat betont, dass die Treue gegenüber dem Mythos die Untreue gegenüber allen seinen vorhandenen Fassungen voraussetzt. Das bedeutet, dass die uralten Menschheitsgeschichten eine jeweils auf die eigene Zeit und Geschichte, auf die aktuellen gesellschaftlichen und individuellen Fragestellungen bezogene Aneignung erfordern (vgl. Fühmann 1975).

Gerade am Beispiel der Mythen – wie jenen um den Trojanischen Krieg – lässt sich zeigen, wie unterschiedlich mit Gewalt umgegangen werden kann. Man könnte auch sagen, dass es auf den Erzählerstand-

punkt ankommt: erzählt man vom Trojanischen Krieg, um in Schlach-
tenszenen zu schwelgen, oder erzählt man , um zu zeigen, wie der Krieg
Menschen und Menschliches zerstört. Das Töten durch Achill, Aga-
memnon und Odysseus lässt sich als heldisches Verhalten feiern mit
dem Impetus, dass so ein Kampf um die Wiedergewinnung der verletzten Ehre auszusehen habe. Der Trojanische Krieg lässt sich auch – wie
im jüngsten amerikanischen Film geschehen – zur Abenteuer-, Erleb-
nis- und Liebes-Welt ohne tiefere Bedeutung pervertieren. Achill kann
– wie in Christa Wolfs „Kassandra" – als Schlächter, als ‚Achill das
Vieh', das ohne moralische und ethische Voraussetzungen handelt, dargestellt werden. Die Heimkehr des Odysseus lässt sich feiern als glück-
liche Heimkehr des siegreichen Helden, der nun mit der Gattin Pene-
lope wieder vereint ist, wie in der Schwab'schen Fassung. Sie kann aber
auch – wie Botho Strauss' „Odyssens auf Ithaka" von diesem sagenhaf-
ten Ereignis – erzählt werden als Heimkehr ohne Sinn, weil der Krieg
alle bisherigen Beziehungen zerstört hat und auch den Überlebenden
kein Neubeginn möglich ist.

Wir meinen, dass die Gewalt in den Medien und die Gewalt in der
Realität nur in dieser Dimension betrachtet werden kann, wenn eine
Lösung erreicht werden soll, die im ethisch begründeten Handeln liegt
und nicht in folgenlosen Debatten verebbt.

Literatur

Becker, Peter/Jung, Paul/Wesp, Heimo/Wicklaus, Jochem M.: Egalisiert und maximiert. Zur Planung und Konstruktion sportlicher Höchstleistungen. In: Becker, Peter (Hrsg.): Sport und Höchstleistung. Reinbek bei Hamburg 1987.

Bly, Robert: Eisenhans. Ein Buch über Männer. München 1991.

Böhnisch, Lothar/Winter, Reinhard: Männliche Sozialisation. Bewältigungsprobleme männlicher Geschlechtsidentität im Lebenslauf. Weinheim, München 1993.

Czaja, Dieter (Hrsg.): Kinder brauchen Helden. Power Rangers & Co. unter der Lupe. München: KoPädVerlag 1997.

Doderer, Klaus (Hrsg.): Neue Helden in der Kinder- und Jugendliteratur. München 1986.

Enders-Dragässer, Uta: Jungenarbeit aus Frauensicht – am Beispiel Schule. In: Büttner, Ujo/Endrejat, Helga/Naumann, Britta: Koedukation. Texte zur neuen Koedukationsdebatte. 2. Aufl. Frankfurt a.M. 1995.

Erhart, Walter/Herrmann, Britta: Wann ist der Mann ein Mann? Zur Geschichte der Männlichkeit. Stuttgart, Weimar 1997.

Fölling-Albers, Maria: Schulkinder heute. Auswirkungen veränderter Kindheit auf Unterricht und Schulleben. Weinheim/Basel 1992.

Fühmann, Franz: Das mythische Element in der Literatur. In: Ders.: Erfahrungen und Widersprüche. Versuche über Literatur, Rostock: Hinstorff 1975.

Fuhs, Burkhard: Fliegende Helden. Die Kultur der Gewalt am Beispiel von Kampfpiloten und ihren Maschinen. In: Brednich, Rolf W./Hartinger, Walter (Hrsg.): Gewalt in der Kultur. Vorträge des 29. Volkskundekongress Passau 1993. 2 Bde. Passau 1994.

Gottberg, Joachim von/Mikos, Lothar/Wiedemann, Dieter (Hrsg.): Kinder an die Fernbedienung. Konzepte und Kontroversen zum Kinderfilm und Kinderfernsehen. Berlin 1997.

Katschnig-Fasch, Elisabeth: Zur Genese der Gewalt der Helden. Gedanken zur Wirksamkeit der symbolischen Geschlechterkonstruktion. In: Brednich, Rolf W./Hartinger, Walter (Hrsg.): Gewalt in der Kultur. Vorträge des 29. Deutschen Volkskundekongresses. Passau 1993. 2 Bde. Passau 1994.

Müller-Schwefe, Hans-Ulrich (Hrsg.): Männersachen. Verständigungstexte. Frankfurt a.M. 1979.

Paus-Haase, Ingrid: Heldenbilder im Fernsehen. Eine Untersuchung zu Symbolik von Serienfavoriten im Kindergarten, Peer-Group und Kinderfreundschaften. Wiesbaden 1998.

Richter, Karin: Zur Entwicklung von Lesemotivation bei Grundschülern. In: Bergsdorf, Wolfgang u.a. (Hrsg.): Herausforderung der Bildungsgesellschaft. Weimar, RhinoVerlag 2002.

Röhricht, Lutz: Die Grausamkeit in deutschen Märchen. In: Rheinisches Jahrbuch für Volkskunde 6, 1955.

Theunert, Helga: Gewalt in den Medien, Gewalt in der Realität. Opladen 1987.

- diess.: „Mordsbilder", Kinder und Fernseh-Information. Eine Untersuchung zum Umgang von Kindern mit realen gewaltdarstellungen imd Nachrichten und Reality-TV. Köln 1995.

Wardetzky, Kristin: Märchen – Lesarten von Kindern. Eine empirische Studie, Bern/ Berlin: Peter Lang 1992.

Wienker-Pierpho, Sabine: „This is all too cruel" – Zu den Anfängen der Grimm-Rezeption im Ausland. In: Wardetzky, Kristin / Zitzlsperger (Hrsg.): Märchen in Erziehung und Unterricht. Bd. I, Beiträge zur Bildung und Lehre (Europäische Märchengesellschaft), Rheine 1997.

Zu den Autoren

PD Dr. Regina **Ammicht-Quinn**, (Jg. 1957), Studium der Katholischen Theologie und Germanistik; Promotion zur Theodizeefrage, Habilitation mit einer Arbeit zu „Körper – Religion – Sexualität. Theologische Reflexion zur Ethik der Geschlechter". Privatdozentin für Theologische Ethik am Zentrum für Ethik in den Wissenschaften (IZEW) und an der Katholisch-Theologischen Fakultät der Universität Tübingen.

Ausgewählte Publikationen: Von Lissabon bis Auschwitz. Zum Paradigmawechsel in der Theodizeefrage, Freiburg i. Ue./Freiburg/Br. 1992 (Diss.). Körper, Religion und Sexualität. Theologische Reflexionen zur Ethik der Geschlechter, Mainz 22000 (Habil.). In Zusammenarbeit mit Hille Haker, Cambridge und Maureen Junker-Kenny, Dublin (Hrsg.): A Structural Betrayal of Trust. Struktureller Vertrauensbruch. Über den Skandal des Missbrauchs in der Kirche, Concilium 2 (2004). Theologische Ethik und Globalisierung: Mit-Macht, Gegen-Macht oder Ohnmacht? In: Ralf Elm (Hrsg.): Ethik. Politik und Kulturen im Globalisierungsprozess. Eine Interdisziplinäre Zusammenführung, Bochum 2003, S. 65-79. Glück und Glaube – in der zeitgenössischen Kultur und in der Tradition des Christentums. In: SOWI - Journal für Geschichte, Politik, Wirtschaft und Kultur 4 (2003), S. 20-30. Würde als Verletzbarkeit. Eine theologisch-ethische Grundkategorie im Kontext zeitgenössischer Kultur. In: Theologische Quartalsschrift 184.JG 1 (2004), S. 37-48.

Prof. Frank **Blecken** hat 1970 den Dipl.-Ing. im Fach Landschaftsarchitektur erworben, arbeitete dann sieben Jahre an der Universität Hannover als Landschaftsarchitekt. Danach war er vier Jahre im Kultusministerium des Landes Nordrheinwestfalen in Düsseldorf tätig. Es folgten 14 Jahre Verantwortlichkeit für das Stadtgrün in Frankfurt am Main. Seit 1995 hat er die Professur für Freiraumplanung und Gartendenkmalpflege an der FH Erfurt inne.

Professor Dr. Winfried **Franzen**, (Jg. 1943); Schulzeit in Essen; Studium in Freiburg, Münster und Giessen; Promotion und Habilitation in Giessen 1972 bzw. 1980; danach Heisenbergstipendiat der DFG; Lehrtätigkeit in Giessen sowie Lehraufträge und Vertretungsprofessuren in Bielefeld, Frankfurt/M., Marburg, Karlsruhe und Köln. Seit 1991 Professor für Philosophie in Erfurt. 1996-2000 Fachgutachter der DFG für Systematische Philosophie.

Ausgewählte Publikationen: Von der Existenzialontologie zur Seinsgeschichte. Eine Untersuchung über die Entwicklung der Philosophie Martin Heideggers, 1975. Martin Heidegger, 1976 in der 'Sammlung Metzler'. Die Bedeutung von 'wahr' und 'Wahrheit'. Analysen zum Wahrheitsbegriff und zu einigen neueren Wahrheitstheorien, 1982. Als Mitherausgeber: Gerechtigkeit. Interdisziplinäre Grundlagen, 1999 im Westdeutschen Verlag. Als Übersetzer, Herausgeber und Kommentator: Pierre Louis Moreau de Maupertuis: Sprachphilosophische Schriften, 1988 in der Philosophischen Bibliothek des Meiner-Verlags. Zahlreiche Artikel und Aufsätze, bes. zur Erkenntnistheorie, Sprachphilosophie und seit den 90-er Jahren vor allem zur Praktischen Philosophie und Ethik.

Professor Dr. Burkhard **Fuhs**, Studium der Pädagogik, Volkskunde, Nebenfächer: Soziologie, Psychologie, Geographie, Religionswissenschaft in Bamberg, Münster und Marburg. 1983 Diplom in Pädagogik. Arbeit in der offenen Altenhilfe Marburg. Ausbildung in Gesprächstherapie. 1985-1990 Mitarbeiter an Forschungsprojekten in Wiesbaden und Siegen („Kindheit in der Kaiserzeit und „Studium und Biografie. Untersuchung zum Studienbeginn in den Fächern Pädagogik, Jura, Elektrotechnik und Maschinenbau"). 1991 Promotion in Europäischer Ethnologie. 1991/1992 Mitarbeit an der Shell-Jugendstudie. 1991-1995 Projektleiter im Projekt Prof. Peter Büchner „Lebenslagen und Lebensformen von Kindern. 1995-1998 Habilitationsstipendium der DFG. 1998 Habilitation: „Kinderwelten aus Elternsicht". Ab Wintersemester 1998/99 Privatdozent, Vertretung der Professur „Erwachsenenbildung" in Marburg. Ab 2000 Vertretung der Professur „Grundschulpädagogik und Kindheitsforschung" in Erfurt, seit 2003 dort Professur „Lernen und Neue Medien, Schule und Kindheitsforschung". Mitglied der Arbeitsgruppe „Biografieforschung" der Deutschen Gesellschaft für Erziehungswissenschaft (DGfE) und im Sprecherkreis der Sektion „Kindheitsforschung" der Deutschen Gesellschaft für Soziologie. Seit 2004 Vorsitzender des Erfurt Netcode, Gütesiegel für die Qualität von Kinderseiten im Internet. Veröffentlichungen in den Bereichen der Sozialisations-, Kindheits- und Jugendforschung, zu sozialwissenschaftlichen Methoden, zur historischen Kultur- und Sozialisationsforschung, zur Technikgeschichte, zur Kultur des ländlichen Raumes.

Kim **Kappes**, (Jg. 1961), hat Tischler und Glaser gelernt, war Psychiatriediakon in der DDR und hat deshalb die Anerkennung als Dipl.-Soz.Arb. (FH) nach der Wende zuerkannt bekommen, hat dann als einer der ersten Absolventen des Studienganges Restaurierung an der Fachhochschule Erfurt den Titel Dipl.-Restaurator (FH) erworben. Er leitet heute das Kooperationszentrum an der Fachhochschule Erfurt.

Hans **Leyendecker**, (Jg. 1949), ist mit dem Feld der Politik bestens vertraut. Für den Spiegel war er jahrelang Korrespondent in Düsseldorf und Leiter des Bonner Redaktionsbüros, bevor er als Ressortleiter für besondere Aufgaben nach Hamburg ging. Seit 1997 arbeitet Hans Leyendecker für die „Süddeutsche Zeitung". Leyendecker zählt zu den besten investigativen Journalisten in Deutschland. Während seiner Laufbahn, die er bei der „Westfälischen Rundschau" in Dortmund begann, hat er sich vor allem mit den Schattenseiten der politischen Landschaft beschäftigt und zahlreiche Skandale aufgedeckt. Auf ihn geht schon die Enthüllung der ersten Parteispendenaffäre – kurz Flick-Affäre – zurück. Er hat dubiose Geschäfte des BND recherchiert und den Steuerskandal um Vater Graf zurückverfolgt.

Professor Dr. Ronald **Lutz**, (Jg. 1951), ist seit 1993 Professor für das Lehrgebiet „Menschen in besonderen Lebenslagen" am Fachbereich Sozialwesen der Fachhochschule Erfurt. Lutz, geboren 1951 in Laubach (Oberhessen), studierte zunächst von 1973 bis 1976 Sozialpädagogik in Darmstadt. Danach Studium der Kulturanthropologie, der Soziologie und der Historischen Ethnologie an der Universität Frankfurt, wo er auch 1989 zum Dr. phil. promovierte. Im Zeitraum von 1978 bis 1993 übte er verschiedene Tätigkeiten als Sozialpädagoge und Lehrtätigkeiten an den Universitäten Frankfurt am Main, Bremen und der Freien Universität Berlin aus. Seit 2002 ist er Course Director am Inter-University-Centre in Dubrovnik. Er hat eine Vielzahl von Forschungsarbeiten zu besonderen Lebenslagen, sozialen Bewegungen und zu einer Ethnologie der Moderne vorgelegt. Ehrenamtlich engagiert sich Lutz als Vorsitzender des „Deutschen Kinderschutzbundes Landesverband Thüringen" und Vorsitzender des „Sozialwerkes des Landessportbundes Thüringen".

Professor Dr. Dr. Elke **Mack**, (Jg. 1964), studierte nach dem Abitur Philosophie und Katholische Theologie an der Hochschule St. Georgen/Frankfurt. 1986 ging sie mit einem Fulbright-Stipendium für ein Jahr zum Studium der Volkswirtschaftslehre und der Katholischen Theologie an die University of California, Berkeley. An der Ludwig-Maximilians-Universität München legte sie das Diplom in Katholischer Theologie ab und studierte bis 1991 zudem Volkswirtschaftslehre. 1994 erfolgte die Promotion zum Dr. rer. pol. am Lehrstuhl für Wirtschafts- und Unternehmensethik der Katholischen Universität Eichstätt (Wirtschaftswissenschaftliche Fakultät Ingolstadt). Vom Jahr 1994 bis 2001 war sie in Bonn im Bundespräsidialamt und an der Universität (Institut für Wissenschaft und Ethik) tätig. 2001 erfolgte die Habilitation in Katholischer Theologie an der Bayerischen Julius-Maximilians-Universität Würzburg. Elke Mack lehrt seit 2003 Systematische Theologie und Christliche Sozialwissenschaften an der Katholisch-Theologischen Fakultät der Universität Erfurt mit einem Jahr Unterbrechung, in dem sie einem Ruf an die Universität Kassel auf einen Lehrstuhl für Wirtschafts- und Unternehmensethik folgte.

Professor Dr. sc. Herbert **Meyer** ist Ordentliches Mitglied der Akademie für Ethik in der Medizin Göttingen, Leiter des Zentrums für Ethik in der Medizin in Thüringen und Mitglied der Gesellschaft für Technikfolgen Bielefeld. Meyer promovierte an der Universität Jena zur „Spezifik ärztlichen Denkens" und habilitierte sich an der Universität Halle zur „Kritik der Situationsethik in medizinischen Entscheidungsprozessen". Er hat Gastdozenturen an den Universitäten Nis, Sofia und Moskau ausgeübt. Derzeit nimmt er Lehraufträge an der Bauhaus-Universität Weimar und den Fachhochschulen Erfurt und Schmalkalden wahr. Mehr als 80 Publikationen hat er zu Grenzsituationen menschlichen Lebens, insbesondere zum Problem der Sterbehilfe vorgelegt.

Henry **Meyer zu Schwabedissen**, (Jg. 1975), hat BWL an der KU Eichstätt-Ingolstadt, der Handelshochschule Leipzig und der EAE in Barcelona studiert. Danach arbeitete er bei einer international renommierten Wirtschaftsprüfungsgesellschaft in Frankfurt/Main. Seit März 2003 beschäftigt er sich am Wittenberg-Zentrum für gobale Ethik im Rahmen seiner Dissertation mit dem Thema „Anti-Corruption and Integrity Management".

Professor Dr. Dietmar **Mieth** (Jg. 1940). Studium der Theologie, Germanistik und Philosophie in Freiburg, Trier, München und Würzburg, dort Staatsexamen 1967, theol. Promotion 1968 (Promotionsstipendium der Studienstiftung des Deutschen Volkes). Habilitation zur Theologischen Ethik 1974 (DFG-Stipendium). 1974-81 Professor für Moraltheologie an der Universität Fribourg (Schweiz). 1979-2001 Direktor der Sektion Moraltheologie der Internationalen Zeitschrift „Concilium". Seit 1981 Professor für Theologische Ethik unter besonderer Berücksichtigung der Gesellschaftswissenschaften an der Kath.-Theol. Fakultät der Universität Tübingen. Gastprofessuren in Freiburg/Schweiz, Zürich und Nijmegen. Seit 1986 Aufbau des interfakultären Zentrums „Ethik in den Wissenschaften", Universität Tübingen. Bis 2001 Vorstandssprecher. 1994-2000 Deutsches Mitglied der interdisziplinären Beratergruppe der Europäischen Kommission, Brüssel: „Ethik in den Wissenschaften und in den neuen Technologien". 1996-99 Leiter des „Europäischen Netzwerkes für biomedizinische Ethik"; 1999-2002 Mitglied und stellv. Vorsitzender des Ethikbeirats des Bundesgesundheitsministeriums. Seit 2000 Deutsches Mitglied der Arbeitsgruppe des Lenkungsausschusses „Bioethik" für das Protokoll zum Embryonenschutz der „Menschenrechtskonvention zur Biomedizin" des Europarates; seit 2001 Mitglied der Bioethik-Kommission der Deutschen Bischofskonferenz.

Neuere einschlägige Veröffentlichungen: Mit M. Düwell (Hrsg.), Ethik in der Humangenetik Tübingen (Francke) 1998; (Hrsg.) Ethik und Wissenschaft in Europa, Freiburg/München (Alber) 2000; Die Diktatur der Gene. Biotechnik zwischen Machbarkeit und Menschenwürde. Freiburg i.Br. 2001; (ital., brasil. korean. Übersetzungen). Was wollen wir können? Ethik im Zeitalter der Biotechnik. Freiburg-Basel-Wien 2002 (ital. Übersetzung). Mit Christoph Baumgartner (Hrsg.), Patente an Leben, Mentis Paderborn 2003. Kleine Ethikschule, Freiburg/B. 2004.

Professor Dr. Ingo **Pies** (Jg. 1964) ist Inhaber des Lehrstuhls für Wirtschaftsethik an der Martin-Luther-Universität Halle-Wittenberg und Wissenschaftlicher Direktor des Wittenberg-Zentrums für Globale Ethik. Er promovierte am ersten deutschen Lehrstuhl für Wirtschafts- und Unternehmensethik an der KU Eichstätt/Ingolstadt und absolvierte 1993 einen Forschungsaufenthalt bei den Nobelpreisträgern James

M. Buchanan und Gary S. Becker. 1999 habilitierte er sich an der Universität Münster im Fach Volkswirtschaftslehre. Im Anschluss war er Vertreter des Lehrstuhls für Wirtschafts- und Sozialpolitik an der Universität Passau und „Group Leader on Economic Policy" an der Free University of Bozen/Bolzano. Seine Forschungsschwerpunkte sind Wirtschaftsethik, Institutionenökonomik und Ordnungspolitik. Ingo Pies ist Mitherausgeber der Reihe „Konzepte der Gesellschaftstheorie" im Verlag Mohr-Siebeck, Tübingen (10 Bände).
Buchveröffentlichungen: Normative Institutioneenökonomik, Tübingen 1993; Rationale Drogenpolitik in der Demokratie (mit Karl-Hans Hartwig), Tübingen 1995; Ordnungspolitik in der Demokratie, Tübingen 2000; Eucken und von Hayek im Vergleich, Tübingen 2001.

Professor Dr. Karin **Richter**. Studium der Germanistik, Geschichte und Pädagogik an der Martin-Luther-Universität Halle-Wittenberg, Tätigkeit als Lehrerin in Thüringen; 1976 Promotion zur Staatsidee in der deutschen Romantik; Assistentin und Oberassistentin am Germanistischen Institut der Universität Halle; mehrere Jahre Arbeit als Lektorin für deutsche Sprache und Literatur in Polen (Warschau). 1987 Habilitation zu wirkungsästhetischen Fragen der Kinder- und Jugendliteratur; Hochschuldozentin an der Universität Halle; 1994 Ruf auf eine Professur an der Pädagogischen Hochschule Erfurt sowie auf eine Professur an der Universität Gießen. Seit Oktober 1994 Professorin für Literarische Erziehung/Kinder- und Jugendliteratur an der Pädagogischen Hochschule Erfurt (jetzt Universität Erfurt). Sprecherin des Fachgebietes ‚Grundschulpädagogik und Kindheitsforschung' an der Universität Erfurt; Mitglied der Deutschen Akademie für Kinder- und Jugendliteratur und der Gesellschaft für Kinder- und Jugendliteraturforschung (vier Jahre deren Sprecherin) sowie des Symposions Deutschdidaktik.
Forschungsschwerpunkte: Theorie, Geschichte und Didaktik der Kinder- und Jugendliteratur; Kinderliteratur im Unterricht; Leseforschung; Medienpädagogik.
Publikationen: Mitherausgeberin des Jahrbuchs zur Kinder- und Jugendliteraturforschung (1996-2001); Kinderliteratur im Unterricht. Theorien und Modelle (zusammen mit B. Hurrelmann/1998; 2004); Kinderliteratur in der Grundschule. Betrachtungen-Interpretationen-Modelle (2001); Kindsein in der Mediengesellschaft (zusammen mit T. Trautmann/2001); Lebendige Märchen- und Sagenwelt (zusammen

mit R. Schlundt/2003); Lesemotivation. Empirische Befunde und Unterrichtsmodelle (zusammen mit M. Plath/2005).

Professor P. Dr. Josef **Römelt** CSsR wurde 1957 in Wilhelmshaven geboren. Er trat 1977 in den Redemptoristenorden ein und wurde 1983 zum Priester geweiht. Nach seiner Promotion zum Dr. theol. und der Habilitation im Fachbereich Moraltheologie wurde er 1992 Professor für Moraltheologie an der Ordenshochschule der Redemptoristen in Hennef/Sieg. Er war Gastprofessor an der Accademia Alfonsiana (Rom) und an der Päpstlichen Universität Gregoriana (Rom). 1995 wurde er zum Professor für Moraltheologie und Ethik an der Theologischen Fakultät Erfurt berufen.

Professor Dr. Dr. Thomas **Sternberg** (Jg. 1952), Direktor der Katholisch-Sozialen Akademie Franz Hitze Haus, Münster/Westfalen. 1983 Promotion zum Dr. phil., 1988 zum Dr. theol. Seit 2001 Honorarprofessor für Kunst und Liturgie der Universität Münster. Sternberg ist Sprecher für kulturpolitische Grundfragen des Zentralkomitees der deutschen Katholiken (ZdK), Mitglied in verschiedenen kirchlichen und politischen Gremien und Organisationen, Mitglied der Enquète-Kommission „Kultur in Deutschland" des Deutschen Bundestages. Publikationen zur Lyrik der Romantik, Frühmittelalterlicher Sozialgeschichte, christlicher Ikonographie, Kirchenbau, Gegenwartskunst und allgemeinen kulturellen Themen.

Professor Dr. Wolf **Wagner**, 1944 in Tübingen geboren, erhielt bereits mit 16 Jahren ein einjähriges Stipendium an einer US-amerikanischen Highschool. Später studierte Wagner in Tübingen, Bonn und Berlin Politische Wissenschaft. Von 1966 bis 1982 war er an der Freien Universität Berlin tätig, wo er promovierte und habilitierte. Seit 1992 ist er Professor für Sozialwissenschaften und Politische Systeme am Fachbereich Sozialwesen der FH Erfurt und seit 2001 Rektor. Er ist Autor mehrerer bekannter Publikationen, so des Dauerbestsellers „Uni-Angst und Uni-Bluff – Wie studieren und sich nicht verlieren" und der unlängst erschienenen Bücher „Kulturschock Deutschland" und „Kulturschock Deutschland – Der zweite Blick".

RINGVORLESUNGEN DER UNIVERSITÄT ERFURT

Große Denker Erfurts und der Universität Erfurt
ISBN 3-932081-52-8

Weltreligionen im 21. Jahrhundert
ISBN 3-932081-53-6

Europa
ISBN 3-932081-54-4

Herausforderungen der Bildungsgesellschaft
ISBN 3-932081-54-5

Gewalt und Terror
ISBN 3-932081-67-6

Amerika – Fremder Freund
ISBN 3-932081-69-2

Reformen in Deutschland
ISBN 3-932081-73-0

Ethik in der Krise – Ethik für die Krise
ISBN 3-932081-71-4

Jeder Titel 10,80 Euro

Alle Titel der Vorlesungsreihe können auch direkt
beim Verlag bestellt werden:
RhinoVerlag, 99425 Weimar, Helmholtzstr. 23
E-Mail: ulrich.voelkel@rhinoverlag.de